国家社科基金重大项目研究成果（13&ZD168）

中国社会科学院创新工程学术出版资助项目

国外电力市场建设与投资环境研究

史 丹◎等著

中国社会科学出版社

图书在版编目（CIP）数据

国外电力市场建设与投资环境研究/史丹等著 . —北京：
中国社会科学出版社，2015.6
ISBN 978 - 7 - 5161 - 6403 - 7

Ⅰ.①国…　Ⅱ.①史…　Ⅲ.①电力市场—市场改革—研究—世界　Ⅳ.①F416.61

中国版本图书馆 CIP 数据核字（2015）第 146929 号

出 版 人	赵剑英
责任编辑	王　曦
责任校对	周晓东
责任印制	戴　宽

出　　版	中国社会科学出版社
社　　址	北京鼓楼西大街甲 158 号
邮　　编	100720
网　　址	http://www.csspw.cn
发 行 部	010 - 84083685
门 市 部	010 - 84029450
经　　销	新华书店及其他书店

印　　装	北京君升印刷有限公司
版　　次	2015 年 6 月第 1 版
印　　次	2015 年 6 月第 1 次印刷

开　　本	710×1000　1/16
印　　张	21.5
插　　页	2
字　　数	356 千字
定　　价	76.00 元

凡购买中国社会科学出版社图书，如有质量问题请与本社发行部联系调换
电话:010 - 84083683
版权所有　侵权必究

序　言

电力工业是国民经济的基础性产业，历来在国家所有的背景下进行着垂直一体化的垄断经营。然而，20世纪80年代以来，在自由化浪潮的推动下，各国的电力产业渐次进入了市场化的改革轨道，"引入竞争、打破（国有）垄断"成为电力市场建设的主旋律，在此背景下，不同国家根据电力工业发展的现实状况进行了包括"结构重组、产权改革、交易安排、需求管理"等在内的市场化改革。在承继2002年电力体制改革的基础上，2015年3月我国推出了《关于进一步深化电力体制改革的若干意见》，对深化我国电力体制改革的思路与任务进行了明确规定。客观而言，鉴于电力工业的技术经济特性，虽然世界各国在电力市场化的模式选择上存在明显差异，但各国在探索电力体制改革进程中所取得的经验教训对于我国如何健康有序推进新一轮电力体制改革这一现实问题仍具有重要的参考意义。与此同时，为了积极赢取世界电力行业发展的重要契机和提高"走出去"战略的针对性，近年来，随着我国能源企业业务范围的全球化布局，其对世界电力行业发展的关注度也在不断提高，在此背景下，深入了解和透彻解析不同国家电力产业的发展状况就显得越发重要与迫切。

本书按照"典型分析、总结一般"的研究思路，对美国、俄罗斯、印度、巴西、南非、波兰和埃及7个国家进行重点研究，以期通过深入分析不同类型市场化国家的电力产业体制机制，提升对世界主要国家电力市场发展与改革规律认知的水平，进而在认识深化的基础上为电力业务的发展提供应有的理论指导和决策建议。从研究内容上来看，以单个国家作为研究对象，分别围绕三项内容展开系统性研究，一是国家概况与宏观经济形势；二是电力工业发展与改革；三是电力市场投资与风险。鉴于研究的侧重点是电力市场体系及电价机制，在研究结构上分别对7个国家的电力市场运行状况、电力市场结构与企业类型、电力市场管理体制、电力市场交易模式与定价机制、电力市场的准入政策、电力市场发展前景分析，以及电力市场的投资机遇与风险共 7 项内容进行系统分析。

电力市场的运行状况主要从装机容量及结构、电力市场供求、电价结构与电价水平，以及电网发展状况 5 个方面分析。从电源结构情况来看，2011 年美国天然气和煤炭发电装机容量约占 70%；印度的火电装机容量达到 57%；南非电源结构以煤电和核电为主，其中煤炭的发电量达到 90% 以上；而巴西多以清洁的水电为主，2012 年装机容量中近 70% 为水电。从新能源装机容量发展情况来看，美国、印度、巴西、波兰和埃及等国均表现出不同程度的增长态势。毋庸置疑，电力工业的发展水平直接影响电力市场的供求状况，印度由于电力基础设施落后，在电力需求快速增长的情况下，其电力缺口状况越发严重，2011 财年，缺口更是高达 10%。由于电力产品具有社会公益性，虽然各国在电价结构内容设置上存在显著差异，但对居民终端（零售）价格均进行着不同程度的管制。然而，近些年来，随着电力市场改革的推进、化石燃料成本价格的提升，加之环境规制的影响，整体来看，电力价格呈现出增长的趋势。电网的连通性不仅直接决定着电力资源的优化配置和电力系统的稳定，而且其覆盖程度也直接决定着一个国家的电气化水平和居民生活质量。虽然美国和印度均构建了区域性电网，但并没有实现全国联网。从电网设施情况看，目前，印度、俄罗斯、波兰的电网存在严重的老化现象和电网投资不足的局面。

电力市场改革的一个重要目标就是实现对垂直一体化的电力产业进行横向和纵向上的拆分与重组，以此通过引入竞争来重构电力市场结构和提高运营效率。由于纵向环节开放或竞争程度的不同，电力改革的市场模式呈现出差异化，但整体而言在改革取向上呈现出垄断向竞争演进的态势。在本课题选取的研究对象中，美国电力市场的竞争程度最高，其发电公司和输电公司几乎呈现出完全竞争的局面，以市场集中度来看，美国最大的发电商所控制的装机容量不足 4%，前 10 家输电公司仅拥有 27% 的电网所有权。而南非则继续实行垂直一体化的经营方式，Eskom 作为南非国有电力公司，不仅拥有全国 96% 的发电量，而且垄断经营国家电网，并控制了大部分的配电和售电业务。鉴于输电环节的自然垄断属性，在实行输配分离的基础上，波兰输电公司成为国内唯一的输电企业，不从事任何电力交易业务，完全实现了网业分离；埃及虽然实现了发、输、配、售环节的分离，但政府的干预过强，使得竞争程度极为有限；由于在不同产业环节均采取鼓励竞争的方式，巴西电力产业市场竞争的机制基本形成，全国电力市场统一的局面也已初具雏形；印度在 2003 年《电力法案》的推动下，逐步实现在发、输、配环节分离的基础上，对配售环节采取一体化与兼顾开放相结合的方式。

众所周知，作为基础性行业，电力工业的稳定健康发展对于国家经济社会发展意义重大，鉴于此，各国均高度重视并加强对电力产业的运行管理，具体表现在：一是通过完善电力行业政策法律体系、明确机构职能分工的基础上推进电力产业持续健康发展，如美国的五部联邦法律和巴西的电力管理构架；二是通过加强电力基础设施建设而保障电力供应安全，如印度、南非、波兰；三是通过市场改革引入竞争来打破垄断或减少市场力、进而促进电价下降和产业效率提升，如俄罗斯。

英国经济学家亨特（Hunt S. ，1996）等将电力市场模式分为四种模式，即垄断模式、单一购买模式、批发竞争模式和零售竞争模式。诚如乔斯科所言，"创造运行良好的竞争性电力批发和零售市场，是一个重要的技术和制度挑战，很容易搞糟，却很难做好"。鉴于各国国情和市场体制机制完善程度的差异性，各国的电力工业发展呈现出特殊性有其必然性，这也意味着没有适合所有国家的屡试不爽的电力市场改革模式和产业组织形式。由于电力交易模式和定价机制与电力市场模式密切相关，如前所述，在电力市场模式上 7 个国家存在显著的差异，循是推论，这就使得在电力交易模式上 7 国也存在显著的不同。具体来看，在区域电力市场上，美国实行集中竞价交易（交易所交易）和双边交易（OTC 交易）相结合的方式，PJM 的定价机制以节点边际定价（LMP）为主；俄罗斯对批发市场和零售市场上的交易主体进行限制，并对不同交易市场上的电力价格进行管制；印度积极鼓励发电公司与配电公司开展双边交易，并支持大用户与发电企业开展双边交易，在定价机制创新上，印度电价政策明确指出要根据节约用电的原则，实施两部制电价，同时对分时电价制度也持积极支持的态度。鉴于巴西电力市场采用的是零售竞争模式，在自由合同市场上，以双边交易为主；而在管制合同市场，电力用户购电权受到限制；从电价形成环节来看，分为发电市场价、输配电价和用户电价，由于交易模式的不同，使得电价的形成机制较为复杂。垂直一体化的经营，使得南非远没有形成成熟的市场交易制度，致使大部分电力交易均由政府指定，基于双边的交易极为有限。波兰国家电网实行公开准入，加之配、售电环节的放开，使得交易方式多以双边交易为主，比重达到 80%—85%，平衡市场交易也渐趋活跃。然而，不容否认的是，从趋势上来看，在电力市场供求结构中尤其是在需求侧管理上电力管理机构将通过对电价水平和电价结构的调控而逐渐发挥价格的"杠杆效应"。

在电力市场准入上，因政府监管严厉程度的不同，各个国家采取的政策也存在着显著的差异性，根据美国监管制度，除非得到许可，否则任何人或机构从事电力项目建设；波兰对于进入竞争性市场的电力企业也同样实行许可的方式；然而，俄罗斯、印度、巴西、南非和埃及五国为了积极发展本国电力工业、加强电力基础设施建设，以及通过引入竞争来推进电力市场化改革等均对不同环节业务的准入实行欢迎的态度。

作为基础性产业，电力供应偏紧、输电能力有限、基础设施老化等问题的持续存在将会严重危害经济与社会发展，基于此，各国政府都高度重视电力产业的发展，尤其是注重提前规划和动态调整电力产业发展计划来不断满足日益增长的电力消费需求。这种宏观长远视角的产业发展规划使得电力产业具有明显的先行特征。本课题的研究对象——7 个国家都不同程度上制定了期限跨度不一的电力产业发展总体规划和专项规划。如美国《电网（2030）规划》（2011）、俄罗斯《2030 年俄罗斯电力企业发展目标展望》（2006）、南非《综合资源规划》（2010），以及埃及《电力规划（2012—2017）》（2011）等。整体而言，在电力市场日益开放的背景下，电力发展规划在较好地描画未来一个国家电力产业发展前景的同时，也为国内国际资本进入东道国电力产业提供了有利于投资的信息指南。

此外，在研究安排上，本研究在对 7 个国家的电能商品（电价结构和电价水平）、电力工业（发电、输电、配电、售电发展情况）和电力市场（市场结构、交易制度、商品体系、市场主体、交易市场等）进行翔实分析的基础上，并结合国家宏观经济走势和未来电力产业发展规划，以及现有投资政策体系的完善程度，对不同国家电力行业投资机遇与风险因素进行了研判，这也构成了本书的一大特色，并增强了其实践指导意义。整体而言，鉴于能源安全问题的政治敏感性、投资开发周期较长的产业特性，以及其他因素的交织影响，使得海外电力投资在充满机遇的同时，挑战与风险也不容小觑，具体表现在商业风险、政治风险、政策风险等。因此，无论是鉴于电力商品的特殊性和电力产业生产经营的技术经济特性，还是不同国家电力发展（改革）状况和引资开放政策的差异性，均表明在电力产业投融资上，试图通过简单套用其他产业或商品的投融资模式的"拿来主义"是不正确的，也是不明智的，换言之，这也是本书研究的出发点与落脚点。

本书是我主持的国家社会科学基金重大项目"中国与周边国家电力互联互通战略研究——以俄罗斯和东南亚国家为例"的前期研究成果。对7个国家电力市场进行如此深入的分析不能不说是一个浩大工程，课题组紧密合作，相互支持，我负责确定本书的研究内容和把握各章的研究结论，第一章至第七章分别由聂新伟、王永利、冯永晟、孙洪波、裴庆冰、伊淑彪、李玉婷执笔，聂新伟对书稿的合成进行了编辑整理。"看似寻常最奇崛，成如容易却艰辛。"在本书写作过程中，进行了多次讨论和修改，工作很辛苦。借此机会，感谢课题组成员的共同努力，感谢为本课题顺利研究提供帮助的有关专家和相关部门，感谢本书的出版社和编辑。

它山之石，可以攻玉，希望本书针对不同国家电力市场的研究结论能够为我国当前正在进行的电力体制改革和电力行业市场化进程的有序稳定健康的推进提供有益的参考。囿于时间和水平有限，这一涉及7国电力问题的系统性研究难免会出现诸多不足之处，希望各位学界同仁和读者朋友们能够提出宝贵意见，欢迎批评指正。

史丹

于北京

2015 年 6 月

目　录

第一章　印度电力市场研究

印度在经济体制改革进程的推动下，各项经济社会事业取得了举世瞩目的成绩。电力产业是印度最早进行体制机制改革的关键领域之一，在一系列相关电力法案制定的改革目标推动下，尤其是发挥市场作用的基础上，印度的电力市场体系建设取得了明显的进步；然而不可否认的是，由于电力产业自身的复杂性以及相关体制机制固有弊病的难以根本割除，加之电力改革方案设计的不系统和管理体系的混乱等，致使印度的电力市场仍存在诸多问题。基于此，本报告从不同层面对印度电力市场改革进程、电力发展、电价机制以及未来印度电力发展规划等问题进行了广泛深入的探讨。

一　印度国家概况与宏观经济形势

（一）国家概况

1. 地理、气候、人口与行政区域

印度是印度共和国的简称，其位于亚洲南部，喜马拉雅山脉南侧，是南亚次大陆国土面积最大的国家，西北部与巴基斯坦接壤，北邻中华人民共和国、不丹、尼泊尔，东接缅甸和孟加拉国，最南端经保克海峡和马纳尔湾与斯里兰卡隔海相望，濒临孟加拉湾和阿拉伯海，海岸线长 5560 公里。印度全境分为德干高原和中央高原、平原及喜马拉雅山区等三个自然地理区；从地形上看，北部是山岳地区，中部是印度河—恒河平原，南部是德干高原及其东西两侧的海岸平原。平原面积约占全国总面积的五分之二，山地占四分之一，高原占三分之一。在水系方面，多条河流发源于或流经印度，例如有恒河、布拉马普特拉河、亚穆纳河、戈达瓦里河以及奎师那河（Krishna River）。印度河上流的一小段也位于印度境内。印度自然资源丰富，有世界上第四大蕴藏量的煤炭，同时还有铁矿、锰、云母、铁矾土、钛矿、铬铁矿、天然气、石油、钻石、石灰石和可耕地等其他自然资源。

印度是大陆性气候，三月至四月为春季，五月至十月为夏季，十一月至次年二月为冬季。从六月开始进入热带季风季节，西南季风会带来大量降雨，十月到十二月为东北季风季节。由于印度的多元地理特征，最北边、东边和西边地区的气候条件各不相同。

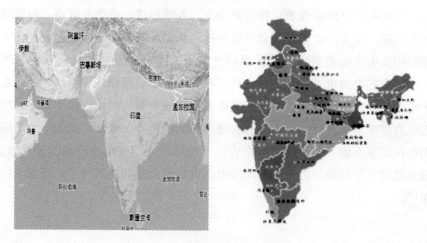

图1-1　印度国家地理位置与国家区划

印度是世界上人口总数仅次于中国的国家，截至 2011 年全国拥有人口 12.1 亿，占近五分之一的世界人口。印度民族和种族众多，号称"民族博物馆"，其中印度斯坦族大约占印度总人口的 50%，是印度最大的民族；同时，印度也是一个多宗教的国家，世界上 4 个主要的宗教——佛教、印度教、耆那教和锡克教都源于印度，大部分人信仰印度教，伊斯兰教在印度也有大量信徒，近年来，其穆斯林人口排名上升至世界第三位。[①]

印度的首都新德里，位于印度西北部，坐落在恒河支流亚穆纳河西岸，是印度的政治、经济、文化中心，同时也是全国重要的交通枢纽。行政区划上，印度划分为 28 个邦，6 个联邦属地，以及首都新德里。

---

① 印度情况介绍，http://news.webjiankong.com/a/guojia/2012/1210/154.html。

2. 政治制度

生效于 1950 年 1 月 26 日的印度宪法明确规定了印度是联邦制国家，是主权的、世俗的、社会主义的民主共和国，采取英国的议会民主制。①宪法强调，公民不分种族、性别、出身、宗教信仰等，在法律面前一律平等。印度是世界上最大的民主体制国家，多达 7. 14 亿选民，1000 多个政党参与国会选举，包括 7 个全国性大党、40 个地区政党，以及 980 个小党，拥有全球最大规模的民主选举。

宪法规定，总统为国家元首和武装部队的统帅，由联邦议会及联邦议会组成选举团选出，每届任期五年，其职责是象征性的，依照以总理为首的部长会议的建议行使职权。国家行政权力由以总理为首的部长会议（印度内阁）行使，议会多数党向总统提名总理人选，由总统任命总理，然后由总理向总统提名副总统及其他内阁成员。

印度的立法权归议会所有，议会分为上下两院，上院称为联邦院，下院称为人民院。联邦院议员任期为 6 年，每两年改选三分之一，其中 233 名成员由地方选举产生，其余 12 人由总统任命。人民院共有 545 席，任期 5 年，其中 543 人由民选产生，其余 2 人由总统任命。

最高法院是最高司法权力机关，有权解释宪法、审理中央政府与各邦之间相关的争议问题等，各邦设有高等法院，县设有县法院。最高法院法官由总统委托，总检察长由总统任命，其主要职责是就执法事项向政府提供咨询和建议，完成宪法和法律规定的检察权，对宪法和法律的执行情况进行监督等。

3. 经济制度

印度虽然是以民主共和国的身份出现在国际舞台上，但其独立以后一直奉行的是带有社会主义色彩的混合经济模式，具有很强的计划经济特征。1991 年以前，印度政府在经济政策上对外奉行的是贸易保护主义，对内具有较强的行政管理体制的特点，具体表现在广泛干预劳工及金融市场并监管商业活动等。由于 1991 年国际收支危机，印度开始实行经济自由化改革，放松对工业、外贸和金融部门的管制，同时借由外国贸易及直接投资，逐渐开放国内市场，加快向自由市场经济转型。全面的经济改革取得了显著的成效，1992 年至 1996 年实现经济年均增长 6. 2%；"九五"

---

① 百度百科：印度，http://baike. baidu. com/view/2174. htm。

计划（1997 年至 2002 年）期间经济年均增长 5.5%。为了进一步激发经济发展潜力，印度政府于 1999 年起实行了第二阶段的经济改革，采取了包括加速国有企业私有化，实行包括农产品在内的部分生活必需品销售自由化，改善投资环境，精简政府机构，削减财政赤字等各项举措。

4. 对外政策

印度为不结盟运动创始国之一，历届政府均强调不结盟是其外交政策的基础，力争在地区和国际事务中发挥重要作用。冷战结束后，印度政府调整了过去长期奉行的倾向苏联的大国平衡政策，推行全方位务实外交。从地缘政治上来讲，印度与南亚邻国各方面联系较多，但因宗教、领土、移民等问题存在许多矛盾，印度同周边国家的关系并不顺畅，甚至不断爆发局部性冲突。为了扩大国际经济合作的空间，同时基于较深的历史和地缘政治渊源，90 年代，印度积极推行"东向政策"，重视加强同东盟各成员国的交流与合作，并同东盟国家建立了自由贸易区，参加"10 + 3"、"10 + 6"等东亚合作机制和东盟安全论坛等，双边合作的范围超越了经济领域，明显向军事、文化合作方面发展。[①] 近年来，印度的"东向政策"与美国的战略重点东移，可谓不期而遇，印度不仅同美国、日本开展了三边对话，同时与越南、缅甸等东南亚国家关系日趋密切，这多少表露了印度的心态。但不宜据此认定"美印合流"，印度的外交政策一向强调独立自主，印度外交所依据的是自身利益，其全方位的外交策略，使其在积极发展印美关系的同时，也很重视加强同其他大国的关系，印俄关系仍很密切，与中国的关系也是积极向上的。[②] 同时，印度同欧盟、非洲联盟，英联邦国家以及阿拉伯世界也有着紧密的联系。因此，印度在开展同各主要大国关系时会更加注重适当的平衡，从而为全方位外交的执行提供更大的灵活性；同时，经济外交将会在印度的外交战略中具有越发重要的地位。

（二）宏观经济状况

1. 改革以来经济快速增长

印度经济改革之前具有明显的计划经济特色，表现在对外奉行贸易保护，对内限制市场自由竞争。这种计划经济体制导致印度陷入了严重的经济困境，为了尽快摆脱经济困境和实现印度经济增长潜力，开始于 1991

---

① 裴远颖：《印度的"东向政策"》，《解放日报》（国际新闻）2012 年 4 月 1 日。

② 同上。

年的经济改革是在西方式民主选举制度下进行的渐进式改革。改革的重点是加快进行经济体制改革，并逐步向自由开放的市场经济体制的建立与完善迈进，对外开放和对内引入竞争机制使得印度的经济增长呈现出快速发展的态势。

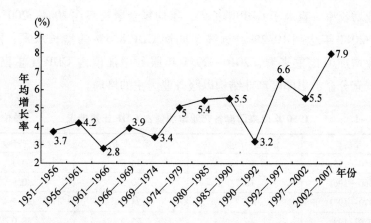

图 1-2　印度各个计划时期国内生产总值的年均增长率情况

资料来源：India Government. Economic Survey 2009–2010, PA –4. http：//www. indiabudget. nic. in。

　　从图 1-2 可以看出，经济改革以来的第一个五年计划（1992—1997），印度 GDP 增长率达到 6.6%，相比经济困难时期（1990—1992）GDP 增长率提高了 1 倍；改革开放以来的第二个五年计划虽受亚洲金融危机等因素影响，其增速仍达到 5.5%，进入新世纪以来，印度经济高速增长的态势日趋明显，2002—2007 年期间年均增速达到了令世人瞩目的 7.9%。经济的高速增长必然带来经济总体规模的扩大，若以同等购买力来衡量，印度 2011 年国内生产总值 4.457 兆美元，在世界排名第三，仅次于美国、中国。按年平均汇率计算，2011 年，印度名义 GDP（市场价格）折合 18392.81 亿美元，较上年的 16126.03 亿美元增长 14.1%。与此同时，印度的人均居民收入大幅提升，2011 年人均 GDP 超过 1500 美元。[①]

　　2. 以服务业为主的产业结构

　　从产业结构情况来看（见表 1-1），1950 年以来印度的三次产业结构呈现出不断演化的趋势，具体表现在农业占 GDP 的比重大幅缩减，从

---

　　① 印度中央统计局估计，2011—2012 财年中（2011 年 10 月 1 日）印度人口总量为 12.02 亿人，比 2010—2011 财年的 11.86 亿人增加 1600 万人，同比增长 13.49‰。

1950—1951 年的 53.1% 下降到 14.5%；第二产业占比虽在提升，但增幅比较缓慢，一定程度上显示出印度工业整体发展水平仍较低；同时，从产业结构比重来看，服务业近些年来无疑是拉动印度经济快速增长的至为关键的部门，以不变价格计算，1996—1997 年以来（除 2003—2004 年），服务业增长率一直高于 GDP 增长率，年均复合增长率在 2004—2005 年到 2010—2011 年达到 10.2%，远高于同期 GDP 8.6% 的增长水平；同时，从产业增加值比重来看，2010—2011 年服务增加值占 GDP 比重已接近60%，充分显示出印度产业结构以服务业为主的格局。

表 1-1　　　　1950 年以来印度各产业增加值占 GDP 比重情况　　　单位:%

年份	第一产业	第二产业	第三产业
1950—1951	53.1	16.6	30.3
1960—1961	48.7	20.5	30.8
1970—1971	42.3	24.0	33.7
1980—1981	36.1	25.9	38.0
1990—1991	29.6	27.7	42.7
2000—2001	22.3	27.3	50.4
2010—2011	14.5	27.8	57.7

资料来源：Economic Survey 2011-2012，Chapter 1：State of the Economy and Prospects。

3. 近期宏观经济形势

从宏观经济运行的主要指标上来看（见表 1-2），2011—2012 年印度 GDP 增长率为 6.9%（以要素成本计价核算），这是 2003 年以来（除 2008—2009 年）GDP 增长率最低的年份；2012 年以来，印度经济继续维持低位增长态势，一季度经济增长 5.3%，二季度为 5.5%。鉴于经济复苏缓慢和增速减缓，印度计划委员会提议将第十二个五年计划（2012—2013 年至 2016—2017 年）的年均经济增长速度从原定的 9% 下调至 8.2%。[①] 同时，从物价指数来看，2006 年以来 CPI 呈现出明显的上涨态势。因此，实现物价稳定和经济平稳增长是当前印度宏观经济政策制定的主要目标。为了积极应对通胀，印度政府一方面通过货币从紧的政策来抑制市场上过多的流动性；另一方面，积极通过加强财政纪律来减少政府赤

① 中华人民共和国商务部：《印度将下调"十二五"计划经济增长目标》，2012 年 9 月 7 日，http://www.mofcom.gov.cn/aarticle/i/jyjl/j/201209/20120908327537.html。

字规模，这些举措取得积极成效，2010—2011 年 CPI 增幅出现回落；但不容忽视的是资本形成总额、工业生产指数等在从紧货币政策、通胀和全球金融危机等因素的影响下，呈现出回落态势，从短期来看，这不利于支撑经济的快速增长。

虽然对工业增长存在悲观预期，但总体来看宏观经济形势仍是向好的。这种乐观的预期部分是基于在金融危机影响下，2009—2010 年与2010—2011 年 GDP 增速仍实现 8.4% 的增长率，足以证明维持印度持续增长的因素仍然存在；与此同时，储蓄率和投资率已经开始回升，服务业和农业继续表现良好发展态势，出口贸易仍好于预期，加之人均国民收入的持续增长，使得印度经济增长的潜力依然巨大。为了提振印度制造业发展水平，并以此来带动印度经济增长，印度相关部门制定了首部《国家工业政策》，充分强调了劳动者福利和环境保护等相关内容，确保营造有利的制造业营商环境，促进服务业与工业的融合发展，同时逐步放松与简化工业企业规制和不断降低企业交易成本，以此来促进竞争。

表 1－2 　　　　　2006—2011 年印度主要经济指标状况一览表

指标内容	2006—2007	2007—2008	2008—2009	2009—2010	2010—2011	2011—2012
GDP 增长率（％）	9.6	9.3	6.7	8.4	8.4	6.9
人均国民收入（卢比，当前价格）	31206	35825	40775	46117	53331	60972
储蓄率（％）	34.6	36.8	32.0	33.8	32.3	—
投资率（％）	35.7	38.1	34.3	36.6	35.1	—
固定资本形成总额占比（％）	31.3	32.9	32.3	31.6	30.4	30.0[a]
工业生产指数（增长率,％）	12.9	15.5	2.5	5.3	8.2	3.6[b]
发电量同比增长（％）	7.3	6.3	2.7	6.1	5.5	9.4[b]
CPI（年均变化,％）	6.7	6.2	9.1	12.4	10.4	8.4[c]
出口增长（％）	22.6	29.0	13.6	−3.5	40.5	23.5[d]
进口增长（％）	24.5	35.5	20.7	−5.0	28.2	29.4[d]
广义货币（M3）增长（％）	21.3	21.4	19.3	16.8	16.0	14.4
商业银行计划贷款增长（％）	28.1	22.3	17.5	16.9	21.5	16.4
财政赤字占 GDP 比重（％）	3.3	2.5	6.0	6.5	4.8	4.6

注：GDP 增长率是以 2004—2005 年为基期计算；储蓄率＝社会储蓄总额/GDP；投资率＝社会资本形成总额/GDP；a 为 2011—2012 年 1—3 季度数据；b 为 2011 年 4—12 月的数据；c、d 为 2011 年 4 月至 2012 年 1 月数据；工业生产指数是以 2004—2005 年为基期计算。

资料来源：Economic Survey 2011 - 2012，Chapter 1：State of the Economy and Prospects.

二 印度电力市场改革与发展

(一) 印度能源、电力政策及管理体系

1. 能源政策

印度近些年来经济社会的快速发展和庞大的人口规模使其能源消费大肆增长，据2010年世界能源报告预测，到2035年印度将成为全球能源需求增长的第二大贡献者，占增量的18%。[①] 然而，在能源资源丰裕程度上，印度无疑是一个能源资源禀赋不容乐观的国家，尤其是油气资源极为短缺。同时，供求缺口的拉大使得印度能源资源（尤其是石油）对外依存度大幅增长，能源安全问题日益突出。众所周知，能源问题事关经济发展、社会稳定与国家安全，因此，如何增强能源供应能力，确保能源安全成为印度能源政策的重中之重。2006年8月由印度政府计划委员会提交的《一体化能源政策》的建议报告中强调，印度在"提供充分的价格适中和质量满意的能源供应方面面临十分艰巨的挑战"。[②]

印度能源政策的核心举措可以用"开源节流，立足国内，对外合作"来概括。具体措施体现在以下几个方面：

一是增加能源资源产量，确保能源供应安全。通过实施"石油恢复计划"、"新勘探许可证政策"和"2010太阳能政策"等政策措施来增加油气产量与加快新能源开发利用。同时，印度政府积极通过能源行业尤其是电力行业的市场化改革，来加快推进水电、核能、风电的开发利用和农村电气化进程。从图1-3可以看出，各项"开源"举措，使得印度的一次能源生产情况大为改观。

二是积极实施能源资源节约，提高能源利用效率。印度政府在第十个五年计划中提出，要加强能效管理，并于2002年设立国家能源效率管理局（BEE），试图通过规范的行政管理部门来加强能源效率、环境保护等问题的治理，以此来提升能源效率。同时，印度在全国范围内大力倡导节能，具体举措包括：提高煤炭发电厂能效；加大铁路运输；改造输配电设

[①] International Energy Agency: World Energy Outlook 2010, www.iea.org.
[②] 叶玉、刘宗义：《中印能源政策比较研究》，《南亚研究》2010年第3期，第65页。

备，提高电力输送效率；推进节能工具应用以及加大公共交通建设等。此外，积极通过立法（2001 年《能源节约法》）的手段来提高能效。① 这些举措取得积极成效，1970—1971 年印度的能源强度为 0.128，到 1985—1986 年增加到 0.165，到 2009—2010 年则下降为 0.122。

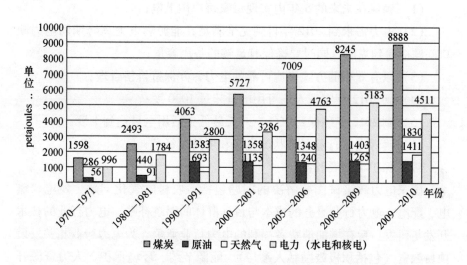

图 1 - 3　1970—1971 年到 2009—2010 年印度一次能源生产情况趋势图

资料来源：Ministry of Statistics and Programme Implementation：Annual Report 2011 - 12，p. 24，www. mospi. gov. in。

　　三是积极开展能源外交，实现能源供应多元化。由于严重缺油，印度的石油对外依存度一直都比较高，现在约为 70%。② 为了获得稳定、可靠、经济的能源，能源外交已成为印度国家总体外交战略的重要组成部分，印度在能源安全、全方位拓展能源市场、利用可再生能源、引进资金和能源技术、发展与能源供应国的关系等方面，开展了广泛的国际合作。③

　　2. 电力政策

　　2003 年印度电力法案（Electricity Act 2003）要求印度中央政府协同中央电力管理局和邦政府尽快制定国家电力政策。2005 年 2 月 12 日电力

---

① 时宏远：《试析印度的能源政策》，《国际论坛》2011 年第 1 期。
② 同上。
③ 汪巍：《21 世纪印度能源外交的战略举措》，《中外能源》2007 年第 6 期。

部（Ministry of Power）出台了国家电力政策（National Electricity Policy）。国家电力政策旨在引导电力（部门）产业的快速发展、向各个领域提供电力供应，并保护消费者和相关利益方的利益，以及能源安全等。具体来看，电力政策的主要目标是：

（1）确保在未来的5年内实现每家每户用上电；

（2）电力需求到2012年得到完全满足，能源和电力高峰期间电力缺口问题应得到克服，同时要确保有足够的备用容量；

（3）以有效率的方式供应可靠的电力，并保持价格合理；

（4）到2012年实现人均可用电量超过1000度；

（5）到2012年确保每家每户一天最低生活用电量达到1度；

（6）确保电力行业财务状况良好和可持续经营；

（7）保护消费者利益。

国家电力政策试图要解决的问题包括：农村电气化问题、发电、输电、配电、电力行业服务的成本与目标群体的财政补贴、电力行业的技术开发与研发、旨在增加消费者福利的电力行业竞争、为电力行业相关发展项目融资（包括积极鼓励私人参与）、能源节约、环境保护、人力资源开发、热电联产和非常规能源资源、保护消费者利益和行业标准等。

3. 电力管理体系及其职能

（1）电力管理机构设置及其职能。印度是联邦制国家，印度电力行业由中央和邦双重管理（如图1－4所示）。印度中央政府在电力方面的职责主要是发布电力行业法规和宏观政策，并指导印度电网公司等国有企业发电、建设和运营跨邦输电线路等；邦政府则依据中央政府颁布的法规政策，结合本邦实际情况，指导邦属输电企业（一般每个邦只有一家）建设和运营邦内输电线路，同时，配电部分由邦电力局和私营供电公司负责。此外，印度建立了全国、区域和邦三级调度管理体制，以及全国、邦两级电力交易结算机制，以保障印度电力系统安全稳定运营。① 1999年4月设立的隶属于电力部的电力交易公司（Power Trading Corporation，PTC）旨在开发大型电力项目以及与邻国开展电力交易。

---

① 《印度电网管理分散，埋下大停电隐患》，英大网，2012年8月13日，http：//www. indaa. com. cn/dwxw2011/dwyw/201208/t20120813_ 1106772. html。

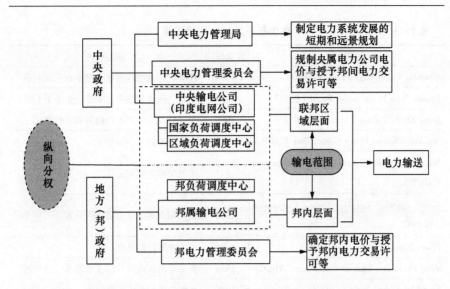

图 1 - 4　印度电力产业管理部门（机构）及其主要职能

（2）印度电力部及其机构设置。印度政府的电力部是电力最高行政部门，成立于 1992 年 7 月 2 日，前身是能源部（Ministry of Energy Sources）。其主要职能是国家的电力能源开发，同时关注的是远景规划、政策制定、投资项目的决策、实施电力项目的监督、培训和人力资源开发，以及在火电、水电的发电、输电和配送方面的管理和立法。

依据 1948 年电力（供应）法案，在所有的技术和经济问题上，电力部都是由中央电力管理局（CEA）来协助的。巴达布尔管理合同咨询小组（Badarpur Management Contract Cell）是电力部下属的一个办公室，其负责巴达布尔火电站（Badarpur Thermal Power Station，BTPS）在印度政府和国家火电公司之间管理合约的执行。中央部门（central sector）有关发电和输电项目的建设与运营需要委托给中央电力公司，即国家火电公司（NTPC），国家水电公司（NHPC），东北电力公司和印度电网有限公司（PGCIL）。印度电网公司负责所有中央（全国）现有和未来输电项目的建设，并且也向国家电网的构建负有义务。此外，自治组织（社会团体）中央电力研究院（Central Power Research Institute），国家电力培训协会（National Power Training Institute ，NPTI）和能源效率局（BEE）同样隶属于国家电力部。

表1-3   电力部下属的机构或组织

组织机构	成立时间	核心业务
Damodar Valley Corporation（DVC）	1948	在指定区域进行发电、输电和配电业务
Bhakra Beas Management Board（BBMB）	1967	实施、运营和维护该委员会业务下的项目
Rural Electrification Corporation（REC）	1969	为农村电力计划进行融资和项目落实
National Thermal Power Corporation（NTPC）	1975	火电厂的调试和运作
National Hydro Electric Power Corporation（NHPC）	1975	水电站的调试和运作
North Eastern Electric Power Corporation（NEEPC）	1976	负责东北地区电力项目的开发
Power Finance Corporation（PFC）	1986	电力发展计划融资
Tehri Hydro Development Corporation（THDC）	1988	在特定河流或河谷潜在水电项目的开发
Satluj Jal Vidyut Nigam（SJVN）	1988	特定流域的水电资源开发
Power grid	1989	输电系统和跨区域的电网与负荷调度中心的建立或运行
Bureau of Energy Efficiency（BEE）	2002	通过规制和激励措施来提升能源效率

资料来源：印度电力部网站整理，http：//powermin. nic. in/JSP_ SERVLETS/internal. jsp。

（二）印度电力市场化改革历程、成效与问题

能源的市场化改革不外乎三个基本环节，一是市场准入的公平开放，二是市场经营条件的有序放开，三是市场的监督和管理。[①] 印度的电力市场改革根据渐进性的原则，按照发电、输电、配电和售电等产业环节进行了纵向和横向的改革，具体的举措就是通过引入市场竞争机制来推动电力行业整体效率的改善。与此同时，印度电力体系的改革也不同程度上涉及电力管理机构的变动和创设。

1. 电力改革历程

1950 年印度宪法规定，鉴于电力工业作为重要的战略性产业，其应由中央和邦政府共同掌管，相关企业为国有企业，电力行业实行管理垂直一体化，不允许私人参与经营。1991 年印度经济改革的一个关键领域是推进电力体制改革，具体举措就是通过自由化和私有化来打破电力市场结构国有垄断和纵向一体化的格局。一是在发电环节引入竞争，鼓励私人与

外资建设独立发电站（IPP），实现发电环节的横向竞争；二是在世界银行的指导下，进行电力企业重组，设立中央和邦电力管理委员会，改变垂直一体化的电力管理模式；同时将发电、输电、配电环节分拆，建立独立的输电公司等。由于改革的渐进性和电力行业自身的复杂性，1991 年以来推进的改革仍存在许多问题。为了提高电力企业效率，解决电力紧缺、电源和电网发展不平衡等问题，进而加快电力市场化改革步伐，2003 年印度政府颁布了新的电力法案（Electricity Act 2003）。该法案的亮点体现在：一是鼓励自备电厂开放准入政策；二是输电系统的开放，主张大用户可以通过利用输电系统与电力生产企业进行电力交易，禁止输电公司进行电力交易；三是推进配电环节开放，通过实施配电许可证制度，鼓励配电公司之间相互竞争；四是主张制定旨在保护消费者和电力企业利益的合理电价政策，引入多年期电价体系（Multi - Year Tariff）；五是规范电力补贴制度和标准；六是加快推进农村电气化进程，建设农村电气化配送主干（Rural Electricity Distribution Backbone，REDB）；七是对国家、区域和邦电力调度中心进行管理，要求中央电力公司管理国家和区域电力调度中心，由邦属电力公司管理邦电力调度中心；八是主张电力工业技术创新，加大可再生能源开发利用以及注重能源资源节约。2010 年 5 月 3 日，印度中央电力管理委员会颁布的新印度电网规范生效，开放了原来垄断的输电、配电市场。

2. 电力市场结构状况

综上可以看出，印度电力工业重组与市场化改革采用的基本模式是发电环节放开、输电与配电系统各自放开与彼此独立，配、售电一体化和部分开放相兼顾的模式。从图 1 - 5 可以看出，在发电环节，横向竞争的格局基本成型，外资与私人参与电源建设的份额日益扩大，尤其是自备电厂的放开政策，进一步加快了中小企业分布式电源建设的进程；同时，为了促进跨邦电力交易，各邦电力管理委员会通过引入跨邦输电的长期准入和中期公开准入来对电力上网进行规制，以此来扩大跨邦输电系统的放开；并废除公共部门发电企业和私人部门发电企业在上网问题上的歧视，现在任何不低于 100MW 的电力消费者均可以在不经过各邦电力调度中心运行的情况下直接与中央电力输电公司（电网）进行交易。在输电环节，由中央输电公司和邦属输电公司根据区划和地区间不同电力需求情况进行电力负荷的调度，在电网系统上，印度分为五大区域电网（北部、东部、东北部、南部和西部）、区域间电网和邦电网三个层次，但全国联网的局面并没有形成。在配电与供电环节，2003 年电力法案通过配电许可证制度鼓励配电环节的充分竞争，各种特许配电公司根据不同的电力交易原则进行电力的配供和销售。

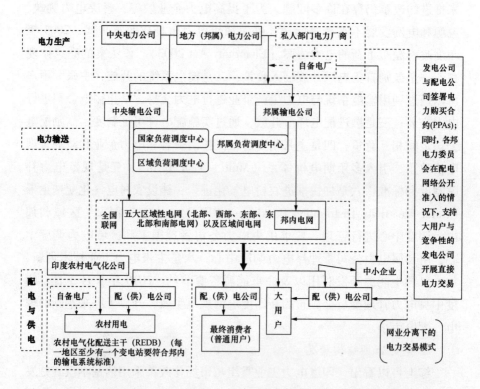

图 1-5　印度当前电力市场发展（改革）现状与电力产业纵向市场结构情况

3. 电力交易模式

在电力交易模式上，鼓励形成新的以双边交易为主的市场交易机制，亦即发电公司与配电公司可以直接通过签署电力购买合约（PPAs）的方式直接进行交易。同时，各邦电力委员会在配电网络公开准入的情况下，支持包括大用户和其他电力需求用户与竞争性的发电公司或者相关电力交易商（由中央和邦电力管理委员会授予许可证）在电力交易市场根据相关规定和具体情况直接开展区域间、跨邦或邦内的短期或长期电力交易，但在跨区间电力交易利润问题上，邦电力管理委员会出台了新的规定来限定交易利润，表现在：一是交易利润只适用于短期对短期的跨邦电力交易；二是交易利润一般不得高于每单位4派沙（1派沙等于1/100卢比，见表1－4），除非售电价不高于每单位3卢比；三是如果是一系列交易，交易利润的上限应该是所有交易商交易利润的总和；四是长期合约则免除电力利润限制，旨在促进产品创新和便利有关高风险交易合约的签订。关于新能源发电（亦即所谓的"绿电"）跨邦的交易，一方面由各邦电力管理委员会出台针对新能源发电的价格管制举措来促进新能源电力交易；另一方面由电力监管机构论坛（Forum of Regulators）逐步在全国形成新能源证书（Renewable Electricity Certificate）机制来促进新能源交易。农村用电一直由印度农村电气化公司负责，自备电厂的引入和配电环节的放开使得农村电力供应多元化格局初步形成（见图1－5）。

表1－4　　　2005—2006年以来印度电力交易及电力交易价格情况

时期	交易量 （百万单位）	平均加权购电价格 （卢比/千瓦时）	平均加权售电价格 （卢比/千瓦时）	交易利润 （卢比/千瓦时）
2005—2006	14188.8	3.14	3.23	0.09
2006—2007	15022.7	4.47	4.51	0.04
2007—2008	20964.8	4.48	4.52	0.04
2008—2009	21916.9	7.25	7.29	0.04
2009年4—10月	15551.7	5.32	5.36	0.04

　　资料来源：Economic Survey 2010 – 2011，Chapter 10：Energy，Infrastructure and Communications.

4. 电力改革存在的问题

从前述印度电力改革的历程来看，印度虽然在电力市场化改革上取得显著成效，但由于中央与邦两级电力管理体制固有弊端和改革缺乏系统性与连贯性，致使电力基础设施建设严重滞后、输配电耗损严重、区域间电力调度不协调等问题凸显。输配电一体化、电网调度一体化，能够实现各级电网之间、电网与调度之间的信息畅通和高效协调运作，使电网调度运行方式更加灵活，故障处理更加及时有效，从而更大限度地降低电力系统瓦解和大面积停电风险。[①] 改革到今天，印度一方面并没有形成全国电网

————————

　　① 刘振亚：《中国电力与能源》，中国电力出版社2012年版，第241—242页。

统一的格局，亦即电网结构存在不合理性，同时也因为中央、区域和邦电力调度中心隶属不同的部门而致使电网调度难以一体化，加之近年来输配电一体化格局的改变更进一步造成了电力系统集中运行管控能力的严重不足，致使各邦在电力输配和调度上各自为政，甚至个别邦为了片面满足自身的电力供应，会不惜牺牲电网整体安全。由于邦调度中心隶属于邦输电公司，使得国家电力调度中心在各个邦超负荷用电情况下，只能通过印度中央电力管理委员会下达处罚通知，但没有权力和适当方法限制其用电。① 行政管理体制的不统一，使得对邦电力违规行为的惩罚难以起到有效的监督效果，继而降低了电力输配和调度环节整体协调性和效率。

（三）电力定价机制与电价水平

1. 电价政策

2003 年印度颁布的电力法涉及上网电价、输配电价以及销售电价等问题，其中规定中央电力管理委员会制定政府所拥有电厂的上网电价和跨区、跨邦的输电定价；邦电力管理委员会负责制定本邦的上网电价、输配电价和销售电价。② 为了有效执行 2003 年电力法案，2006 年 1 月 6 日中央政府出台了电价政策（Tariff Policy）。电价政策的主要目标是：

（1）确保消费者可获得电力的价格保持在合理和竞争性的价位上；

（2）确保运营企业财务活力，吸引和扩大投资规模；

（3）促进不同辖区在电价管制方法上的公开性、连贯性和可预期性，不断降低管制风险；

（4）促进电力供应的竞争、运营效率和质量提升。

与此同时，在价格设计上强调要切实遵循以下原则：

（1）按照国家电力政策，贫困线以下的消费者（亦即每月消费 30 个单位）可以通过交叉补贴的方式获得特别支持，该群体所享受的价格至少是供电成本平均价格的 50%，并且价格的调整每 5 年进行一次；

（2）价格要逐渐反映供电的成本，邦电力管理委员会要确保交叉补贴范围不能低于或高于供电平均成本上下 20% 的幅度，并逐步降低交叉补贴；

（3）农业用电可以根据不同情况进行不同的价格设置，并根据地理

① 曾鸣等：《印度大停电对我国电力工业的启示》，《华东电力》2012 年第 8 期。

② 齐放、张粒子：《印度电力市场化改革的新进展》，《电力需求侧管理》2008 年第 2 期。

位置和地下水源状况以及农民贫富程度进行合理的补贴；

（4）针对不同阶层的消费群体，各邦政府可以根据相关原则自由选择补贴的范围和程度，但坚决反对免费用电和电力浪费，要确保电价真实反映供电的服务成本。

2. 电价形成机制

2003 年电力法案第 61 条强调：正当价格委员会（Appropriate Commission）尤其要在多年期价格（或长期电价，Multi – Year Tariff，简称MYT）原则的指导下来确定价格制定的条件与要求。MYT 框架应以选取 5 年为一个控制时期；如果基于其他情况的考虑（如数据的不确定等）可选 3 年为一个控制时期；如果缺乏数据，合理价格委员会可以在第一个控制时期预设数据，然后当拥有更多的可用数据时再设置新的控制时期。针对电力产业纵向环节的复杂性和成本以及交易机制的差异性，电力政策分别就不同环节的电价问题进行了原则性的规定。

一是发电环节。发电价格（或上网电价）既要切实能够促进电力企业经营的可持续性和扩大装机容量，又要切实保护消费者利益。同时，基于未来必需的电力购买需要通过公开竞价制度来实现，要区别基本负荷需求（base load requirements）和峰值负荷需求（peak load requirements）情况下的电力购买；电力购买合约可以通过安全支付的方式（如信用证、现金流托管等）来防止违约风险。针对自备电厂，电价政策强调要积极鼓励自备电厂发电上网，同时，要确保上网价格在峰值和非峰值期间存在差异（即峰谷价差），但价格构成必须切实反映实际发生的可变成本和合理的补偿，也可以通过议价的方式来实现自备电厂与其他电力使用者进行电力交易。针对非常规能源发电，不可否认，在电力成本上非常规能源在一定时期内与常规能源相比是没有竞争优势的，因此配电公司的电力购买价应由价格合理委员会所确定的优惠价格来执行，同时，要尽量确保交易是通过公开竞价程序来完成。

二是输电环节。输电价格要确保输电网络的优化开放，以此来促进发电与输电资产在全国范围内的有效利用；促进输电价格能够吸引在输电部门的社会投资，并确保合理的投资回报。在输电定价原则上，实施的输电价格体系要与输送距离、方向和相关的输电量保持相关性和敏感性，最终的目标是使输电系统使用者根据其各自的使用情况来同比例地承担对应的输电成本份额。

三是配电环节。配供电价格要兼顾好配电公司和消费者的利益。

四是售电环节（销售电价）。在价格结构的构成上，要根据节约用电和电力资源合理利用的原则，实施分为固定电价和可变电价的两部制电价结构（two‑part tariff structure）；并积极主张引入分时电价制度（分时电价的引入要首先考虑大用户，即用户的电力需求超过 1MW）。

3. 电价水平比较及相关问题

通过电力市场化改革，部分国家在提高电力行业运营效率和服务水平方面取得了较好的效果，但也有一些国家或地区在电力改革后出现电力供应紧张、电价快速上涨、投资出现不足等问题。[①] 电价问题是印度电力工业发展中存在的重要问题，电价政策制定的一个重要原则就是要在兼顾电力企业与消费者利益的前提下保障电价的合理化，从表 1-5 中可以看出（虽然电价统计数据不全，但仍能反映出相关问题），2005 年之前在居民家庭用电价格上，印度的电价明显低于同为发展中国家的印度尼西亚和泰国电价水平，与发电燃料价格增长情况相比，电价涨幅同样低于重质油价格和动力煤价格涨幅。从电力市场交易形成的平均加权售电价格情况来看，虽然 2005 年以来售电价格出现上涨的趋势，但相比于日本的电价水平仍然较低，电价的上涨一定程度上也反映了发电成本的上升。同样不容忽视的是，印度电价上涨缓慢也基于以下因素，一方面印度政府向农民提供大量电力补贴，另一方面民选政府体制使得政府领导人又不愿提高居民电价。电价的低水平运作和电价中存在的严重交叉补贴问题使得国家电力部门亏损额度日益增多，同时较低的投资回报使得社会资本投资电力工业的积极性受到打击，严重抑制了印度电源建设，阻碍了电力发展。

表 1-5　　　　印度 2001—2008 年家庭用电价格、发电燃料价格

	2001	2002	2003	2004	2005	2006	2007	2008
印度（美元/千瓦时）	0.035	0.035	0.040	—	0.047	—	—	—
印度平均加权售电价格 *	—	—	—	—	0.073	0.107	0.112	0.158
印度尼西亚（美元/千瓦时）	0.025	0.042	0.061	0.062	0.058	0.062	0.063	0.061
泰国（美元/千瓦时）	0.060	0.063	0.064	0.070	0.072	0.085	0.091	0.094
日本（美元/千瓦时）	0.188	0.174	0.186	0.196	0.189	0.178	0.176	0.206

---

① 刘振亚：《中国电力与能源》，中国电力出版社 2012 年版，第 239 页。

续表

	2001	2002	2003	2004	2005	2006	2007	2008
印度发电燃料价格								
重质燃料油价格（美元/吨）	207.1	233.3	301.2	294.8	329.6	496.1	510.9	665.3
增长幅度（%）	12.7	29.1	-2.1	11.8	50.5	3.0	30.2	12.7
动力煤价格（美元/吨）	17.11	16.61	17.74	19.54	21.34	20.77	22.92	24.25
增长幅度（%）	-2.9	6.8	10.1	9.2	-2.7	10.4	5.8	-2.9

注：*表示印度电力交易市场形成的售电价格（详见表1-4），2005—2008年卢比对美元的比例分别为44.273、42.250、40.261和45.993。

资料来源：United States—Energy Information Administration，Monthly Energy Review，May 2010.

（四）印度电力工业发展现状

回顾印度电力体制改革的历程不难发现，印度通过电力市场化改革的重点在于改变电力供应紧张、电源投资建设不足等问题，并以相关"瓶颈"问题的解决来提高电力行业整体运营效率，满足经济社会发展对电力的需求。

1. 装机容量大幅提升

印度的电力改革最早起步于发电环节的市场化，通过引进外资（PPI）和鼓励私人参与的方式来提高电源建设能力。从装机容量发展态势来看，印度电力供应能力明显增强，1990年总装机容量仅为71752MW，到2011年达到206526MW，增长近3倍，年均增速达到4.96%；从所有制成分上来看，公用事业总装机容量仍处于绝对优势，2011年总装机容量达到173626MW，占全国总装机容量的84.1%；然而，非公用事业参与电源建设的积极性不断提升，相比1990年装机容量，2011年非公用事业总装机容量增长近4倍，年均增速达到6.59%，高于同期的总装机容量增幅，占全国装机容量的比重由11.3%提升到15.9%。

表1-6　　　　1990—2011年印度发电机组装机容量统计

（公用事业和非公用事业）　　　　单位：MW

	1990	1995	2000	2005	2011
总装机容量	71752	92332	113220	137529	206526
公用事业总装机容量	63636	81171	97884	118426	173626
占总装机容量比重（%）	88.7	87.9	86.5	86.1	84.1
非公用事业总装机容量	8116	11161	15336	19103	32900
占总装机容量比重（%）	11.3	12.1	13.5	13.9	15.9

资料来源：根据CEIC数据库整理所得。

与此同时，从 2011 年电力结构情况来看（如图 1 - 6 所示），煤炭发电装机容量仍占据半壁江山，达到 55%；水电为 20%；核能与天然气分别为 11% 和 10%；新能源发电装机容量显著提升，已达到 3%。

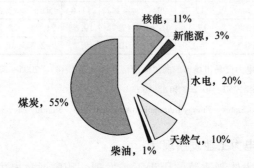

图 1 - 6　2011 年印度总装机容量中不同能源装机容量构成情况

资料来源：Central Electricity Authority：National Electricity Plan（volume 1）：generation，January，2012，p. 11.

2. 新能源发电比重加大

2011 年，印度对新能源发电的投资位于世界第五位（见表 1 - 7），从发电能力来看，水电、风电、太阳能发电处于世界前列。从新能源装机容量结构来看，2011 年生物质能发电装机容量达到 2788MW，占新能源装机容量的 13.70%；太阳能发电装机容量为 149MW，占 1%；小水电装机容量为 3121MW，占 15.3%；在风电装机容量上，印度当前已位于世界第三位，2011 年风电装机容量达到 14105MW，占新能源装机容量的 70%。

表 1 - 7　　　　　　　　　　2011 年世界新增新能源发电能力排序

排序	新增投资	水电发电量	太阳能光伏发电	风电	太阳能发热	生物柴油生产	乙醇生产
1	中国	中国	意大利	中国	中国	美国	美国
2	美国	越南	德国	美国	土耳其	德国	巴西
3	德国	巴西	中国	印度	德国	阿根廷	中国
4	意大利	印度	美国	德国	印度	巴西	加拿大
5	印度	加拿大	法国	英国/加拿大	意大利	法国	法国

3. 电力供需矛盾依然紧张

缺乏稳定和足够的供电一直是印度经济发展的掣肘。印度发电量虽然在世界上排名第五，仅次于美国、中国、日本和俄罗斯，但电力供应严重不足，人均用电量世界排名较低，各地限电频繁。从图1-7可以明显看出，印度电力改革以来，每年发电量呈现出逐年递增的态势，平均每年发电量达到530.7亿千瓦时，年均增长率达到5.67%；不可否认，发电量的提升对印度电力需求的满足起到了关键性的作用，但相比于日益呈现出膨胀性电力需求的趋势来看，印度电力缺口规模依然很大，无论是用电高峰期间的电力缺口还是总体电力缺口，印度的电力供需矛盾已到了刻不容缓的地步。统计显示，2011—2012财年，印度电力总需求为9337.4亿千瓦时，电力供求缺口约为10%，高于2010—2011财年的8.5%；用电高峰时电力需求为1361.9亿千瓦时，供电缺口达12.9%；全国34个邦和中央直辖区中，面临电力短缺的有25个，用电高峰时则增加到28个。[①] 从近年来印度月度电力供求情况来看（如图1-8所示），用电高峰时电力缺口比例区间介于8%—13%之间，最高时达到13.1%；总体电力需求缺口比例与高峰电力缺口呈现出分布趋同的态势，但2012年以来总体电力缺口呈现出在高位稳步徘徊的态势，则足以表明印度电力缺口在短期内难以根本扭转。

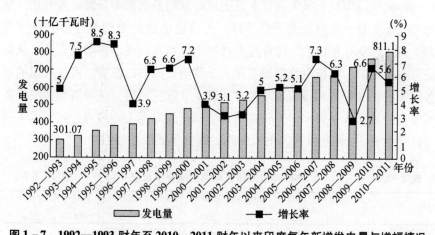

图1-7 1992—1993财年至2010—2011财年以来印度每年新增发电量与增幅情况

资料来源：Central Electricity Authority：National Electricity Plan（Vol. 1）：Generation，January，2012，p. 11.

---

① 《印度电网管理分散，埋下大停电隐患》，英大网，2012年8月13日，http：//www. in-daa. com. cn/dwxw2011/dwyw/201208/t20120813_ 1106772. html。

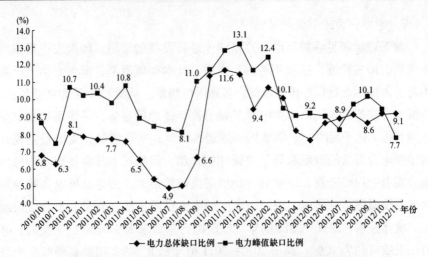

图 1-8　2010 年 10 月以来各月份电力缺口情况

资料来源：根据 CEIC 数据库相关数据计算所得。

4. 电力输送耗损较大

长期以来，印度在基础设施建设尤其是输配电网络建设方面存在严重的滞后性，输配电线路老化和技术更新的缓慢使得输电效率极为低下，加之输配电管理体制和输配电调度的行政隔离，致使输配电一体化和电网调度一体化难以实现，很大程度上又造成电能的浪费和不合理配置利用。从相对指标来看，输电耗损率在下降，但从输电损耗电量绝对量上看（见表 1-8），2000 年以来，印度输电耗损电量呈现出逐步递增的态势。从经济效益上来讲，耗损电量增加不仅会导致电量的白白浪费，而且耗损的电量因无法获取经济利益而造成电力运营企业发生亏损。这种情形会使得各邦电力管理局入不敷出，不仅在增加新的产能方面无能为力，亦吓退了很多社会投资。[①] 长此以往，电力工业发展会受到严重制约。

表 1-8　　　　　　　　　2000 年以来印度电力运输耗损情况　　　　　　单位：GWh

	2000—2001	2001—2002	2002—2003	2004—2005	2005—2006	2006—2007	2007—2008	2008—2009 *
输电损耗电量	155073	166111	162883	174035	175535	180098	183043	187513
输电损耗率（%）	33	34	32	33	31	30	29	27

注：*表示预测数据。

资料来源：Central Statistics Organization.

---

① 叶玉、刘宗义：《中印能源政策比较研究》，《南亚研究》2010 年第 3 期。

（五）电网建设现状与问题

1. 电网建设历程与发展现状

印度的输电系统可以分为两大部分：一是跨邦输电系统（Inter - State Transmission System，ISTS），亦即区域性电网和区域间电网；二是邦内输电系统（Intra State Transmission System，Intra - STS），亦即邦内电网。跨邦输电系统由国家电网公司（亦即中央输电公司）拥有和运营，其主要职能是实现电力在丰裕地区（或邦）与电力稀缺地区（或邦）之间的跨邦输送。邦内输电系统主要由邦电力运输公司拥有和运营，其主要职责是实现电力在本邦内输送。

从电网建设里程来看，印度独立之后很长一段时间内，由于分布式发电站的存在使得电网发挥的输电作用极为有限，20 世纪 50—60 年代最高输电电压为 132 千伏，到 20 世纪 60—70 年代输电电压达到 220 千伏。其后由于电力长距离输送容量的日益增大，在许多邦拥有了 400 千伏的输电线路，继而随着各邦输电网络的发展，区域性的电网开始发展。在第三个五年计划中，区域性电网规划被首次引入电力部门，随后，全国被划分为五大区域性电网，亦即北部、西部、南部、东部和东北部电网。为了实现跨区域联网，1989 年中央发电公司被拆分并成立了国家电网公司，并按照中央电力管理局（CEA）来实施旨在联系中央发电厂与跨区域输电项目的输电系统，但这一时期，由中央支持的旨在促进跨区电力输送的输电基础设施建设规模是极为有限的，很大程度上各地区电力处于自给自足状态。随后，随着国家电网的发展和不同区域电网的异步相联，使得跨区域的不同等级的高压输电线路得以快速建设和发展。直到 20 世纪 90 年代，因个别地区频率不同和联网效益，大区电网以背靠背的 HVDC 装置和主干线路，异步互联成初期的全国电网。①

与此同时，区域性的同步电网也不断建设，1992 年东部地区和东北地区通过 220kV 和 400kV 的双回路输电线路进行同步相联。为了实现电力资源在全国范围内的有效利用和加快国家统一电网体系建设，近年来跨区性的输电容量被置于日益重要的地位。"九五"期末，跨区的输电容量为 5750MW；到"十五"期间，输电容量总计增加了 8300MW，截至期末，输电容量达到 14050MW；规划到"十一五"期末，输电容量将增加

---

① 何大愚：《印度电力建设及其特高压交直流输电规划》，《中国电力》2008 年第 2 期。

到 25650MW。从表 1 - 9 可以看出，1985—2011 年，印度输电线路增长近 5 倍，变电站容量增长超过 7 倍；近年来输电系统显著的变化就是高压输电线路和变电容量呈现出快速增长的态势。

表 1 - 9 　　　　　　　　　1985—2011 年印度 220kV 及以上

电压输电线路与变电站容量累计增长情况

电压水平	"六五"	"七五"	"八五"	"九五"	"十五"	"十一五" (2011 年底)
765kV	0	0	0	971	1704	3340
HVDC 双极	0	0	1634	3138	5872	7452
400kV	6029	19824	36142	49378	75722	102578
220 kV	46005	59631	79600	96993	114629	134190
输电线路总长（km）	52034	79455	117376	150480	197927	247560
变电站容量（MW）	46621	75322	125042	181943	257639	355264

资料来源：Central Electricity Authority：National Electricity Plan (volume 2)：transmission, January, 2012, cea. nic. in.

2. 区域性电网与电力输送

不可否认，区域之间的电网互联可以实现相互错峰、减少备用、事故支援与跨区域调节，进而提高电力市场的经济效率和实现区域间电力供求平稳，减少电力事故和保障整体电网安全运行。印度共分为 5 个区域性电网，分别为北部、东部、南部、西部和东北部地区电网，各区域电网中又包括不同的邦电网。在跨区电网连接上，除南部电网之外，其他四个区域性电网是同步互联的，而南部电网则与西部和东部电网异步互联；从区域电网联系密切程度上来看（见图 1 - 9），东北部电网仅与东部电网互联，东部电网与北部和西部电网联系较为密切。从印度电网发展历程可以看出，电网建设和布局遵循的是由点到面再到局部（区域）再到全国（联网）的思路，很大程度上受到不同区域电源和电力丰裕程度的影响，具体表现为电力资源丰富区域向电力稀缺区域输出。印度的发电资源主要分布在东部和东北部地区，主要以煤炭和水电为主，其余为核电等；而印度的电力负荷中心则主要集中在经济发展程度较好和人口较为密集的北部、南部和西部地区。因此，电力资源与需求逆向分布的特点使得印度电网的输电方向主要为"东电西送"和"北电南送"。

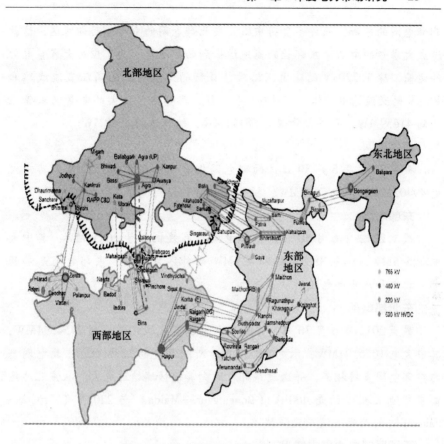

图 1 - 9　印度不同区域性电网互联情况

资料来源: Report of the Enquirg Committee on Grid Distubance in Northern Region on 30th july 2012, p. 18.

专栏 1 - 1

印度北部、西部、东北部与东部电网情况

北部电网

北部电网是五个区域中覆盖范围最大的，占据国土面积的 31%，并拥有全国规模最大的水电机组（250MW 在 Tehri Nathpa Jhakri）。截至 2012 年 6 月 30 日，其发电装机容量达到 56058MW，其中，火电装机容量 34608MW，水电 19830MW，核电装机容量 1620MW。其中，火电和水电（包括清洁能源）比例为 64∶36。绝大多数的发电站包括位于 Rihand 和 Singrauli 的 NTPC 的超级火电站位于北部电网的东半部。由于发电集中在

北部电网的东部，而许多负荷中心处在北部电网的中部和西部地区，这就造成大容量的电力从东部长距离地运输到西部地区。为了应对大容量电力的运输，除了 220kV 的输电网络外，并行的是点对点的高压直流线路和 400kV 的交流输电网络。在 2012 年 7 月，北部地区最大的电量需求峰值达到 41659MW，而供电量仅为 38111MW，缺口达到 3548MW。

西部电网

截至 2012 年 6 月 30 日，西部电网拥有装机容量 66757MW，其中火电 49402MW，水电 7448MW，核电 1840MW 和新能源发电 7909.95MW。

东部电网

截至 2012 年 6 月 30 日，东部电网拥有装机容量 26838MW，其中火电 22545MW，水电 3882MW 和 411MW 新能源发电量。东部电网是和西部、北部和东北部电网同步运作的。

东北部电网

截至 2012 年 6 月 30 日，东北部电网拥有装机容量达到 2454.94MW，其中火电 1026.94MW，水电 1200MW，新能源发电 228MW。东北电网只与东部电网直接相连，并通过东部电网向其他区域输送电力。从东北地区向东部地区相连的是 400kV（Bongaigaon—Malda）与 220kV（Birpara—Salakati）的两条直流或交流线路。

不同区域电力需求情况

四大区域 **2012 年 7 月 30 日电力供求与输入输出情况**

地区	发电量（MW）	需求（MW）	输入（MW）	附注
北部地区	32636	38322	5686	
东部地区	12452	12213	-239	从不丹进口 1127MW
西部地区	33024	28053	-6229	
东北地区	1367	1314	-53	
合计	79479	79902		

资料来源：Report of the enquiry committee on grid disturbance in Northern region on 30th July 2012 and in Northern, Eastern and North - eastern region on 31st July 2012, p. 7.

3. 电网建设存在的问题

整体而言，印度基础设施薄弱已是不争的事实，从前述的电力发展情况来看，与电力装机容量增长幅度相比，输电线路和输电容量增长速度已远不足保障新增电力的安全供应。从图 1 - 9 可以看出，跨区的电网之间互联上存在明显的漏洞，具体表现在电网互联上的区域不均衡，作为发电资源丰富的东北部地区，在电网互联上仅仅与东部电网互联，与北部和西部至今还没有输电通道，使得西部和北部过于依赖东部电网的输电系统，加之输电容量的强约束与缺乏全国坚强的骨干网架，这就容易造成电力负荷中心地区一方面因电网布局的不合理而造成电力的供不应求和拉闸限电，另一方面，因缺乏统一电力调度和高压输电线路，使得负荷中心一旦超负荷运营就会发生成片的大停电电力事故，给地区经济社会发展造成不利影响。从电网设计来看，印度电网多采用了背靠背直流周边联网的方式，跨地区功率交换有限，区域间处于一种弱联系状态，一旦一个邦电网内部局部故障，分区电网自身发电能力将大幅减少，功率严重失衡，分区之间得不到强有力的紧急支援，资源共享程度必然大打折扣。①

众所周知，区域联网的重要作用在于促进电力市场经济性的提高，由于电力交易尤其是跨区电力交易的种种限制使得跨区和跨邦间的交易难以实现给输电公司带来经济效益，继而使得输电系统存在明显的投资不足，部分输电线路的陈旧老化和长期得不到更新完善，使得输电耗损率居高不下。与此同时，由于印度区域间输电网容量存在明显的不足，造成了区域电力市场隔离，加之电力管理体制尤其是电力调度难以实现全国一体化，使得电力资源一方面因无法消纳而浪费，另一方面，各个地方为了各自用电需求而置中央调度指令于不顾，以致造成电网超负荷运营，最终造成电网崩溃。2012 年 7 月 30 日，印度大停电可以说是印度电网建设自身问题的集中反映，具体来看就是：基础设施太差，尤其在电源建设相对比较发达的情况下，没有与之匹配的电网建设，输供电网络比较薄弱，加之缺乏统一的调度管理机制，等等。

（六）印度电力发展规划

如前所述，市场化改革以来，印度在传统能源和新能源建设方面取得了显著成效，尤其是发电环节的开放和输配电环节的独立与公开准入极大地推动了电力工业和相关电力产业的快速发展，但是由于需求的膨胀和基础设施建设的滞后，使得印度仍受到电力供应不足的困扰。世行统计，大约有 40% 的印度居民无电可用，停电在全国大多数城市是经常发生的，更为复杂的是用电需求增长已超过容量的增加。此外，由于受到电力市场的

① 高宇：《反思印度大停电，探寻中国电网安全》，中国创新网，2012 年 8 月 6 日，http：//www.chinahightech.com/html/760/2012/0806/034393437323.html。

管制、投资不足和水电项目受到资金不足与环保部门严苛的审批程序，加之煤炭等燃料的短缺，使得新增容量不容乐观。因此，为了有效解决电力供应不足，印度政府未来电力工作的重点仍是增加发电量。据 2011 年美国 EIA 预测，未来直到 2035 年印度的电力消费将会以年均 3.3% 的速度增长，为了满足快速增长的电力需求，印度将不得不再增加 234GW 的发电容量。①

针对电力基础薄弱和电力缺口日益严重的局面，印度《"十二五"（2012—2017）基础设施发展规划》强调"兴建一批大型道路、港口、机场、铁路、电力、电信项目，成为印度政府的一项重要任务"。② 为了适应印度经济的高速发展，"十二五"期间电力投资可能会追加到 1 万亿美元，其中，私营电力部门的作用将大大增强，其发电量比重将达到 52%；在输配电线路建设方面，规划强调要加大对配电网络的投资力度，并对高压电网容量进行建设。为了着力开发新能源和可再生能源，2009 年，印度政府出台了太阳能计划，提出在 2013 年实现 130 万千瓦的太阳能装机容量，到 2020 年将太阳能发电量提高到 2 万兆瓦。从电力结构来看，中央电力管理局（CEA）预测"十二五"期间，煤炭发电基地新增容量 66660MW，国内天然气发电基地新增容量 1086MW，水电装机容量达到 9204MW，核电为 2800MW。③

要保障电力应用的可及性和电力输送效率的提高，就必须加大对输配电网的投资和现有线路的改善。根据 CEA 输电系统开发规划，④ 在"十二五"期间，输电线路将会达到 109000 公里，同时，也将会增加 270000MW 的交流输电容量和 13000MW 的高压直流输电设备；另外，需要强调的是将会新增三条 13000MW 容量的高压直流两极系统（HVDC bi-pole systems）和实现 765kV 输电系统的大突破，预计 765kV 的输电线路将会达到 27000 公里，输电容量将会达到 149000MW；400kV 输电线路为 38000 公里，220kV 为 35000 公里，其对应的输电容量分别为 45000 MW

---

① U. S. Energy Information Administration: Country Analysis Briefs—India, Nov. 21, 2011, http://www.eia.gov/countries/cab.cfm?fips=IN.

② 中国对外投资和经济合作：《印度"十二五"基础设施发展规划》，2012 年 6 月 8 日，http://fec.mofcom.gov.cn/article/gbhj/hjdt/201206/1297450_1.html.

③ Central Electricity Authority: National Electricity Plan（volume 1）: generation, January, 2012, cea.nic.in.

④ Central Electricity Authority: National Electricity Plan（volume 2）: transmission, January, 2012, cea.nic.in.

和 76000MW。从变电站情况来看，高压直流电终端中高压直流背靠背终端将维持不变，即新增容量为 0 MW；高压直流两极终端将会新增容量13000MW。交流电变电站中，765kV 变电站新增容量 149000MW；400kV新增容量 45000MW；220kV 新增容量 76000MW。

三　印度电力市场投资和风险预评

（一）印度投资政策与 FDI 情况

从 1991 年全面经济改革以来，印度政府就积极通过扩大对外开放、积极推动国内私有化改革来促进经济发展活力和效率。表现在对工业、外贸和金融领域的放松管制，积极鼓励社会资本和外资进入基础设施行业和服务业，加快国有企业的私有化进程，通过优化税收等"软服务"来改善投资环境。

积极吸引外资是印度对外经济开放政策的重中之重，《印度投资政策》强调要取消投资审批制度，全面向私人和外资开放；在投资领域上，印度政府强调除涉及环保、国家安全、国际民生等 14 个行业外，私人和外资可在电信、道路、港口、发电、炼油等基础设施行业和服务业中进行投资。[①] 为了鼓励和吸引外国直接投资，政策规定由印度储备银行直接审批的制度，同时，为了积极配合第二阶段经济改革，印度政府在 2001—2002 年财政预算报告中又进一步放宽了对外资的限制，如取消对外资在电力、电力传输和销售项目（原子能发电项目除外）投资额的限制，并放宽了对外资在炼油项目的自动审批手续。在对外机构设置中，为了更好地配合印度储备银行外资审批业务，印度设立了外国投资促进局，直接对高科技项目、外向型项目、能源、基础设施、咨询和贸易等外国资本独立经营的项目进行审批，以此来加快吸引外资进入和相关项目落实。

近年来，印度强劲增长的宏观经济和持续增长的潜力，使得外资大量涌入（如图 1 - 10 所示），以当前美元价格计算，2011 年印度外资流入量达到315.54 亿美元，同比增长 30.6%；相比于 1990 年水平，增长了 132 倍。

---

① 商务部对外经济合作司：《印度投资政策介绍》，http：//www.fdi.gov.cn/pub/FDI/dwtz/ggtzzc/yz/ydu/t20060423_28032.htm。

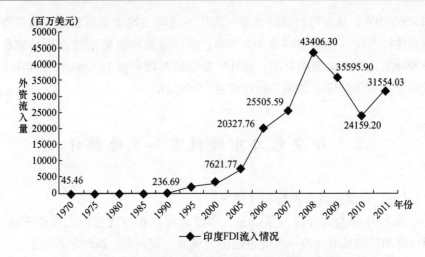

图 1 - 10　1970 年以来印度主要年份 FDI 流入情况

资料来源：根据 UNCTAD - stat. 数据库整理所得。

（二）印度能源领域 FDI 情况

如前所述，印度能源基础设施存在着发展严重滞后的局面，因此，也就成为政府关注和引资的重点领域。从部门情况来看（见表 1 - 10），2006—2011 年，电力部门是引入外资最多的部门，2010—2011 财年共计引入外资近 12.72 亿美元，占据了能源基础设施领域总投资额的 62.2%，远高于非常规能源和石油与天然气领域的投资额度；纵向来看，虽然相比于 2009—2010 财年 14.373 亿美元的最高水平有所回落，但相比 2006—2007 财年年均增速仍达到近 52%。同时，从 2011 年 4—12 月外资情况来看，电力投资增长潜力依然很大。

表 1 - 10　　　　　2006—2011 年间印度能源基础设施 FDI 流入情况

单位：百万美元

部门	2006— 2007 年	2007— 2008 年	2008— 2009 年	2009— 2010 年	2010— 2011 年	2010 年 4—12 月	2011 年 4—12 月
电力	157.5	968	984.8	1437.3	1271.77	1007.60	1447.39
非常规能源	2.1	43.2	85.3	497.9	214.40	64.38	281.97
石油与天然气	89.4	1426.8	412.3	272.1	556.43	541.69	197.07
合计	249	2438	1482.4	2207.3	2042.6	1613.67	1926.43

资料来源：Economic Survey 2010 - 2011：Department of Industrial Policy and Promotion.

（三）中印经贸关系与电力市场投资前景

1. 中印经贸关系

中印两国经济快速发展，作为两个最大的发展中国家和新兴市场国家，双边经贸关系保持良好态势，双边贸易额持续增长，2000年双边贸易额为29.14亿美元，到2011年达到739亿美元，年均增速达到30.9%。从进出口情况来看，2011年印度对中国出口规模达到234.1亿美元，成为印度第四大出口对象国，占印度商品出口总额的5.5%；同年，中国对印度出口504.9亿美元，成为印度最大的商品进口国，占印度商品进口总额的12.0%。总体来看，2011年中国成为印度最大贸易伙伴，占印度贸易份额的比重达到9.52%，高于阿联酋的9.03%和美国的7.46%。

2. 印度电力市场的合作机遇

中印2012年在双边的"战略经济对话"中强调，要加强在投资、基础设施、能源等领域的合作，并在能源工作组会议上，两国各相关公司负责人就两国在水电政策、规划、专业技术和工程项目上的交流与合作提出切实建议，指出中印的电力行业结构和水电开发具有相似性，能够开展广泛合作。与此同时，据印度官方数字，根据已签合同，在印度"十一五"和"十二五"两个五年计划期间，将分别有2105.5万千瓦和1387万千瓦的新增发电能力来自从中国订购的火电设备。结合前述的分析，印度当前在电力基础设施尤其是电网建设方面存在严重滞后的局面。同时，在电源建设上未来仍是投资的重点领域，整体来看，无论是在技术优势上，还是在相关电力项目的实际建设、运作和管理经验上，中国企业在印度电力市场上都能发挥巨大的优势。基于中国已有电力工作在印度开展的合作和经验教训，本报告认为，未来中国电力企业可以通过"官方"与"民间"的途径来进行电力项目的投资，由于电力项目投资周期较长，建议相关企业在投资上要综合论证长期与短期项目的比较收益，确保在危机发生时自身利益不受损害。

（四）印度电力市场投资风险预评

总体来看，印度的营商环境近年来改善程度很大，据经济学家情报单位对印度商业环境的排名，印度整体得分由5.48上升到历史上最高水平6.04，在82个国家和地区中排名第56位。但是，结合我国已有企业投资实践，本报告认为中国企业在印度投资中仍会面临着一些显著的风险，具体来看：

1. 政治风险

虽然印度在相关的投资政策中强调要积极吸引外资进入，但外资进入的领域和进入的方式（包括股权配置、用工情况、投资期限等）都受到严格的审批。由于电力投资项目的特殊性，容易引起尤其是基于民主体制的政府部门在所谓的"民意"和"意识形态"胁迫下以国家安全为由单方面停止合同，或无故拖延项目建设进程等。同时，不可否认的是，基于历史的原因，印度许多政客及精英阶层对中国采取敌视的态度，常对政府的对外政策施加影响，迫使政府收紧或改变对中国的合作政策。[①] 由于电力产业兼顾公益性和福利性，亦即作为公用事业具有很强的政治性，政府机构很可能因民主选举制度而迎合选民（"选民俘获"）进而损害电力企业利益，如通过行政征收、汇兑条例的变更而加大企业的政治风险。

2. 政策风险

政策因素的频繁变动，也使得政策风险因素越发不容忽视。为了培养本国电力施工企业和专业管理队伍及熟练技术工人的发展，印度政府自2009 年 5 月开始改变了国外企业在印度承揽项目所持签证的相关政策。禁止持商签的人员从事项目管理工作，转而改为重新申请工作签证，并对签证的数量进行了严格规定，影响了国外公司对项目管理的力度和深度，增加了项目执行的难度和不确定性。基础设施缺乏、行政机构办事拖拉、严苛的《劳动法》、劳动力资源不足，以及征地矛盾、罢工、村民扰乱等因素，使得外资承建的电力项目多数都无法按合同工期完成，并遭受工期延期违约金的处罚。

3. 商业风险

为了改变对中国电力设备的过分依赖，印度不仅对来自中国的电力设备征收高关税，而且还通过增加印度本国制造公司加强与除中国外的电力设备生产商在印度合资建厂，以降低成本增强与中国电力设备生产企业的竞争。此外，由于电力项目建设周期较长，不可避免基于事前合同安排存在明显的信息不对称，使得后期的执行容易受到设备、材料价格、工资上涨、汇率变动、安全事故等诸多因素的影响变得不可预期而加剧项目风险。

---

① 张新闻：《印度电力建设市场的问题及前景分析》，《中国电力教育（电力经济研究）》2010 年第 32 期。

主要参考文献

[1] 汪巍：《21 世纪印度能源外交的战略举措》，《中外能源》2007 年第 6 期。

[2] 李琼慧、郭基伟、王乾坤：《2030 年世界能源与电力发展展望》，《电力技术经济》2009 年第 4 期。

[3] 司马军：《独立以来的印度经济——回顾、比较与展望》，《世界经济与政治》1997 年第 11 期。

[4] 谌洁：《对当前印度投资环境的综合分析》，《东南亚纵横》2009 年第 4 期。

[5] 殷永林：《改革以来印度经济增长的新特点及其影响》，《东南亚南亚研究》2011 年第 1 期。

[6] 戢梦雪、李好：《国际金融危机下印度外国直接投资政策的调整》，《南亚研究季刊》2009 年第 3 期。

[7] 罗承先：《世界风力发电现状与前景预测》，《中外能源》2012 年第 3 期。

[8] 时宏远：《试析印度的能源政策》，《国际论坛》2011 年第 1 期。

[9] 方雯、曾琰：《印度的能源对策分析》，《南亚研究季刊》2009 年第 1 期。

[10] 赵建军：《印度电力改革及其成效分析》，《华北电力大学学报》2003 年第 3 期。

[11] 张新闻：《印度电力建设市场的问题及前景分析》，《中国电力教育》2010 年第 11 期。

[12] 齐放、张粒子：《印度电力市场化改革的新进展》，《电力需求侧管理》2008 年第 2 期。

[13] 李韩房、谭忠富：《印度电力市场化改革概况》，《华东电力》2007 年第 7 期。

[14] 马莉、魏玢、阙光辉、郭磊：《印度电力市场化改革情况及最新进展》，《中国电力》2007 年第 6 期。

[15] 李好：《印度经济改革的核心：经济增长与社会公平》，《经济研究

导刊》2011 年第 18 期。

[16] 杨文武、邹毅：《印度经济增长模式研究》,《南亚研究季刊》2011 年第 3 期。

[17] 杨思灵、高会平：《印度能源形势与发展趋势分析》,《南亚研究》2009 年第 3 期。

[18] 林志远：《纵观印度电力体制改革》,《广东电力》2008 年第 4 期。

[19] 何大愚：《印度电力建设及其特高压交直流输电规划》,《中国电力》2008 年第 2 期。

[20] 刘振亚：《中国电力与能源》,中国电力出版社 2012 年版,第 239 页。

（聂新伟执笔）

第二章　俄罗斯电力市场体系及电价机制

俄罗斯地域辽阔，煤炭、天然气资源丰富。2012 年 1—10 月的国内生产总值增长 3.7%，2011 年同期这个数字为 4.3%。截止到 2012 年 12 月 17 日，通货膨胀率为 6.3%。与 2011 年相比，工业生产速度增幅减缓（2012 年前 11 个月增幅为 2.7%，2011 年全年这个数字为 4.7%），但是加工领域表现出高增长速度，为 4.4%。固定资本投资略有增加，为 8.4%，2011 年的这个数字为 8.3%。

俄罗斯电力分布不均衡，欧洲区装机容量占 72%，主要为火电和核电；西伯利亚区主要为水电和火电；远东区的电力装机比重很小，主要为小型火电。俄罗斯有 77 个地区电网，其中 68 个地区电网组成了 7 个联合电网，并联运行。大部分骨干电网采用 220—500kV 电压等级，只有西北和中部电网电压等级为 330—750kV。

自 1988 年，俄罗斯首推电力体制改革后，经过 20 多年，几届政府的推动，俄罗斯电力工业取得了突破性的进展，逐步实现批发及零售市场的完全自由化：发电侧有 7 家跨区域电力公司和 14 个地区性电力公司；输电侧组建联邦电网公司，下设 7 个跨区域输电公司；配电侧组建 12 个区域性配电公司。从而保障了电力交易的充分竞争性。2001 年成立系统交易管理所，主要管理现货市场交易。2002 年成立系统操作公司，主要负责电力系统的运营与调度。

俄罗斯以双边合约为主，建立区域竞价市场。目前，在欧洲区和西伯利亚区建立区域电力市场，2011 年完全实行市场化，容量电价通过自由双边合同或集合拍卖的形式定价，电量电价实行现货市场价格。

俄罗斯电力基础设施较为落后，近年来经济稳定增长从而带动电力需求的逐步回暖，因此造成了电力供需之间的矛盾加大。俄政府优惠的税收、经济政策及技术水平，吸引了不少中国企业在俄进行电力项目投资建设。但是在俄投资项目过程中存在着劳动力不足、社会治安差、腐败问题严峻等风险，中国投资者一定要做好防范工作，积极采取应对措施，规避风险。

一 国家基本情况、宏观经济形势

（一）国家概况

俄罗斯横跨欧亚大陆，东西最长 9000 多公里，南北最宽 4000 多公里。邻国西面有立陶宛、爱沙尼亚、拉脱维亚、白俄罗斯、波兰，西南是乌克兰，南有阿塞拜疆、格鲁吉亚、哈萨克斯坦，西北有芬兰、挪威，东南有中国、蒙古和朝鲜。东与美国和日本隔海相望。海岸线长 33807 公里。大部分地区处于北温带，以大陆性气候为主，温差普遍较大，1 月气温平均为 -5℃——-40℃，7 月气温平均为 11℃—27℃。年降水量平均为 150—1000 毫米。俄罗斯共有 1.43 亿人（截至 2013 年 1 月 1 日）。民族 193 个，其中俄罗斯族占 77.7%，主要少数民族有鞑靼、乌克兰、巴什基尔、楚瓦什、车臣、亚美尼亚、阿瓦尔、摩尔多瓦、哈萨克、阿塞拜疆、白俄罗斯等族。

俄罗斯联邦现由 83 个联邦主体组成，包括 22 个共和国、9 个边疆区、46 个州、3 个联邦直辖市、1 个自治州、4 个民族自治区。

俄罗斯自然资源十分丰富，种类多，储量大，自给程度高。国土面积 1707 万平方公里，在全世界居第一位。森林覆盖面积 880 万平方公里，占国土面积 51%，居世界第一位。木材蓄积量 821 亿立方米。天然气已探明蕴藏量为 48 万亿立方米，占世界探明储量的 35%，居世界第一位。石油探明储量 109 亿吨，占世界探明储量的 13%。煤蕴藏量 2016 亿吨，居世界第二位。铁蕴藏量 556 亿吨，居世界第一位，约占 30%。铝蕴藏量 4 亿吨，居世界第二位。铀蕴藏量占世界探明储量的 14%。黄金储量 1.42 万吨，居世界第四位至第五位。此外，俄还拥有占世界探明储量 65% 的磷灰石和 30% 的镍、锡。俄罗斯联邦政府是国家权力最高执行机关。

2012 年，在欧债危机持续发酵、世界经济增长乏力，尤其是新兴市场国家经济增速放缓的背景下，俄经济增速亦现回落，主要经济指标均呈下行态势。全年 GDP 同比增长 3.4%；工业同比增长 2.6%；农业下降

4.7%；固定资产投资增长 6.2%；居民收入同比增长 4.2%；零售贸易额同比增长 5.9%；外贸额同比增长 1.8%。近年来，俄罗斯 GDP 增长情况见表 2-1。

表 2-1　　　　　　　　俄罗斯 GDP 增长分析表① 　　　　　　单位:%

2005 年	2006 年	2007 年	2008 年	2009 年	2010 年	2011 年	2012 年
6.4	6.8	8.1	5.6	-7.9	4	4.3	3.4

2012 年主要经济指标为：国内生产总值（GDP）：62.36 万亿卢布（约合 2.08 万亿美元）；人均国内生产总值：43.6 万卢布（约合 1.45 万美元）；国内生产总值增长率：3.4%；汇率：1 美元≈31.09 卢布；通货膨胀率：6.6%；失业率：5.5%。

近年来，俄罗斯政府大力发展基础设施、加工业、服务业和运输业，但俄罗斯经济发展仍高度依赖自然资源的出口。2012 年，俄罗斯工业生产增长 2.6%。

表 2-2　　　　　　　2007—2012 年俄罗斯主要工业品产量

	2007 年	2008 年	2009 年	2010 年	2011 年	2012 年
发电量（亿度）	10149	10372	9922	10368	10520	10640
石油（百万吨）	491	488	493.7	504.9	509	517
天然气（亿立方米）	6510	6336	5836	6490	6690	6530
煤（百万吨）	315	326	298.5	317	334	354
钢（万吨）	7240	6870	5920	6583	6840	7040
卡车（万辆）	28.5	25.6	9.1	9.92	20.7	21
轿车（万辆）	129.0	147	59.49	98.04	173.7	197.1
水泥（万吨）	5993	5360	4430	4941	5610	6150
原木（万立方米）	10700	8840	7500	8355	8689	8960
布匹（百万平方米）	2700	2485	2600	2960	3553	3922
植物油（万吨）	273.5	248.5	330	271.7	248.6	373.2

俄罗斯各类运输方式俱全，铁路、公路、水运、航空都起着重要作用。根据俄罗斯联邦统计局数据，2012 年客运周转量 5325 亿人公里，货运量 85.19 亿吨，货运周转量达 5.05 万亿吨公里，同比增长 2.8%。

---

① 俄罗斯联邦国家统计局，http://www.gks.ru/wps/wcm/connect/rosstat/rosstatsite/。

2012 年外国对俄罗斯投资总额为 1546 亿美元，同比减少 18.9%。其中，外国直接投资为 186.7 亿美元，同比增长 1.4%；证券投资为 18.2 亿美元，同比增长 1.3 倍；其他类投资为 1340.9 亿美元，同比下降 21.8%。外资主要投向制造业、金融、商业、交通工具和电器维修、矿产开采、房地产及租赁服务等领域，投资额合计达 1508.1 亿美元，占同期外国对俄投资总额的 97.5%。

表 2 - 3　　　　　　　　2012 年俄罗斯外资主要来源统计

来源地	投资金额（亿美元）
荷兰	211.3
塞浦路斯	164.6
英国	134.9
卢森堡	115.2
德国	72.0
爱尔兰	46.7
法国	41.9
维尔京群岛（英属）	35.0
日本	11.4
中国	7.4

截至 2012 年底，俄罗斯累计向境外投资 1178 亿美元。其中，直接投资 739.3 亿美元，占 62.8%；证券投资 126.8 亿美元，占 10.8%；其他类投资 311.9 亿美元，占 26.4%。俄罗斯累计对外投资位列前位的国家分别是荷兰、塞浦路斯、瑞士、美国、英国、白俄罗斯、卢森堡、维尔京群岛、奥地利、乌克兰。

2012 年 5 月 8 日普京签署总统令，任命梅德韦杰夫为政府总理。5 月 21 日，梅德韦杰夫提交的政府结构和人员组成建议获总统批准，新政府组成，设总理、1 名第一副总理、6 名副总理、21 个部。

2011 年，俄罗斯用于社会领域的支出总额为 65138 亿卢布（约合 2101 亿美元），占 GDP 的 11.9%。社保方面，政府将通过对来自联邦预算拨款和社会保险基金的社会支出和补贴实行指数化管理、实行养老体系现代化、养老保险缴费取代统一社会税多项措施加大社会保障力度。2012 年平均退休金为 9041 卢布（约合 292 美元），同比增长 4.9%。医保方面，继续发展国家"健康"工程，加强国家对预算采购药品价格形成调节。2010 年开展医疗卫生现代化计划。2011 年通过强制医疗保险新法律，规定可在国家任何地区卫生部门获得强制保险的医疗服务。2012 年俄罗斯人均寿命已提高至 70.3 岁。就业安置方面，总统普京提出了在 2020 年前创造 2500 万个就业岗位、2018 年前把民众实际工资提高 1.4—1.5 倍等目标。住房保障方面，为帮助解决中低收入群体住房需求，俄罗斯政府制定了一系列房改和保障措施，不断加大保障房建设，对符合条件的中低收入群体提供租房、购房和建房补贴，推出"青年家庭住房保障计划"为青年家庭提供住房保障。发展文化领域方面，2012 年 3 月 3 日通过了《2012—2018 年"俄罗斯文化"联邦总体规划》，将为提高文化艺术领域服务的品质和多样性创造条件，实现文化机构的现代化，保证人民文化和精神需求。

（二）宏观经济形势

1. 经济政策与外债

俄罗斯经济在 2009 年下半年开始复苏，2010 年，俄罗斯经济维持以往发展趋势，继续缓慢增长，GDP 同比增长 3.7%。从各季度经济增长情况看，增长很不稳定。第一季度增幅为 2.9%，第二季度为 5.2%，由这些数据可以看出，俄罗斯从下半年起，其经济增长的速度明显放缓，一度停滞，直到 9 月起才略有提高。由统计数据得出，其全年 GDP 增长幅度为 4% 左右。

表 2 - 4   俄罗斯经济形势主要指标①

指标	2008	2009	2010	2011
人均 GNI 年增长率（%）	5.5	-8.59	3.35	0.92
家庭消费年增长率（%）	14.51	-16.16	10.31	19.67
按 CPI 计通胀年增率（%）	14.11	11.65	6.86	8.44
家庭最终消费支出（亿美元）	7877.65	6417.71	7381.92	9685.54
国内总储蓄（亿美元）	5769.43	3239.70	4614.48	5746.67
国民总收入（亿美元）	1.63 万	1.18 万	1.43 万	1.74 万
国家总储备（亿美元）	4262.79	4393.42	4792.22	4974.10
人均 GDP 年增长率（%）	5.36	-7.81	4.29	4.29

① 俄罗斯联邦国家统计局，http：//www.gks.ru/wps/wcm/connect/rosstat/rosstatsite/。

2012 年俄罗斯经济相对稳定，俄罗斯政府年初制定的保增长、抑通胀、减赤字任务基本完成。不过，由于全球经济增速放缓，内部结构性缺陷没有得到根本改善，俄罗斯经济要保持稳定增长依然面临不少问题和挑战。

2012 年全年俄罗斯国内生产总值同比增长 3.4% 左右。物价水平方面，前 10 个月消费物价指数累计增幅为 5.2%，预计全年通胀率为 6.1%。预算赤字方面，虽然年初预计全年赤字占 GDP 的 1.3%，但实际上 2012 年俄罗斯政府实现了预算盈余。其他宏观经济数据方面，进出口贸易继续大幅增长，国际储备基本恢复至金融危机前水平。从经济增长因素看，出口和消费是拉动经济增长的主要动力，而固定资产投资增幅仅为 4.7%，投资不振是制约增长的主要因素。世界银行认为，受全球经济不确定性影响，俄罗斯经济和家庭消费虽有所增长，但信贷和投资增长有限，复苏道路不平坦。

尽管 2012 年俄罗斯经济表现不错，但问题仍然很多：建设创新型经济步履维艰，改善投资环境努力收效甚微，固定资产投资需求总体疲软，实体经济特别是中小企业发展面临困境，一时无法找到解决其发展问题的突破口。究其深层次经济发展问题，俄罗斯脆弱的经济增长的基础，以及对石油等资源出口的过度依赖制约其经济迅速的发展。

2012 年俄罗斯成为世界贸易组织第 156 个正式成员国。俄罗斯加入世贸组织贸易多边协定于 8 月 22 日正式生效，俄罗斯迎来全新的世界贸易舞台。尽管入世会在短期内对部分行业形成冲击，阵痛难免，但从长期来看，无疑对俄罗斯经济的健康稳定发展大有裨益。

2. 金融部门

表 2 - 5　　　　　　　　　　　俄罗斯金融情况主要指标[①]

指标	2008	2009	2010	2011
货币和准货币（M2）（万亿卢布）	16.28	19.10	23.79	28.81
贷款利率（%）	12.23	15.31	10.82	8.46
存款利率（%）	5.76	8.58	6.01	—
广义货币年增长率（%）	14.33	17.32	24.59	21.12
银行不良贷款率（%）	3.8	9.5	8.2	8
股市交易周转率（%）	59.18	108.46	85.71	127.32
股票交易总额/GDP 比（%）	33.85	55.82	53.76	61.71

① 俄罗斯联邦国家统计局，http://www.gks.ru/wps/wcm/connect/rosstat/rosstatsite/。

　　俄罗斯金融形势总体稳定，通货膨胀有所缓解。首先，经济的货币化水平有了一定程度的提高。广义货币发行年增长率逐年提高，2011 年达到 21.12%。其次，贷款利率下降幅度较大，2011 年只有 8.46%。存款利率小幅提升，2010 年调整为 6.01%，对经济发展具有很强的刺激作用。

　　3. 劳动与社会保障

表 2-6　　　　　　　　俄罗斯劳动与社会保障主要指标①

指标	2008 年	2009 年	2010 年	2011 年
长期失业率（%）	35.2	—	—	—
总失业率（%）	6.3	8.4	7.5	6.8%
人口总量（人）	1.42 亿	1.42 亿	1.42 亿	1.42 亿
人口增长率（%）	-0.11	-0.03	0.01	0.01
基尼指数	42.27	40.11	—	—

　　俄罗斯近年来就业形势不断改善，失业率呈持续下降趋势，居民人均收入稳定增长。宏观经济总体向好的同时政府也不断推出促进就业的政策，从而使就业形势明显好转。2011 年，就业人口数量不断增加，相比于 2010 年初，失业率从 7.5% 下降到 6.8%。在 2011 年的前 10 个月，俄罗斯居民实际工资同比增长 4.5%。在同年的 10 月份，居民平均工资已达到 20789 卢布，同比增长 9.7%。就业形势的改善和居民工资的提高，为国内消费市场趋于活跃创造了条件。

　　4. 能源与环境

表 2-7　　　　　　　　俄罗斯能源与环境主要指标

指标	2008 年	2009 年	2010 年
单位 GDP 能源使用量（美元/千克石油）	328.44	334.84	—
PM10（微克/立方米）	15.58	16	
二氧化碳人均排放量（公吨）	12.04	11.09	
铁路总里程（公里）	8.42 万	8.52 万	8.53 万
公路网络总里程（公里）	94 万	98.2 万	—

---

① 同上。

指标	2008 年	2009 年	2010 年
人均耗电量（千瓦时）	6435.41	6132.98	—
总发电量（千瓦时）	1.04 万亿	9900.45 亿	
煤炭发电量（千瓦时）	1962.86 亿	1636.51 亿	
石油发电量（千瓦时）	160.87 亿	160.04 亿	—
核能发电量（千瓦时）	1630.85 亿	1635.84 亿	—
水力发电量（千瓦时）	1647.63 亿	1741.83 亿	

2010 年前 10 个月，国际石油价格平均为 76.4 美元/桶，与上年同期相比要高出约 18.2 美元。在石油价格上涨情况下，俄石油和天然气的产量及出口量均有增长。这使得依赖于能源出口的俄罗斯在经济恢复方面得到了更好的条件。同时，俄罗斯能源产量和出口量相比于近两年均有所增长，主要工业部门的生产逐渐恢复，主要国民支柱性产业得到了较好的发展。

据俄罗斯能源部统计，前 10 个月石油出口量为 2.08 亿吨，同比增长 1.1%，其中，对独联体国家的出口量为 2170 万吨，同比减少 28.2%；对非独联体国家出口量为 1.87 亿吨，同比增长 6.2%。据俄罗斯经济发展部测算，2011 年前 10 个月，俄罗斯能源产量同比增长 7%，天然气产量为 5260 亿立方米，同比增长 13.5%。其中石油产量约为 4.2 亿吨。据能源部统计，前 10 个月天然气出口 1409 亿立方米，同比增长 12.1%。其中，对独联体国家出口量为 553 亿立方米，同比增长 70%；对非独联体国家出口量为 8560 亿立方米，同比下降 7.7%。发电量为 8407 亿千瓦时，同比增长 5.3%。煤炭产量为 2.59 亿吨，同比增长 7.3%。此外，机械设备同比增长 12.7%，橡胶和塑料制品增长 21.5%，冶金和冶金产品同比增长 13.2%，化学工业增长 15.7%。但是，由于建筑业对于长期信贷的获得受到限制，一些建筑企业破产，建筑业持续下滑。

各品种发电情况，煤电、核电、水电依旧是主要发电形式，2010 年数据显示，煤电发电量有较大幅度减少，仅为 1636.51 亿千瓦时。基础设施建设不断改善，2011 年铁路和公路网络里程较 2010 年有所增加。

二　能源及电力政策、电力管理体系及架构

（一）能源及电力政策

1.《俄罗斯联邦 2020 年前能源发展战略》

2003 年 10 月，《俄罗斯联邦 2020 年前能源发展战略》的公布，是俄罗斯在能源发展战略规划方面的又一重大举措。俄罗斯能源政策的发展目标是：使俄罗斯的资源和能源潜力实现最大限度的有效利用，促进国家经济增长，并且逐渐提高国民的生活水平；俄罗斯能源战略的优先发展方向是：降低能源单位生产能耗；发挥能源对国民和经济完整而可靠的保障；提高能源有效利用和高速发展，保障国家财政稳定性；同时注重环境保护，以经济激励的方式，促使能源开发技术水平提高，从而使其对环境的影响减少到最低限度；逐步促进能源市场的现代化和文明化；国家的主要调控机制是：依靠国家对市场环境的整顿措施，提高国家对国有资产的有效管理的能力和水平，与国际接轨，采用先进的国际标准，并与原有国家标准、规范和条例相结合，大力鼓励和支持参与到投资和其他创新领域的经营者。

（1）国家能源政策的基础。国家能源长期优先发展战略方向是能源和生态安全问题以及能源和预算的有效性。上述政策通过经济调控措施得以实现：能源安全是国家安全的最重要组成部分。国家能源政策的重要问题之一是保障国家安全；国家的合理政策、能源结构改造、科学的标准和法规、能源设备的更新和现代化和价格结构调整是能源是否能够有效利用的关键点；预算的有效使用主要取决于稳定的发展前景、综合性评估的方法、保持平衡性、定向性和连续性；能源政策的重要组成部分是生态安全；保障生态安全的政策目标是根据相应的标准直接控制对环境的污染。实施生态安全政策的具体措施包括按照生态标准进行严格控制、利用经济杠杆刺激无污染生产、发展生态洁净技术、提高煤炭燃烧质量、增加高效发动机燃料的生产能力、使用少排放或无排放废弃物能源技术等。

（2）国家矿产资源基金和矿产资源的管理。完善国家对于矿产资源开发和管理的相关法律、制订和实施具体规划、为矿藏开采者营造合理的法

律环境和生产条件、强化资源开采的监控手段。同时，大力提倡采用新技术、新工艺来开采煤炭资源，促进能源的有效利用。

（3）发展国内燃料动力市场。为满足国内市场的基本需求，大力发展国内燃料动力市场。为市场提供优质并且价格适中的服务。具体做法是价格及关税调控政策、制订结构政策措施、规范市场贸易规则等。

（4）建立国家燃料动力平衡系统。促进能源生产结构的合理变化，提高石油产品质量，提高核能产量，使水力资源得到充分利用。

（5）区域能源政策。区域能源政策以宪法为依据，对联邦政府和地方政权执行机构实施能源法律调整，配合国家能源规划制订区域能源规划。

（6）能源的社会政策。将保障国民的能源需求作为国家能源政策最重要的任务，以价格放开的社会战略目标实现社会对于能源需求的保障作用。

（7）对外能源政策。巩固俄罗斯在世界能源市场上的地位是俄罗斯对外能源政策的目标，实现出口能力最大限度的利用，在世界能源市场上，极大地增强俄罗斯的产品和服务的竞争能力。

能源政策是国家的基础，在过去，俄罗斯一直是自上而下推行政策。时任总理的普京在以前任总统时就对普及可再生能源持怀疑态度，对于风力更是频频发表否定言论。但是，时任总统的梅德韦杰夫呼吁摆脱极度依赖天然气和石油的产业结构，对于普及可再生能源也表现出了积极态度。具体来说，梅德韦杰夫提出了到 2020 年，让水力以外的可再生能源在能源供给总量中占比达到 4.5% 的目标。为了实现这个目标，包括实行可再生能源所发电力固定收购制度在内，俄罗斯政府需要积极促进市场环境的完善，通过加强立法和完善行政措施对可再生能源发电提供支持。[①]

2. 《2030 年前俄罗斯能源战略》

俄罗斯在 2009 年 11 月出台了《2030 年前俄罗斯能源战略》（简称《能源战略》），此报告指出，燃料能源部门的发展将分为三个阶段，最终要实现常规能源，例如石油、天然气、煤炭等向非常规能源，例如核能、

---

① 《俄罗斯：化石燃料产量世界第一，可再生能源尚未充分开发》，人民网财经频道，2013年1月16日。

太阳能和风能等的转变。

第一阶段：时间为 2013—2015 年。在此阶段，俄罗斯的主要任务是克服能源市场和经济危机。根据俄联邦统计局资料显示，2008 年，俄罗斯石油产量比 2007 年减产了 4.88 亿吨，同比减产了 0.7%。俄经济发展部预测，2009 年俄石油产量还将缩减 4.82 亿吨，比例高达 1.1%。与此同时，2009 年 1—6 月，俄石油出口与上年同期相比增加了近 1.23 亿吨，同比增加 0.2%。可是，在原油出口量增长的同时，俄罗斯出口原油的价值却缩减了 51.6%。

第二阶段：时间为 2015—2022 年。在克服近期的经济危机后，俄罗斯主要任务是在燃料能源综合利用的基础上整体提高能源效率。

《能源战略》最值得注意的是，要发展能源保护技术和提高能源效益。俄罗斯《能源战略》制定者们认为，今后能源部门主要任务是提高能源利用效率，故创新技术的推广使用成为能源利用效率提高的有效途径。根据预测，2030 年前要实现俄联邦单位 GDP 能耗相比 2005 年降低至少一半以上。然而，这并不能达到政府本身的预期，所以政府要求能源部门继续对低能耗进行深入研究，要求他们在 2030 年前，将俄罗斯年能源资源消耗份额降低到 3 亿当量吨，即减少 25%。

第三阶段：时间为 2022—2030 年。俄罗斯开始注重对非常规能源的应用，首先是核能和包括风能、太阳能、水能等在内的可再生能源。

核能、可再生能源等非常规能源是俄罗斯《能源战略》中独立进取精神的重要体现。在 2030 年前，俄罗斯能源部门不仅在利用石油和天然气方面取得长足进步，而且还要做更多的准备，以实现非常规能源的更好利用。根据《能源战略》显示，俄罗斯在 2030 年前，将有不少于 800 亿—1000 亿千瓦小时的电量是利用非常规能源产生的。在实施《能源战略》第三阶段后期，逐步提高非常规能源生产电力所占的比例，预计从 2008 年的 32% 增加到 38%。

3. 联邦法第 35 – FZ 号电力行业部分

2007 年 11 月 4 日，俄罗斯联邦法第 35 – FZ 号电力行业法令发布，法令对可再生能源进行了分类，阐述了支持以可再生能源为基础的发电发展的主要措施；规定了政府机构支持可再生能源发展的责任与义务等。

4. 《2020 年前利用可再生能源提高电力效率国家政策重点方向》
方案

在 2009 年 1 月 20 日，俄罗斯政府总理普京批准了《2020 年前利用
可再生能源提高电力效率国家政策重点方向》，明确地说明了可再生能源
利用的原则和宗旨。俄罗斯利用可再生能源发电、用电（不含装机容量
超过 25 兆瓦水电站）指标为：2010 年实现占总量的 1.5%；2015 年实现
占总量的 2.5%；2020 年实现占总量的 4.5%。该方案针对不同的可再生
能源分别提出不同的指标，进一步细化包括电力生产、装机容量在内的其
他指标，监督可再生能源电力发展，通过采取一系列相关措施，从而保证
上述目标实现。

根据俄罗斯专家估计，俄罗斯可再生能源资源规模超过 46 亿吨标准
燃料。但是，由于与可再生能源相关的科研投入严重不足，从而造成了可
再生能源利用水平很低：目前，利用可再生能源的发电装置与电站（不
包括装机容量 25 兆瓦以上水电站）的总装机容量低于 2200 兆瓦，每年利
用可再生能源（不含装机容量 25 兆瓦以上水电站）发电量不到 85 亿千
瓦时，占全国发电总量不到 1% 份额（全俄发电总量为 10148.7 亿千瓦
时）。

5. 《俄罗斯联邦关于节约能源和提高能源利用效率法》

自 2011 年 1 月 1 日起，俄罗斯正式实施《俄罗斯联邦关于节约能源
和提高能源利用效率法》。新法案规定所有国产和进口的家用电器，在其
技术文件、货签上都应标识能效等级。新法案共涉及家电、灯具等 12 类
耗能产品，并规定到 2014 年全面淘汰白炽灯。新"能效法"为我国节能
电器对俄出口提供了难得的机遇。为此，检验检疫部门建议相关出口企业
做好三步：

发挥成本优势，积极扩大出口。俄罗斯照明市场目前仍以白炽灯为主，
节能灯产量小、价格高。据统计，目前俄罗斯年产白炽灯 7 亿—8 亿只，单
价在 0.4 美元左右；年产节能灯仅 500 万只，单价高达 5—10 美元。而我国
出口节能灯平均单价在 1.2 美元左右，价格优势非常明显。我国相关企业应
抓住法规调整的机遇，利用产品价格优势积极开拓俄罗斯市场。

树立品牌意识，打响自主品牌。目前，我国对俄出口节能灯多为代工
或贴牌生产，缺乏自主品牌，仍处于靠成本优势竞争的低层次上。随着原
材料价格、劳动力成本和人民币汇率的上涨，企业的利润空间将不断压

缩，并且随时面临国外反倾销诉讼的风险。因此，建议出口企业加快自主品牌的建设，掌握节能灯核心技术，优化产品性能，提高定价自主权，走"以质取胜"和"品牌占领"的可持续发展之路。

加大研发力度，积极发展 LED 灯等新型节能环保产品。稀土是荧光灯和 LED 灯的关键材料。随着稀土价格的上涨，势必造成荧光灯和 LED 灯的成本上升。与荧光灯相比，LED 灯具有体积小、无污染、无辐射、能效高、寿命长的优点，而且使用的荧光粉仅为荧光灯的十分之一，有利于节约资源和保护环境。所以，建议企业加大研发力度，不断提升 LED 灯能效，降低产品成本，尽快形成规模化生产，争取在新型节能环保产品的开发生产上占得先机。

6.《2013—2020 年能源效率和能源发展规划》

俄罗斯政府 2013 年 4 月 3 日通过了《2013—2020 年能源效率和能源发展规划》。规划由俄罗斯能源部制定，包括"能源发展和现代化"、"提高能源效率和节约能源"、"石油工业发展"、"煤炭工业重组和发展"、"天然气工业发展"、"国家规划实现保障"和"再生能源使用发展"7 个章节。根据规划，与 2007 年相比，2020 年俄罗斯单位 GDP 能源消耗将降低 13.5%，温室气体排放量将降低至 3.93 亿吨二氧化碳当量，原油加工深度将平均提高至 85%。

7. 2030 年前的核电发展计划

俄罗斯高度重视发展核工业，制定了雄心勃勃的核能发展计划。2009 年 4 月，俄总理普京指出，俄不会放弃建设新核电站的计划，并具体部署了俄罗斯 2030 年前的核电发展计划。按照该计划，俄罗斯准备在 2010—2030 年期间安装 26 台核电机组，预计到 2018 年前核电领域的总投入可达 1.47 万亿卢布，其中国家投入为 6740 亿卢布，计划实施的目标是使俄罗斯的核电发电量达到世界领先水平，即到 2025 年达到发电总量的 25%（现在约为 16%）。俄罗斯还大力推动核电出口，在国外进一步推广核电站建设，提高俄罗斯在世界核能市场的地位。近年来，俄罗斯与多国签订了核能合作协议，欲在多个国家和地区建立核电站，普京力图掌控全球 1/4 的核电市场。

8.《2010—2015 年及 2020 年远景的新一代核能技术》专项计划

俄罗斯总理普京 2010 年 1 月批准了新的联邦专项计划《2010—2015 年及 2020 年远景的新一代核能技术》，联邦专项计划总投资为 1283 亿卢布。大部分资金将用于开发快速反应堆，开发新燃料、放射性废料处理技术，保证设计装置安全等。俄罗斯国家原子能公司表示："在联邦专项计划框架内的举措可为俄罗斯未来核能的发展建立技术储备。"

9. 合格可再生能源发电设施及其登记管理规定

2008年10月3日，俄罗斯非商业合作关系监事会市场委员会批准了合格可再生能源发电设施及其登记管理的有关规定。

10. 政府1-p号决议——"关于2020年前加强可再生能源电力的能源效率政策指导决议"

2009年1月8日，俄罗斯政府制定了1-p号决议，即2020年前加强可再生能源电力的能源效率政策指导决议。决议的意义在于制定了加强主要经济部门的经济与环境效率工作的指导办法。

11. 联邦法第250-FZ号法令

2007年11月4日俄罗斯联邦法第250-FZ号法令通过了关于俄罗斯联邦在完成电力系统统一改革措施中修订相应法律条文的规定。该法令规定了可再生能源的构成标准，构建了在节约能源及利用可再生能源领域的国家政策与原则要求，规定了对可再生能源发电设施的特殊补贴、税收抵免等鼓励措施。

12. 俄罗斯政府第426号法令

俄罗斯政府于2008年6月3日公布第426号法令——"关于可再生能源发电设施的资格认证"。法令规定了可再生能源发电设施产能及消费量的目标指标（装机容量大于25MW的水力发电厂除外）。可再生能源的目标指标为：至2015年达到2.5%，至2020年达到4.5%。

俄罗斯不同大区地理位置不同，这使得俄罗斯每一个大区根据实际情况，体现出相互差异的能源发展特点。西北区靠近北冰洋海岸，其主要以发展北冰洋海岸和北极海大陆架的石油天然气工业为主；中部为实现现代化生产和提高石油加工能力，主要以发展核能为主；南方区继续发展石油天然气运输基础结构，发展可再生能源，提高石油加工能力；乌拉尔区以开采天然气和石油为主，提高煤炭产业加工能力；伏尔加河流域主要促进石油天然气企业的现代化生产，实现石油加工的现代化；远东区大力发展水电以此来克服热、电能短缺；西伯利亚区发展煤炭工业，注重能源生产多样化，逐步建立新的大型石油天然气中心。

（二）电力管理体系及框架①

1. 机构设置

俄罗斯电力管理结构改革后非常复杂。联邦政府下设联邦能源部、联邦反垄断局、联邦价格局。联邦能源部主要负责产业政策制定，联邦反垄断局主要负责市场进入规制。地方政府下设地区能源委员会，与联邦价格局一同制定价格规制，确定定价原则与定价范围，其中联邦政府负责联邦层面，地方政府负责地区层面。

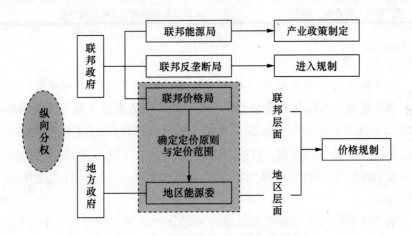

图 2-2　俄罗斯电力产业管理机构构成

2. 职能配置

联邦反垄断服务局（FAS）负责监视市场与减少市场力；市场运营机构（ATS）负责市场规则的制定与实施，调解市场争议；联邦技术检查部门（FTAS）负责建立技术与安全标准，监督服务质量；联邦定价部门（FTS）负责对国家一级的垄断服务定价，并监督配电服务价格；区域电力委员会（RECs）负责设定配电价格，但是必须事先与联邦定价部门、经济发展与贸易部（MEDT）及地区政府部门交换意见；经济发展与贸易部负责制定规则和价格形成机制。

---

① 栾凤奎、郭磊、马莉等：《俄罗斯电力改革进程及分析》，《电力技术经济》2009 年第 2 期。

表 2 - 8   俄罗斯电力管理机构及其职责

管理机构	职能
联邦反垄断服务局（FAS）	负责监视市场与减少市场力
市场运营机构（ATS）	负责市场规则的制定与实施；调解市场争议
联邦技术检查部门（FTAS）	负责建立技术与安全标准，监督服务质量
联邦定价部门（FTS）	负责对国家一级的垄断服务定价；并监督配电服务价格
区域电力委员会（RECs）	负责设定配电价格，但是必须事先与联邦定价部门、经济发展与贸易部及地区政府部门交换意见
经济发展与贸易部（MEDT）	负责制定规则和价格形成机制

3. 行业结构

俄罗斯电力分布大致可分为三个区域：欧洲区、西伯利亚区、远东区。俄罗斯电力系统是欧洲最大，世界第四大电力系统。电力工业装机容量的 72% 在欧洲区部分，主要是火电、核电以及伏尔加河上的梯级水电站；而西伯利亚区能源有一半是水电，还有 7 个 100 万千瓦以上的火电厂；远东区的电力装机占整个俄罗斯装机比重的 7%，只有几个小的火电厂。

电力改革后的俄罗斯电力行业，可以分为基础性部门和竞争性部门。其中，基础性部门包括作为市场运营机构的交易系统管理公司、联邦电网公司及其下属的骨干电网分支机构和地方骨干电网公司、系统调度公司、跨区配电网公司；竞争性部门包括水电批发发电公司、核电公司、14 家地区发电公司、6 家火电批发发电公司、垂直一体化的独立发电公司、远东发电公司、售电公司和检修公司。

改革后，俄罗斯联邦政府在联邦电网公司、核电公司和系统调度公司的股份大于 75%，实现了对上述公司的绝对控制。在水电批发发电公司、跨区配电网公司、独立地区发电公司、远东发电公司的股份大于 50%，在火电批发发电公司、地区发电公司、交易系统管理公司、其他发电公司、检修公司和售电公司的股份小于 50%。

在过去的十年里，俄罗斯电力部门进行了重组。国家传输网仍由国家控制，然而，政府继续尝试吸引私人投资进入零售和地区发电领域。作为市场改革的一部分，大多数热力发电厂已经私有化，但是核能和水力发电仍处于政府控制之下。

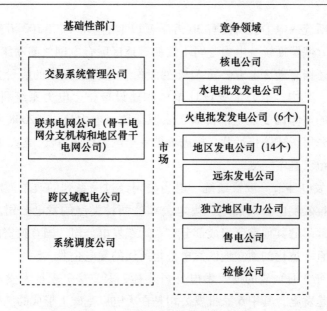

图 2 - 3　俄罗斯改革后电力行业结构

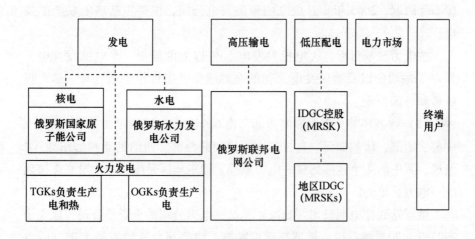

图 2 - 4　俄罗斯电力产业结构

　　改革前，作为俄罗斯最大能源公司的俄罗斯统一电力系统股份公司是世界第4大电网系统公司，俄罗斯统一电力股份有限公司负责整个国家电网的运行和发展。该公司直接拥有俄罗斯国家电网，包括8座发电厂和220kV及以上电压等级的高压网络。在 2003 年，UESR 的年发电量达889TWh，位居世界发电总量的第4位，占世界总发电量5.5%的份额。

俄罗斯统一电力公司拥有 30 万千瓦以上的水电厂和 100 万千瓦以上的火电厂。俄罗斯统一电力公司不仅拥有地区联合电网之间联络线 100% 的股份，还拥有地区电力公司 51% 的股份（这种地区级的股份公司全国有 71 个）。其中，电力系统设计单位和建设单位、电力系统科研单位，还有大区的整体调度也全部都属于俄罗斯统一电力公司。2008 年俄罗斯统一电力公司正式停止运营，标志着俄罗斯电力行业对发、输、配、售等环节的重组已基本完成。

（1）发电环节。俄罗斯统一电力公司经过一系列的改革，电资产重新整合为批发发电公司和地区发电公司这两种类型的发电公司。除此之外，发电部门的其他重要组成部分有：远东发电公司、国有独资的核电公司以及垂直一体化的独立地区发电公司所属的发电企业。

2005 年 3 月成立的批发发电公司共有 7 家，这 7 家批发发电公司的主要业务是发电，其中 6 家批发公司是在火电厂基础上形成的，另一家是由水电厂组成，建立成为水电批发发电公司，这 7 家批发发电公司覆盖范围不受限制，2005 年 8 月成立的地区发电公司，主要包括热电联产的发电厂。

按电力改革目标，火电批发发电 50% 以上的股份、水电批发发电公司 40% 的股份以及地区发电公司的全部股份，出售给上市公司、私人投资者和外国企业。

（2）输电环节。俄罗斯电力部门由八个独立的区域电力系统（西北、中部、南部、伏尔加河、乌拉尔、西伯利亚西部、西伯利亚和远东地区）组成，其中前 7 个连接到统一电力系统。远东地区是唯一一个没有连接到统一电力系统的。

俄罗斯联邦电网公司（FGC）是统一电力公司的全资子公司，成立于 2002 年，70% 的股份由俄罗斯政府控制，该公司负责俄罗斯大部分的电力传输和分配，负责全国主干电网的运营。2008 年 7 月 1 日统一电力公司停止运营以后，俄罗斯联邦电网公司成为独立公司。联邦电网公司通过融资或国家贷款的方式实现资产购买。其主要购买对象为原来属于各地区电力公司的输电资产，从而使所有高压（220kV 及以上）输电设施均归联邦电网所有并负责运行。按照改革方案，国家在联邦电网公司中占有 76% 的股份，其余上市公司、私人投资者和外国企业拥有 24% 的股份。

目前联邦电网公司拥有南方骨干电网、中心区骨干电网、伏尔加骨干电网、西北骨干电网、西西伯利亚骨干电网、乌拉尔骨干电网、东方骨干电网和西伯利亚骨干电网 8 个骨干电网分支机构。同时，8 个骨干电网分支机构下设 36 个地区骨干电网公司。

另外，联邦电网公司还拥有电力通信股份公司、电力科技中心股份公司、电力建设与供应股份公司、工程管理股份公司、电网专业股份公司、电网服务总股份公司等直属子公司和附属公司。图 2－5 为俄罗斯联邦电网公司的组织结构。

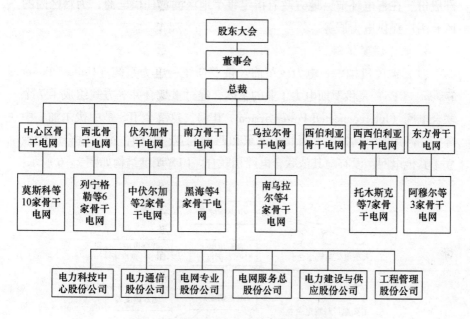

图 2－5　俄罗斯联邦电网公司组织结构①

（3）配电环节。各地区电力公司的配电网资产经过重组，分别建成了 11 个跨区配电网公司（IDGC）（除远东 IDGC 外），下设 57 个地区配电公司（DGC）。按照改革方案，跨区配电网公司中超过 50% 的股份由国家控制，跨区配电网控股公司作为国家代表持有这些股份，其余部分股票将向投资者出售。

2007 年，为了更好地运营配电网，保证改革过程中的电网可靠性，

---

① 俄罗斯联邦电网公司（FSK），http：//www. fsk－ees. ru/eng/。

跨区配电网公司的股份委托联邦电网公司暂时管理。2008 年 5 月 21 日,跨区配电网公司的管理权转给了俄罗斯统一电力公司内部成立的跨区配电网控股公司。统一电力公司被拆分后,跨区配电网控股公司成为独立公司,负责各跨区配电网公司的管理工作。

(4) 售电环节。售电公司由其他公司出资成立,或由地区电力公司改组,或从零售市场和批发市场购电。售电公司以向其他各方出售电力为主要业务。

改革结束后,上市公司、私人投资者和外国企业掌握了售电公司的全部股份。在售电环节,地方政府指定每个地区的责任供电商,为辖区内的所有用户提供电力服务。

4. 电力调度体制

(1) 调度机构——电力改革前。俄罗斯统一电力系统 (Unified Power System, UPS) 是俄罗斯电力工业的主体,经过重组合并等方式组成了 7 个联合电网 (Interconnected Power System, IPS),这 7 个 IPS 是中伏尔加、中部、北高加索、乌拉尔、西北、远东和西伯利亚。其中,远东联合电网独立于其他电网,没有与其他联合电网相联合。UPS 调度结构如图 2 -6 所示:

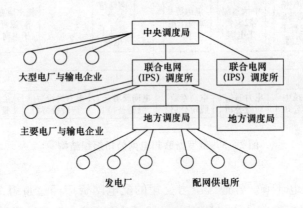

图 2 -6 UPS 调度结构

俄罗斯统一电力系统采取分级调度结构,分为中央调度局、联合电网调度所和地区电网调度所三级。

1) 第一级中央调度局。除管辖下属电网之外,还管辖装机 100 万千瓦以上的直调电厂以及调度联合电网之间的联络线。

2) 第二级联合电网调度所。联合电网由其所属的容量为 30 万以上的直调电厂，调度地区电网间的联络线和直属电厂。

3）第三级地区电网调度所，调度地区内的电厂。

最下一级为发电厂和配电网的调度所。

（2）调度机构——电力改革后。系统调度公司的主要业务是负责对全国电力系统的调度，是一个独立的公司。在俄罗斯 7 个联邦区各设立 1 个联合调度局，7 个联合调度局下设 57 个地区调度局。系统调度公司和联邦电网公司从统一电力公司分离出来后，俄罗斯政府为了保障电力系统安全，正考虑将二者合并。

三　电力市场发展（及改革）现状、交易模式

（一）市场化进程

1. 市场化路径

表 2 – 9　　　　　　　　　俄罗斯市场改革结点总结

年份	改革结点事件
1992	成立了俄罗斯统一电力股份公司（RAO）
1995	出台了一个改革方案，但由于论证不够充分，遭到社会各界的强烈反对，所以没有得到实施
2000	RAO 出台了一个新的改革方案
2001	俄罗斯政府明确了改革的各项目标，即将俄罗斯统一电力公司进行拆分
2008	俄罗斯统一电力公司正式停止运营，标志着俄罗斯电力行业重组已基本完成

俄罗斯电力体制改革始于 1992 年，经历了四个大的阶段。1992—1994 年是第一阶段，1995—1997 年是第二阶段，2000 年 6—12 月是第三阶段，2000 年 12 月至今是第四阶段，共经历了四个大的阶段：①②③

（1）第一次电力改革（1992—1994 年）。1992 年，俄罗斯电力系统经历了一次激进式改革，成立了俄罗斯统一电力股份公司（RAO）。在一

---

① 俄罗斯能源部，http：//www. fsk – ees. ru/eng/public_ relations/news/？ ELEMENT_ ID = 87888。

② 国家能源局，http：//www. nea. gov. cn/2012 – 09/19/c_ 131859234. htm。

③ 《俄罗斯电力体制改革及其启示》，http：//commerce. dbw. cn。

夜之间实现了国家所有制到股份制的转变。RAO 拥有 30 万千瓦以上的水电厂、100 万千瓦以上的火电厂以及地区联合电网之间联络线 100% 的股份，还拥有地区电力公司 51% 的股份。属于 RAO 的有：电力系统的设计单位、建设单位和科研单位，大区的调度所。其所有制结构为：国家股份占 52.6%、国内投资者占 11.2%、外国投资者占 30.7%、私人占 5.5%。

经过第一次电力改革，俄罗斯逐渐形成两个电力市场：零售市场和趸售市场。水电厂、火电厂和功率过剩的地区电业局是出售趸售电能的市场主体。即使在改革方案规定中大型用户可以直接向趸售市场按合同购电，但是这种情况出现频率很少。国家成立了两级调控单位，即联邦调控委员会和地区调控委员会。它们分别负责调控趸售电价和调控居民零售电价，国家对其每季度审核一次。合同由联邦委员会审核批准之后，中央调度局负责协调买卖双方在趸售市场订立销售合同。联邦委员同时负责合同的审核和电价的调控。

（2）第二次电力改革（1995—1997 年）。1995—1997 年之间，俄罗斯曾经出台了一个改革方案，但是由于其实际执行的论证遭到了社会各界的质疑和反对，故没有得到进一步的实施。

（3）第三次电力改革（2000 年 6—12 月）。2000 年 6 月，RAO 出台了一个新的改革方案。此方案意在打破国家控股的统一电力公司的垄断地位，将除核电外的下属发电厂出售，将其改造为独立的发电公司，国家停止干预电价，只保留电网、调度控制权，促进在电力生产和销售环节的竞争，价格的制定交由市场，发电公司间实行竞价上网。该方案的提出使得社会各界议论纷纷，并遭到了相关专家的反对。

（4）第四次电力改革（2000 年 12 月以后）。2000 年 12 月 15 日，俄罗斯政府召开了电力工业改革专门会议。2001 年 1 月 7 日，俄罗斯总统普京决定成立电力工业改革工作组，亲自指定工作组组长，挑选代表不同的利益集团，来自各个不同单位的工作组成员，工作组的任务是充分考虑现有的俄罗斯电力改革方案基础上，结合国外改革的经验，最终形成一个适合俄罗斯发展的改革方案。为了考虑各方面的利益，普京总统委托包括州政府、科学院、原子能工业部、电力工业部等在内的 11 个代表不同利益的单位，分别提出 11 个改革方案。电力改革工作组在这 11 个方案的基础上，将讨论形成最后的方案。

2001 年 7 月 11 日，俄罗斯政府明确提出了改革最终的各项目标。即打破俄罗斯统一电力公司的垄断地位，将其进行拆分，统一电力公司下属电厂重组为发电公司进行出售；吸引国内外私人投资，开放电力市场；自由定价，发展竞争机制，国家只保留对电网和调度的控制。

2008 年 7 月 1 日，俄罗斯统一电力公司正式停止运营，标志着俄罗斯对电力行业完全重组的基本完成。俄罗斯电力改革的目的是要为社会经济发展提供可靠、充足的电力；建立健全市场化的电价形成机制，同时提高电力行业效率，使公众能够从改革中获益；通过电力改革，提高俄罗斯整体经济效益，进而提升俄罗斯在国际上的竞争力。在整个电力行业的重组改革过程中，俄罗斯对垂直一体化电力行业中的各个环节都进行了彻底的拆分，调度、交易、检修和研究设计等机构成功地独立出来。成功地实现了对竞争环节实施私有化，并且保持着国家对电网的控制权。

俄罗斯电力改革的特点：

1）打破垂直一体化结构，对电力工业各环节进行彻底拆分。俄罗斯的新一轮改革对原统一电力公司的发、输、配、售 4 个环节的业务进行了彻底的拆分。调度机构、交易机构、检修和研究设计机构也独立出来，成立公司。

2）实现电力竞争环节的私有化，并且筹集建设电力的资金。俄罗斯的这次电力改革主要环节是吸引大量外来投资，改善落后的电力基础设施。新一轮改革将把水电批发发电公司 40% 和火电批发发电公司 50% 以上的股份进行出售，并且把各地区发电公司全部股份和全部售电公司出售，用以筹集建设资金。

3）继续保持输配电网的国家控制权，通过股权的多元化来吸引投资。对于输电、配电等多项垄断环节，继续保持国家绝对控制权。国家在联邦电网公司中的股份保持在 76%，并且在跨区配电网公司中的股份要超过 50%，其余的股份要实现多元化，用来吸引电网的建设资金。

4）把建立成全国统一的电力市场作为目标，逐步扩大市场的范围。俄罗斯把建立成全国统一的电力市场作为目标，一开始就破除行政区划界限，并且在基础设施较为完善的欧洲部分建立了电力批发市场，电力市场范围也在逐步扩大。2003 年 11 月，在欧洲部分的中央、西北、南部、伏尔加河沿岸、乌拉尔 5 个联邦区逐步开始运营批发电力市场；2005 年 5 月，西伯利亚区成功地开展了电力交易。因为俄罗斯欧洲 5 个联邦区与西伯利亚区、远东区它们之间的经济情况、电力消耗、气候条件等各不相同，各区之间的输电能力相对较弱、输电成本相对较高，所以适宜采用分阶段、逐步建设的解决方案。

（5）第四次电力改革后（2012 年 11 月以后）。按照俄罗斯电力改革计划，2008 年电力工业基本完成重组，2011 年全面实现电力行业的自由竞争。但从 4 年来的运行效果看，预期的改革目标还远未达到，发电重新垄断、电价持续飙升、投资面临困难、电网环节效率低下等问题仍困扰着行业发展，俄罗斯政府也不断地根据改革情况制定修订规则。

电价持续飙升，使得全面自由竞争的市场无法快速形成。2007 年以来，俄罗斯平均电力价格上涨了 2 倍多，2008—2010 年，连续 3 年电价年均上涨幅度超过 20%，远高于 CPI 上涨幅度。如 2010 年，管制部分电价上涨 12.4%，非管制部分电价上涨 25.5%。2011 年，受到进一步放开价格管制、燃料价格波动等因素影响，电价大幅上升，部分州上升幅度达到 40% 以上（阿斯特拉罕州 46.5%），全国平均工业用电价格达到 11 美分/千瓦时，居民用电价格达到 6.7 美分/千瓦时，超过美国和部分欧洲国家电价水平。

2011 年，俄罗斯总理普京要求政府部门采取一定的措施，在未来 3 年内控制电价以及其他基础服务的价格，要求其增长速度必须在平均物价上涨幅度以下。在 2012 年，俄罗斯杜马能源委员会主席认为，如果政府不出台控制电价上涨的法律，会对国内很多非原材料行业构成致命的打击。与其他发展中国家类似，俄罗斯在历史上形成的电价体系依然是各类用户之间需要交叉补贴，居民生活用电价格要比其实际供电成本低很多，虽然近 10 年工业电价和居民生活用电价格的差距在缩小，但是每年各类用户之间的交叉补贴额度依然达到 2000 亿卢布。如果居民生活用电价格和供电成本持平，居民电价需要翻一番。在此背景下，俄罗斯政府计划在 2014 年解决各类用户交叉补贴的现象，将居民生活用电价格全面放开的目标会很难实现。

近些年，俄罗斯发电行业经历了频繁的兼并重组阶段，国有能源巨头在市场竞争中形成了新的寡头垄断局面，使得竞争效率退步。从 2005 年开始，为了促进发电行业的竞争，保持各个发电企业的资产和装机容量的均衡，政府对发电企业进行了出售和充足。但是，最后形成了俄天然气工业公司（Gazprom）这一俄罗斯能源巨头逐渐对发电市场的控制，并且与俄罗斯能源投资企业（IES）和西伯利亚煤炭公司（SUK）签订了协议，构成了战略联盟，形成了新的寡头垄断，该联盟控制了俄罗斯装机容量的1/3，达到了6810万千瓦。

在俄罗斯，其电力批发市场交易主要为火电，燃料价格决定了行业短期的边际成本，而边际成本则是市场定价的基础。目前在俄罗斯有60%的火电机组为天然气发电，但是国家对天然气市场并没有有效开放，全国有75%的天然气市场由Gazprom公司控制，这样又形成了发电由燃料到生产的又一垄断局面，这也被认为是俄罗斯近些年电价上涨的主要原因之一。

另外，从俄罗斯电力批发市场的交易规则和结构分析，由于输电阻塞的限制，整个电力市场被分为不同的价格区域，并且一些地区的发电价格处于垄断状态。俄罗斯政府出台了电力批发市场价格上限（35美元/兆瓦），用于对电价不正常上涨的抑制措施，但是该措施同时也对投资者的进入构成了负面作用。

2012年11月，普京签署总统令，将俄罗斯区域配电控股公司（IDGC Holding）与俄罗斯联邦电网公司（FGC）合并，组建集输电和配电于一体的俄罗斯电网公司（Russian Grids），以提高电网的综合效率，协调管理业务，抑制用户电价上涨。2013年3月20日，合并重组计划正式进入操作阶段。

FGC与IDGC都是俄罗斯电力体制改革的产物，前者负责经营管理俄罗斯电网输电系统，是世界上最大的上市输电公司，后者则是俄罗斯最大的配电公司。2012年，两家企业分别入选俄罗斯战略企业大名单。

据悉，输配分开运营后，由于改革标准等不统一，产生了巨大的协调成本，影响了电网运营的整体性和效率。2013年3月22日，普京提出了电网发展战略构想，目的是增强输配协调，拟通过企业合并缩减区域配电公司数量，计划到2030年从目前的3241家减少至800家。此外，到2017年计划削减40%的经营开支，7.5%的配电消耗，3.5%的输电消耗。

俄罗斯政府也未正面回应是否将重现输配电一体化。据官方消息，两家公司合并后将通过实施统一的电网技术标准和管理政策，优化投资项目，促进电网发展和现代化建设，提高整体供电和监管效率；通过企业内执行统一的投资、预算、经济和人力资源政策，更有效地控制成本、提高企业运行效率；加快俄罗斯建立电网运输量大、配电容量高的世界级电网公司；帮助俄罗斯建立统一电网责任中心，确保地区配电网公司和国家电网公司协调一致，减少管理难度；提高对能效、服务质量和电网可靠性的关注；全面推动电网基础设施的建设；确保输电安全，落实技术创新。

2. 意义和启示

俄罗斯电力改革大致可以划分为四个阶段。前三个阶段可以说都不成功，走了很多弯路。1992 年的改革片面追求市场经济条件下的经营管理模式，迅速把电力企业公有制变为股份制，结果反而加强了俄统一电力公司的垄断，降低了效率。在当时社会处于严重的混乱状态之下，俄罗斯推行的这种狂风暴雨式的改革缺乏有效论证，违背了电力工业的自身特点，其结果是失败的。第二阶段是 1995 年提出的，这个方案被认为论证不充分没有付诸实施。2000 年 6 月的第三轮改革方案是在俄罗斯电力工业设备严重老化，国家缺乏资金时提出的。这种想一夜之间把整个结构彻底改变，实现自由竞争的激进方案一出来就遭到社会各界的强烈反对，最后也没有实施。

直到 2001 年总统普京亲自挂帅，俄罗斯才开始了第四轮电力体制改革。这次的改革征集了各方意见，力求兼顾各方利益，用科学的方法和强硬的手段，到 2011 年取得了阶段性的成果。2008 年 7 月 1 日，垄断俄罗斯电力行业的统一电力公司（RAO）停止运营就是俄罗斯第四轮电力体制改革告一段落的标志性事件。

俄罗斯与我国有很多相似之处，同样是处在经济较快发展阶段，同样存在地区资源分布不均衡、发展不平衡现象，同样存在电价水平低、交叉补贴严重的历史遗留问题等。俄罗斯的电力市场改革对我国的电力市场改革具有重要的借鉴意义与启示。

（1）电力改革是一项庞大的系统工程。电力工业改革可以说是社会各方面利益的再分配，本身就是一项巨大的系统工程，需要从国家层面上总体部署，整体布局。要以节约能源，促进经济社会发展大局为目的出发，推动电力的发展，其改革要纳入到国家经济发展战略的总体规划中，从而实现其可持续地向前推进。

从 1992 年至 2000 年，俄罗斯的电力改革都在不断地探索中，改革方案几度易稿，甚至还引起了社会恐慌，也使政府付出了巨大代价，教训惨重。在 2001 年 1 月 7 日俄罗斯总统普京发布命令成立了总统顾问委员会和电力改革领导小组，指出所有的涉及电力改革的方案都应当慎重考虑，必须经过充分的论证才能做出决策，并且提出了要在利用市场机制和借鉴国际经验的基础上制定一套与国家发展紧密联系的电力发展战略。所以在进行电力改革中需要对其涉及的各个方面进行充分的论证和研讨，选择的改革经营模式首先要符合本国电力发展的特点，从而有步骤、有计划、持续地推进。

（2）改革方案必须经过充分论证。在制定电力体制改革方案中必须要有充分的论证，要符合时代、国家和人民的要求，要因地、因时和因网制宜，俄罗斯1992年开始电力市场改革，由于过分地强调了市场经济的企业经营管理模式，对电力工业实现了股份制改造，致使在俄罗斯境内100万千瓦以上的火电厂以及30万千瓦以上的水电厂都由俄罗斯统一电力公司通过各种资本运营方式控制着，另外其还拥有所有电网的全部股份，并且在地区公用公司股份中还控制着49%的股份。除此之外，该公司还对相关的研究院和调度机构实现了全部股份的控制，造成了俄统一电力公司的垄断局面。社会各方面对其改革方案的合理性提出了质疑，俄罗斯国内有关专家甚至指出："这种改革模式是打着'打破垄断、引入竞争'的旗号，从政府管制下的行政垄断转变到无政府管制的经营垄断。"俄罗斯推行的这种狂风暴雨式的改革违背了电力工业的自身特点和俄罗斯当时经济和社会发展状况，结果造成发电、供热效率逐年下降，热价提高，电价上扬，人们怨声载道；地区公用公司的利益受损，资产减少。

这告诫我们在推行电力工业市场化进程中，要顺应国情民意，把握好电力工业自身特点和现阶段国民经济发展态势，切不可贪大求全，脱离实际。要将电力工业和其他的产品区别开来，电力市场改革不能以市场为目的，其最终的目标要以保证社会用电需求，促进经济发展为目标，多个国家对于电力市场的改革均付出了较大的代价，这些代价相对于形成电力市场而带来的效益对比就显得重要得多。

（3）电力市场化改革要防止国有资产流失。在进行电力体制改革之初，要产权结构明晰化，责权利明确到位，防止国有资产流失，否则会重蹈俄罗斯的覆辙。

1992年，俄罗斯开始了对本国电力工业的股份制改造。在改革中，政府将国有电力企业的资产通过平均分配的形式实现股份化改造，并且这些股份的分配还是以赠与方式实现的，这样并没有对其管理方式和价格带来较大的变化，尽管这种方式在短期内可以解决民间资金不足的问题，另外达到了企业转轨的目的，保证了国有企业私有化的进程，但是其弊端也显露无遗：这种平均分配和无偿分配国有资产的方式与市场经济行为格格不入；其中出现了大量的国有资产流失；削弱了政府、债权人和所有者对企业的监督管理。

我国电力工业即将进行的"厂网分开"，必然要对现有电力企业资产重组，重新界定产权结构，在这一点上我们应吸取俄罗斯的教训，要尽可能引进市场机制，采取强有力措施确保产权结构明晰、责权利到位，防止国有资产流失。

（4）改革方案不能采取"一刀切"，不能采用一种模式。俄罗斯电网分欧洲部分、西伯利亚、远东三大部分，其中72%的装机在欧洲部分，火电、核电主要在欧洲部分，西伯利亚一半是水电，但是电网薄弱，远东只占总装机的7%左右，而且远东是独立电网。这三大区域的特点不同，所推行的方法也应不同，不能"一刀切"。这一点对我国也有启示，我国目前电网也有各自不同的特点，既有大区联网，也有独立省网，而且资源分布和地区间用电负荷不均衡，西部水电资源、中北部煤炭资源丰富，沿海地区经济发达，中西部地区经济欠发达，这些都决定了我们需要形成"西电东送、北电南调"的电力供求基本格局，因此，各国都要因地制宜地制订本国的改革方案。

（5）要建立合理投资机制、加强输电网建设、解决输电"瓶颈"。建立合理的投资机制，是建立健康稳定的电力市场，优化资源配置的有效途径。

俄罗斯统一电力公司目前尚未利用的富余发电能力约为3000万千瓦，每年电量出口潜力为1000亿—1500亿千瓦时，现在即可出口800万千瓦的发电能力。但是由于基础电网建设较落后，区域间的电网联系较为薄弱，如乌拉尔地区与西伯利亚之间的电网，只有一条500kV输电线相联。由于这种制约，使得俄罗斯欧洲区域富裕电力不能发挥效益，导致电力资源的巨大浪费。造成这种局面的原因是多方面的，其中很重要的一条就是缺乏合理的投资机制。俄罗斯近期的改革方案，就充分认识到电网建设的重要性。改革电网的派出机构将通过中央有效的扩张管理和电网经营来实现增强国家电网实力的目的。

（6）积极推行电价改革，形成健全、合理的电价形成机制。电力市场化改革的核心是使市场价格信号能够引导市场交易行为，一个好的电价形成机制，不仅能够使电力部门提高效率，使用户受益，而且使企业有一定的利润空间，以不断吸引投资，促进电力工业良性循环。

俄罗斯推行的电力工业改革，造成电价剧烈波动，而且电价水平呈上升趋势，与改革初衷相背离，这充分暴露出其电价形成机制存在缺陷。

同时，要积极营造民主管理的环境，建立沟通政府、经营者、消费者的对话渠道，提高电价监管的透明度。通过以上几个方面的完善和改革，真正形成与电力工业改革和发展新形势、新体制相适应的，符合社会主义市场经济定价原则的，能够促进电力工业走上健康发展轨道的电价形成机制。

（7）电力工业改革方案的实施需要法律做保障。俄罗斯电力改革的经验教训进一步表明：电力改革，法律护航。法制建设是市场经济发展的内在要求，是依法治国方略的具体实践，用法律引导、规范、促进和保障电力工业市场化改革的顺利实施也是顺应社会发展的必然选择。

1）规范市场行为的需要。电力市场的交易行为、电力交易合同、发电市场的运营监管、维护市场公平竞争、保护消费者权益、反对不正当竞争和垄断等，都需要健全的电力市场交易法规加以规范。

2）规范政府行为的需要。我国的电力改革，一直是靠各级政府的许多机构发布行政命令来实施管制，电力部门要服从近500个法律和法规，各部门在制定这些法律法规时缺少协调，对法规的解释多来自官员的各种讲话，缺乏量化的规定，执行起来经常出现一些问题或争议。应根据形势发展的要求，及时制定、修改有关法律法规，以立法的形式明确政府宏观调控的权限，杜绝政府直接插手企业的行为。

行业协会对电力企业将不再拥有行政隶属关系，只是通过行业标准的形式指导企业的管理。

（8）在市场化改革过程中，处理好竞争与发展的关系。推行电力工业市场化改革的前提条件之一是电力供应处于买方市场，市场化改革的目的之一是提高效率、降低电价。俄罗斯在实行市场化改革以来，发电效率逐年下降，电价不断上扬。造成这种局面不能归咎于市场化改革本身，而是由于俄罗斯对电力工业股份制改造过程中，违背市场经济规律，使原电力企业许多痼疾依然保留，资产使用效率得不到提高，使其生存和发展能力受到制约。随着我国电力工业市场化改革的进一步深入，"厂网分开"势在必行，必然要进行资产重组，甚至进行股份制改造，这要求我们要正确处理好竞争与发展的关系。竞争是手段，发展既是基础又是目的，现阶段电力市场虽然处于买方市场，但它是一种低水平的饱和，其平衡能力是很脆弱的，全国已有多处出现拉闸限电的现象，要引起我们的足够重视，切不可仅打破垄断、引入竞争，而忽视其发展，否则，随着供需平衡的破坏，电力供应进入卖方市场，其竞争的基础就不复存在，"打破垄断，引入竞争"就会变成空中楼阁。

（二）电力市场运营模式

1. 市场构成

俄罗斯电力双边交易中，市场参与者包括批发市场及地方发电公司、地方供电商、FTC 和大终端用户，以及系统运行机构等。双边交易价格由非营利交易系统管理机构（ATS）进行管理。在双边交易过程中，通过改变发电商的出力以及用户的消费行为，实现电力的实时供需平衡。俄罗斯双边交易及其市场构成主要包括了交易主体和交易类型，其中交易主体主要包括交易性主体和非交易性主体；交易类型包括远期交易、期货交易和短期双边交易等。[①]

（1）市场主体。俄罗斯电力双边交易中，交易性主体包括发电商、售电商、经纪商、终端用户以及应诺供应商（Guarantee Supplier）。其中，经纪商只是为买方和卖方牵线搭桥，并从中收取佣金。应诺供应商，主要职责是与任何有意愿的消费者签订合同（只要消费者在其工作区域内），同时作为非批发市场主体但满足一定规则的发电商的唯一购电商。

1）批发电力市场。从 2003 年开始，俄罗斯在批发电力市场开始电力改革的试点工作，首先选择了乌拉尔区和欧洲区这两个经济相对发达的地区开始运行，市场交易的电量由发电公司提供，将计划电量的 15% 由批发市场集中交易。2006 年，俄罗斯颁布法律，将新的电力零售市场和电力批发市场的建设步骤和规则进行了确定，推进竞争的方式采用渐进式策略，先由 5%—15% 自由交易电量开始，以后每年以市场份额的 10%—15% 给予提高，并且从 2011 年开始对非居民用户的电量全部实现自由交易，而居民用户的电量也计划于 2014 年以后推进。2010 年俄罗斯政府出于对控制电价等因素的考虑，对电力法进行了重新修订，提出政府对部分市场的管制给予了保留。

---

① 曾鸣、程俊、段金辉等：《澳大利亚、俄罗斯电力双边交易市场模式的经验借鉴》，《华东电力》2003 年第 1 期。

俄罗斯电力批发市场可分为售电侧和购电侧，主要由发电公司和电力进口商售电，购电侧可以分为用户、售电公司以及电力出口商。

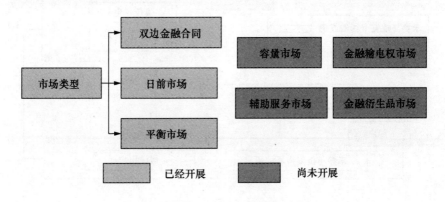

图2-7　俄罗斯电力批发市场类型

俄罗斯电力批发市场的市场类型中已经开展的包括双边金融合同、日前市场以及平衡市场，尚未开展的包括容量市场、辅助服务市场、金融输电权市场以及金融衍生品市场。批发市场是对发电商、满足最低要求的供应商和大型终端消费者开放的。进入市场的申请人必须证明其足够的计划发电量或消费量，并签订相关协议，加入批发市场的交易系统，并完成该协议下的发电量。

2）零售市场。在零售市场上的参与者主要是电力消费者、供应商、流通企业以及无权参与到批发市场上的发电企业，因为这些企业没有足够的发电量和消费量参与到批发市场中。在零售市场的消费者可以自由选择他们的供应商并且有权利在任何时候改变它。当零售客户改变其供应商，新的供应商有权从原供应商购买电力，以满足消费者的需求。零售市场的成员主要包括用户、责任供电商、售电公司、发电企业和其他组织等，见图2-8。

在电力零售市场中，售电价格分为管制价格和市场价格。其中，由政府根据批发电力市场价格制定的价格称为管制价格；而在制定价格时随着批发市场价格的波动而变化，但是需要设定价格的变化阈值制定的价格称为市场价格。目前，俄罗斯处于电力市场的改革阶段，对于居民用户的售电价格采用的是管制价格。

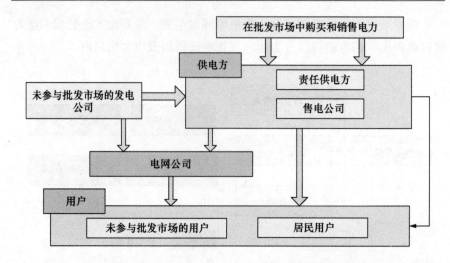

图 2-8　俄罗斯电力零售市场结构分析图

为了建立稳定的投资激励机制，2007 年俄罗斯开始建立容量机制，对新增容量进行招标，而招标机构为系统调度机构，并支付容量费用（这些费用将会以系统使用费的名义分摊到全体用户电价中）。在 2011 年，俄罗斯为了推动发电容量的自由交易，启动了长期容量交易市场。俄罗斯电力市场改革在设计时，就对售电侧市场的放开制定了时间表，现在其大规模的商业用户和工业用户均属于非管制用户，这些用户可以对各类售电公司任意选择，然后所选择的售电公司再从批发市场上买电供给用户消费。为了保证供电持续性，每个地区都成立一个担保售电公司（GS），该公司不仅负责从发电公司买电（按照政府定价），还负责经营区域居民用户的供电。另外，对于一些没有选择其他售电公司的用户也由其负责供电。根据俄罗斯电力改革方案，2014 年以后俄罗斯的居民用户将放开电价管制。

非交易性主体包括：

1）联邦输电公司（Federal Transmission Company，FTC），负责所有 220kV 以上输电线路和变电站的运行、维护和建设。

2）系统调度机构（System Operator，SO）公司。SO 合并莫斯科的中央调度局和 7 个区域调度中心。国家将拥有 SO 的 75% 以上的股份。SO 负责 UES 的安全供电和无歧视的接入系统。

3）非营利的交易系统管理机构（Administrator of Trading System，

ATS），组织电力批发市场的交易活动、进行市场平衡结算、对管制交易以及自由双边合同交易进行管理，并充当监管机构。负责批发市场的设计和运营，记录双边交易的电量，确定现货市场上不同母线的电价，并监视批发市场上按协议应支付的电费。

（2）交易类型。按照交易时间长短划分，俄罗斯电力双边交易可分为远期、期货双边交易，短期双边交易。远期、期货双边交易中，供求双方通过签订双边合同约定在未来某一时间进行交易，双边合同中涉及价格与供电量。市场中达成的双边交易大部分是远期双边交易，购售电双方可以签订提前几天、几月、一年甚至若干年的电力合同。远期双边交易直至实际交割时点的前 1h（又称关闸时间，Gate Closure）才会关闭。

短期双边交易又称交易所内的双边交易（或场外交易）。交易双方在交易所内签订标准的时段合同（standardized blocks of electricity），在未来一天的一段时间内交易一定数量的电量（MWh）。短期双边市场为购售电双方提供了灵活购售电的机会，发电商、供电商以及电力用户可以根据接近运行时段的即时信息，如天气条件及发电机故障事件等调整交易，从而降低交易风险。

2. 交易结算机制

（1）价格机制。俄罗斯电力双边交易中，非营利交易系统管理机构（ATS）作为双边交易的中间商，确保交易的顺利进行。电力双边交易合同必须在 ATS 处登记，ATS 将根据区域价格确定双边交易合同价格。在俄罗斯电力市场交易中，供电企业与发电企业相互之间的双边交易合同可以一年一订，另外，电价的制定可根据通货膨胀和燃料成本变化进行变动调整。伴随电力市场化改革的不断推进，俄罗斯逐步放开了价格管制，对居民电价进行了适当提高，从而减少了交叉补贴，这样合同价格由电力买卖双方商定定价，从而签署长期合同。以区域间的双边交易为例，说明双边交易价格的形成机制如下：

交易双方将选定一个交割区域作为参考区域，以该区域的价格作为合同的交割价格。若所选参考区域为交易一方所在区域，则对该交易方而言，其所面临的合同交割价格是锁定的，即面临的价格风险较小，节点价格的波动将传导至交易另一方。在双边交易中，将双边合同与 Hub 锁定以增加双边交易价格的透明度，此时价格对所有的市场参与者而言公开、透明。Hub 是依据一定的节点价格相关度而结合的一系列节点的集合。这意味着，Hub 所包含的节点在日前市场所形成的节点价格可以偏离 Hub 指数，但不能超过一个确定值（至多不超过 20%）。而区域价格则是依据发电成本加上不高于 10% 的收益率核定，并可根据燃料成本变化和通货膨胀情况进行调整。

（2）平衡机制。俄罗斯电力双边交易市场中，通过改变发电商的出力以及用户的消费行为，实现电力的实时供需平衡。当实际需求量与实时用电需求计划出现偏差时，系统运营机构将促使发电商及用户通过平衡市场进行电量平衡交易，以调整偏差量。若实际电量需求量超过日前市场的计划需求电量，则需要通过平衡体系弥补偏差电量。此时，可通过增加发电出力或者减少消费需求以实现电量平衡。参与平衡调节的用户可称为可调整负荷用户（以下简称"CCL"）。

发电商与 CCL 通过平衡市场进行平衡电量竞价。其中，发电商的水电及抽水蓄能发电量电价为给定价格，其余电能均按照日前市场报价。CCL 根据（X–1）交易日 5p. m. 之后至 X 交易日之间的价格报价。此时，系统运营机构根据双方报价确定所需的平衡电量。在交割前一个小时，系统运营机构将确定包括实时调度电量（如平衡下一个小时的消费量所需的电量）在内的节点电量，以使社会福利最大化。系统运营机构通过社会福利最大化的计算模型，确定每个节点的调度电量以及相关的价格指标。系统运营机构通过对节点调度电量的调整发出增加或减少出力（或消费量）的信号，以实现电量的实时平衡。

（三）市场监管模式

1. 监管对象

电力监管对象主要包括发电企业、输电企业、配电企业、售电企业等。

（1）发电企业。电力公司的发电资产重新整合为两种类型的跨区发电公司，即批发发电公司（WGC）和地区发电公司（TGC），另外，还有国有独资的核电公司、远东发电公司以及各垂直一体化的独立地区电力公司所属的发电企业。

（2）输电企业。俄罗斯联邦电网公司（FGC）。俄罗斯联邦电网公司负责全国主干电网的运营。

（3）配电企业。各地区电力公司的配电网资产重新组建成了 11 个跨区配电网公司（IDGC）（除远东 IDGC 外），下设 57 个地区配电公司

（DGC）。

（4）售电企业。售电公司由地区电力公司改组而成，或由其他公司出资成立，从批发和零售市场购电，以向其他各方出售电力为主要业务。

（5）其他。包括检修和研究设计部门、国际公司等。

2. 监管制度

在苏联时期，电力监管实行地区电管局和政府部门动力电气化部二级监管体制。自从1991年苏联解体以来，俄罗斯逐步完成了从以行政管理为主到以依法监管为主的过渡。

俄罗斯的监管结构十分复杂，它由联邦反垄断服务局（FAS）、市场运营机构（ATS）、联邦技术检查部门（FTAS）、联邦定价部门（FTS）、区域电力委员会（RECs）、经济发展与贸易部（MEDT）等组成。这些机构分别被授权履行部分监管职能，这使得俄罗斯的监管权限配置十分零散，甚至其监管权力的分散程度高于世界上大多数电力市场的监管权力配置。从整体上看，俄罗斯的监管机制只是一种调和产物，尚未达到监管独立性要求。

3. 监管手段

联邦通过立法对电力行业进行监管和控制，主要包括对自然垄断实体投资活动的监管。具体手段如下：

（1）由联邦法律确定需要对其价格或关税进行监管的产品和服务名单；

（2）反垄断监管，包括在俄罗斯境内对进入电网和电力传输行业进行统一规定；

（3）电力行业中国有资产的管理；

（4）电力行业的技术法规；

（5）联邦监督电力公司是否遵守联邦法和各种法规。

（四）市场运行的新动向

1. 新问题的出现

俄罗斯各地区电价上涨幅度大大超过规定的15%。阿斯特拉罕州的电价上涨了46.5%，奔萨州上涨了37%，库尔斯克州上涨了33.2%，特维尔州上涨了32.9%，萨拉托夫州上涨了32%，鄂木斯克州上涨了30%。

有些地区表现的是另一方式，其电价上涨幅度未超过规定参数的

20%。其中，沃洛格达州和卡累利阿共和国的电价上涨幅度大约为15%，科斯特罗马州上涨了15.4%，图拉州上涨了16.7%，下诺夫哥罗德州上涨了16.5%，坦波夫州上涨了17%，沃罗涅日州上涨了19%，萨马拉州上涨了18%，卡巴尔达巴尔卡尔共和国上涨了16%，北奥塞梯共和国上涨了15%，彼尔姆州上涨了15.9%，阿尔泰共和国和阿尔泰边疆区上涨了15.4%，托木斯克州上涨了17.5%。

2. 新政策的颁布

在电力批发市场，如果使用可再生能源发电，其电价允许上涨。政府颁布该政策，以促进节能，另外吸引更多资本进入电力行业以打破其自然垄断。该政策目前正在强制执行中。

四 电价形成机制及电价水平

（一）电价形成机制

在批发和零售市场上的电力价格形成过程中采取以下电价管制方法：按合理成本的价格形成（定价）方法；按投资报酬率价格形成（定价）方法；按价格指数化方法。目前，主要的电价管制方法是根据合理成本的价格形成。

1. 电力批发市场价格机制

根据俄罗斯政府2004年2月26日发布的109号"关于俄罗斯联邦电（热）能的价格制定"，俄罗斯电力批发市场由管制、偏离和自由贸易三部分组成。

在电力批发市场上各部分分别具有价格形成的特征。电力批发市场（受）调整部分（管制）的交易按管制价格进行。该管制价格由结算期内市场上购买和供应的价值总和相等、供应和消费数量决定。电力批发市场的偏离部分按照管制价格计算。该管制价格是对参与者的实际生产量（消费量）以及计划即时生产量（消费量）的偏离价值使用折减系数或增加系数计算得到的。自由贸易部分价格不允许超过联邦价格局决定的边际价格水平。

2. 电力零售市场价格机制

通过当年的联邦预算案之前，联邦价格局在电力零售市场上根据当年俄罗斯社会经济发展的预测制定最低和（或）最高的电热能边际价格水平，边际价格的制定有效期最少是一年。

俄罗斯联邦主体行政机关有调整电力零售市场价格的权力，其制定的价格在联邦价格局决定的边际价格水平范围内。同时，得到联邦监督机关同意后，俄罗斯联邦主体行政机关才能自行制定边际价格水平范围外的价格。

俄罗斯联邦主体行政机关在零售市场上制定以下价格水平：

（1）供电公司给用户的电价，其中包括居民价格（用户价格）；

（2）电热能组合生产的、发电站供应的热能价格；

（3）其他热能价格（不包括电热能组合生产的、发电站供应的热能价格）；

（4）保底供电商（责任供电商）销售加价。

居民用户的电力价格和热能价格等于单位电力价格加上输电价格及其他不可避免的服务价格。

目前在不同的联邦管区内电力零售市场上平均电价并不统一。最高电价（远东联邦管区）与最低电价（西伯利亚联邦管区）差距逐渐缩小。俄罗斯的欧洲部分电价比平均电价高。在不同联邦主体内电价也不一样。西伯利亚联邦管区的最低电价在伊尔库茨克州，最高电价在阿尔泰共和国，比最低电价高了 4.5 倍。

3. 其他价格制度——交叉补贴

俄罗斯电力工业的特征为交叉补贴。大型工业企业的价格比居民用户、贩卖者、公众组织的高，但是对公众组织售电开支大。特惠价格为如下用户实施：居民（因为收入低，所以不能按合理的经济价格付电费）、农业商品生产者（由政府支持）、其他几个工业企业（例如，铝工业，因使用的电量大）。

目前俄罗斯的几个区域，给农民安装电路和采暖装置的城市房子的降低系数为 0.7。收入的损失由附加财务来源补充（如国家预算）。假如无财务来源的话，给另外几个用户种类提高电价水平。由于交叉补贴的原因，居民用户电价比合理的经济电价低（2003 年电价为 55.6 戈比/千瓦时，但是开支大 2 倍），给大企业的电价高于居民用户电价。但是，2000—2003 年居民用户电价增长速度比工业用户电价增长速度快，意味着交叉补贴的水平下降了。电价增长速度高于通货膨胀速度，但是两者的差距逐渐缩小。

在电力工业体制改革过程中计划取消交叉补贴、将居民用户电价提高到合理的经济水平、做到节能公司没有收入损失。但是提高居民用户电价将会导致社会不稳定。因此，居民用户可以按低的价格购买电量，电量由社会需用量决定。

在电价改革方面，俄罗斯要构建市场形成价格机制，鼓励大用户直接购电。但不容忽视的是，俄罗斯电力改革后，居民用电和工业用电价格都大幅上涨。政府在 2009 年将居民用电调节价格提高 25%，2010 年和 2011 年每年提高了 25%。俄罗斯电力基础设施落后，加上改革要付出成本，在短期内这样的电价上涨不可避免。但是，长期来看，在电力市场形成后，价格机制理顺，电力供应增长，电力价格可能会自然回落。

（二）电价水平

1. 用电价格

俄罗斯电价最高的是远东联邦管区，最低的是西伯利亚联邦管区，但这种差距正在逐渐缩小。俄罗斯欧洲部分的电价高于平均电价。当然这与俄罗斯区域间经济发展水平密切相关。

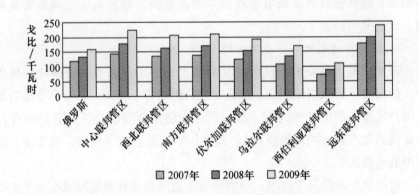

图 2-9　2007—2009 年俄罗斯联邦管区电价

资料来源：俄罗斯国家统计委员会。

2. 工业用电

俄罗斯工业电价近年来一直呈现递增趋势，其中 2008 年同比增幅达到了 32%。

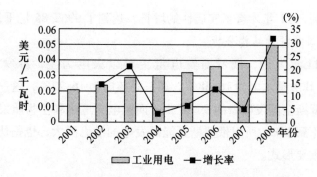

图 2 - 10　2001—2008 年俄罗斯工业电价

2012 年俄罗斯经济发展部起草的 2014 年前专营服务费率和价格上涨可选择性预测指出，2012 年工业用电价格上涨了 5%—7%，而不是 11%—13%。同时按照经济发展部的预测，2013 年价格可能上涨 6%—8%，而不是 10%—12%，2014 年价格可能上涨 6.5%—8%，而不是先前预计的 9%—9.5%。2012 年热能价格可能上涨 8%—10%，先前预计上涨 10%—12%，2013 年热能价格可能上涨 8%—9%，先前预计上涨 10%—11%，2014 年可能上涨 7%—8%，先前预计上涨 9%—10%。对 2011 年价格上涨的预计大幅降低，俄罗斯经济发展部分析，2011 年的价格上涨了 13%—16%，而先前预测上涨 16%—17%。

2012 年 4 月 21 日普京总理责成专业部门，在一个半月的时间内仔细研究并计算出自然垄断服务费率上涨的可替代性方案，且不要超过 2012—2014 年预计的通货膨胀。其所指的是，居民的可调节费率和价格上涨幅度停留在先前的水平上，而工业费率降到通胀水平。

五　电力发展规划、分析与预测

（一）发用电量情况

1. 发电量历史变化趋势分析

以 1992—2011 年俄罗斯历年发电量水平进行分析。1992—1998 年处在下降阶段，从 9652.46 亿千瓦时下降到了 7864.91 亿千瓦时；而从 1999—2008 年发电量则有所提升，又恢复到了 1992 年的水平，由 7987.73 亿千瓦时上涨到了 9846.41 亿千瓦时；而从 2009 年开始则又有所下降，直到 2011 年才有了实质性的增长，达到了 9962. 85 亿千瓦时。

2. 电源发电量结构分析

以 2011 年为例，俄罗斯发电量主要以火电为主，占发电总量的 67. 07%，其次是水电为 16. 38%，第三是核电为 16. 22%，这三种能源发电占到俄罗斯全国发电量的 99. 67%，而风电、地热和生物质发电的总量所占比例不到 1%，所以俄罗斯新能源发电的潜力巨大，也是优化电源发电结构的重要形式。

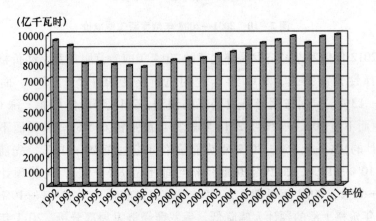

图 2-11　1992—2011 年俄罗斯发电量变化状况

资料来源：美国能源信息署。①

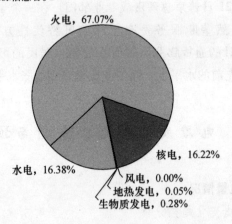

图 2-12　2011 年俄罗斯分品种发电量结构

资料来源：美国能源信息署。

---

① 美国能源信息署（EIA），http://www. eia. gov。

（1）火电

俄罗斯火电发电量的趋势分析和该国总的用电量的发展趋势相似。对1992—2011 年俄罗斯历年发电量水平进行分析，1992—1999 年处在下降阶段，从 6796.2 亿千瓦时下降到了 5272.23 亿千瓦时；而 2000—2008 年发电量则有所提升，又恢复到了 1992 年的水平，由 5443.33 亿千瓦时上涨到了 6651.15 亿千瓦时；而从 2009 年开始则又有所下降，2010—2011 年又出现了增长，2011 年达到了 6687.15 亿千瓦时。

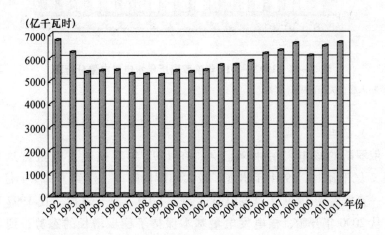

图 2 - 13　1992—2011 年俄罗斯火电历年发电量分析图

资料来源：美国能源信息署。

（2）水电

俄罗斯水电的发展波动性较大，其中 1996 年、2003 年和 2008 年出现了三次明显的拐点。水电发电量在 1996 年出现了大幅度的降低，由1995 年的 1736.57 亿千瓦时，降到了 1996 年的 1517.95 亿千瓦时，然后出现了持续的增长，到 2001 年增长到了 1721.6 亿千瓦时，恢复到了 1995年的水平，但是在 2002 年又出现了较大的降低一直延续到了 2003 年，下降到了 1542.04 亿千瓦时，而在 2004 年水电发电量出现了快速提升，达到了 1740.65 亿千瓦时，2004—2007 年，发电量基本呈现小幅度波动，在 2008 年出现了下滑，虽然 2009 年出现了小幅度提升，但是 2010 年和2011 年基本呈现下降的态势，到 2011 年发电量为 1632.82 亿千瓦时。

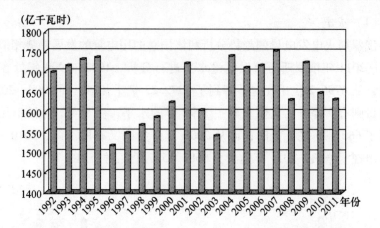

图 2 - 14   1992—2011 年俄罗斯历年水电发电量分析图

资料来源：美国能源信息署。

（3）核电

俄罗斯的核电发展由来已久，在 1992 年其核电发电量就达到了 1136.2 亿千瓦时，1994 年出现了较大幅度的降低，达到了 929.1 亿千瓦时，一直发展到 1999 年，发电量达到了 1109.1 亿千瓦时，比 1992 年略低。从 2000 年开始，核电发电量基本保持了稳步增长的态势，到 2011 年，发电量达到了 1617.09 亿千瓦时，年平均增长率为 1.9%。

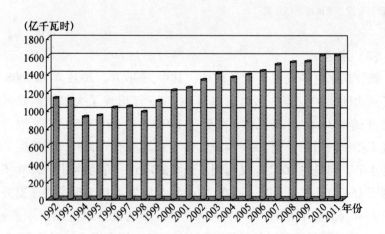

图 2 - 15   1992—2011 年俄罗斯历年核电发电量分析图

资料来源：美国能源信息署。

（4）其他能源发电

俄罗斯能源发电主要是火电、水电和核电，三者的发电量占到总发电量的99%以上，所以对于其他的风电、光伏、生物质发电和地热发电则非常有限。将这些一并来考虑进行分析。在统计数据中显示生物质发电占到了主要地位，而其他几种能源发电所占比例很少。1992—1998年这些可再生能源发电量出现了持续下降，从最初的18.18亿千瓦时下降到了15.49亿千瓦时，而在1999年，发电量有了较大的增长，达到了21.05亿千瓦时，增长趋势一直持续到了2002年达到29.63亿千瓦时，2003年和2004年出现了较大幅度的下降之后，从2005年开始一直到2011年有着小幅的波动，但是基本稳定在30亿千瓦时的水平。

3. 社会用电量分析

俄罗斯用电量在1992—2010年间从原始的8643.51亿千瓦时到8614.73亿千瓦时，从用电量分析，经过接近20年的发展，其社会用电量并没有太大的变化，可见其经济发展趋势并不明显。1992—1998年社会用电量出现了连续的下降，降到了6752.59亿千瓦时，而从1999年开始出现了持续的增长，年均增长率在2.3%左右。

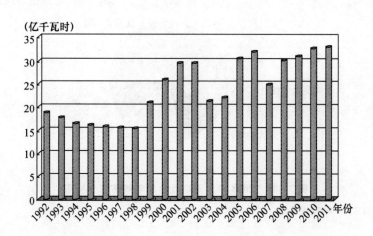

图 2-16　1992—2011 年俄罗斯其他能源发电量分析图

资料来源：美国能源信息署。

在俄罗斯电力能源利用结构中，工业仍然是电力消耗大户，并且能源企业自用部分所占比重也较大。通过对2008年俄罗斯社会用电量结构进行

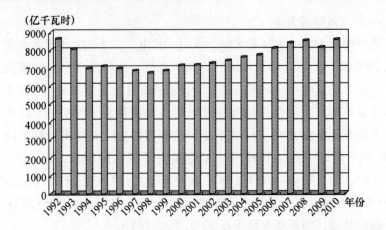

图 2 - 17　1992—2010 年俄罗斯历年社会用电量分析图

资料来源：国际能源署。①

分析，其工业用电量最大，达到 39%；能源企业自用部分达到了 21%；接下来依次是商业和服务业、居民生活、交通以及农业和渔业，所用比例依次是 16%、13%、9% 和 2%。

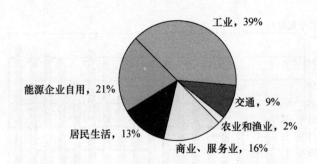

图 2 - 18　2008 年俄罗斯社会用电量结构分析图

资料来源：国际能源署。

4. 电力电量平衡状况

2009 年俄罗斯电力平衡情况如表 2 - 10 所示。2009 年，发电量为 9900.45 亿千瓦时（其中，煤电占 16.6%，油电占 1.6%，气电占

---

① 国际能源署（IEA），http：//www. iea. org/。

47.4%，水电占 17.6%，核电占 16.5%）。电力出口量约是进口量的 5.8 倍。总消费量 8703 亿千瓦时，比上年有所下降。

表 2-10　　　　　　　2009 年俄罗斯电力平衡表　　　　单位：亿千瓦时

指标	电量
发电量	9900.45
电力进口	30.66
电力出口	179.23
国内供电量	9771.23
总消费电量	8703.00

资料来源：国际能源署。

（二）电源状况

1. 电源规模

俄罗斯的电源装机容量发展趋势和中国电源装机容量发展趋势差别很大，中国是一个持续增长的过程，而俄罗斯则先经历了下降再上升的过程。从图 2-19 可以分析出从 1992—1999 年有着明显的下降，由 21308.8 万千瓦，下降到了 20464.2 万千瓦，而从 2000 年开始一直延续到了 2010 年，出现了连续增长，由 20584.2 万千瓦增长到 22911.23 万千瓦，从整体来看，俄罗斯电源装机容量的年均增长水平为 0.4% 左右。

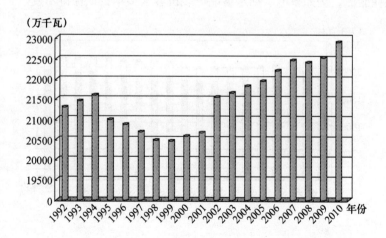

图 2-19　1992—2010 年俄罗斯装机容量变化状况

资料来源：美国能源信息署。

俄罗斯电源装机以火电为主，和我国相差不大，在70%左右，对于火电的依赖程度相当大。以2010年该国电源装机容量为例，火电装机容量占整体装机容量的68.39%，第二位是水电，所占比重为20.46%，核电所占比例为10.58%，排在第三位，这三种类型发电装机容量所占比例达到了99.43%，是俄罗斯主要的能源供应形式，接下来则是抽水蓄能、地热发电和风电，所占比例仅为0.57%。

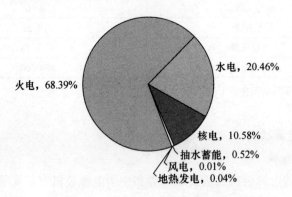

图2 - 20　2010年俄罗斯电源装机容量结构分析图

资料来源：美国能源信息署。

从整个能源装机结构发展分析，各电源装机容量变化不是很大，主要是受到了该国经济的影响，对于电力需求变化出现平稳性的波动，并且对于某些能源，例如核电、抽水蓄能等装机容量多年长期保持不变。

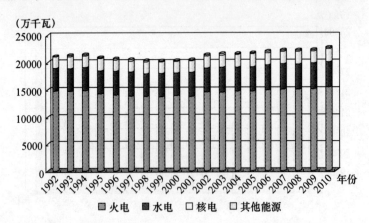

图2 - 21　1992—2010年俄罗斯历年电源装机容量分析图

资料来源：美国能源信息署。

2. 电源结构

（1）火电

1992—2010 年，火电装机容量总体呈先下降后上升的状态，年平均增长率 0.25%。2010 年，装机容量为 15670 万千瓦，同比增长 1.9%。1992—2010 年俄罗斯火电装机容量变化状况如图 2-22 所示。

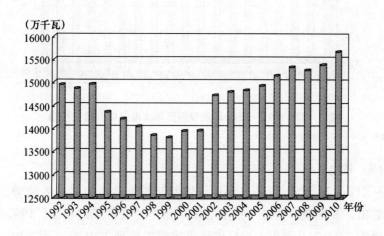

图 2-22 1992—2010 年俄罗斯历年火电装机容量分析图
资料来源：美国能源信息署。

1992—2010 年，俄罗斯火电装机容量变动趋势和俄罗斯整体装机容量变化趋势相同，主要是由于火电所占比例很高的原因。从 1992—1994 年，俄罗斯的火电容量出现波动，但较为平稳，基本稳定在 14900 万千瓦，1995 年开始出现了连续的下滑，直到 2001 年，由 14360 万千瓦发展到了 13960 万千瓦，这和俄罗斯的经济发展有很大关系，从 2002 年开始，该国的电力装机容量则呈现稳步增长的发展态势，由 14721.3 万千瓦发展到了 15670 万千瓦。

（2）水电

通过对俄罗斯 1992—2010 年水电装机容量的发展分析，整体上处于较为平稳的发展态势，并且 18 年间，俄罗斯的水电装机容量由 4333.6 万千瓦发展到了 4687.3 万千瓦，年均增长率 0.45%，可见，俄罗斯对于水电装机容量的发展比较慢，与该国化石能源的充足供应有着很大的关系。

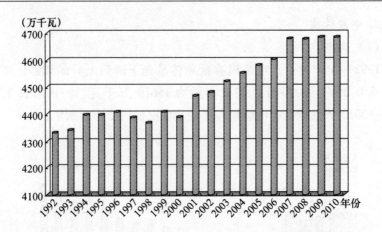

图 2 - 23　1992—2010 年俄罗斯历年水电装机容量分析图

资料来源：美国能源信息署。

（3）核电

从图 2 - 24 对于 1992—2010 年俄罗斯核电装机容量发展趋势分析，可以看出，多年来该国对于核电的发展基本处在停滞的状态，1992 年装机容量为 2024.2 万千瓦，并且该装机容量保持到 2001 年，而 2010 年该国核电的装机容量才发展到了 2424.2 万千瓦。目前在 2012 年，俄罗斯政府重启了核电发展的计划，在未来，核电的发展纳入了国家重点发展的规划，所以核电在未来的发展比较明朗。

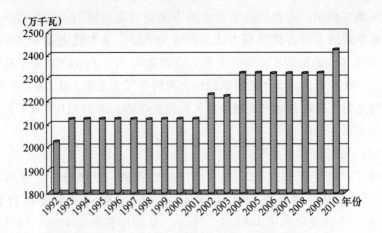

图 2 - 24　1992—2010 年俄罗斯历年核电装机容量分析图

资料来源：美国能源信息署。

（4）其他能源

在其他能源发电装机容量分析中主要包含了抽水蓄能、风电和地热。在俄罗斯风电和地热发电长期以来并没有得到发展，直到 2005 年才有装机容量，并且装机容量相当小，风电装机容量不超过 2 万千瓦，而地热则不超过 9 万千瓦，对于抽水蓄能发电装机容量一直比较固定，保持在 120 万千瓦的水平。

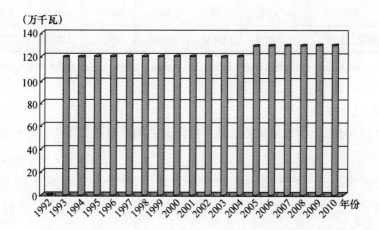

图 2 - 25　1992—2010 年俄罗斯历年其他能源发电装机容量分析图
资料来源：美国能源信息署。

（三）电网状况

1. 电网规模

俄罗斯联邦电网公司传输线路主要分为 7 个电压等级，分别为 220kV、330kV、400kV、500kV、750kV、800kV、1150kV。输电线路电压等级和回路长度如表 2 - 11 所示。

表 2 - 11　俄罗斯联邦电网公司输电线路回路长度（2004—2010）

电压等级（kV）	输电线路回路长度（公里）					
	2004	2005	2006	2007	2008	2010
1150	818	820	820	820	949	949
800	402	402	402	402	378	378
750	2972	2972	2973	2973	2972	3076

续表

电压等级（kV）	输电线路回路长度（公里）					
	2004	2005	2006	2007	2008	2010
500	31238	31819	32578	32572	33790	33599
400	126	126	126	126	126	126
330	7687	7894	7967	7994	9911	10579
220	1795	1799	2018	2019	68400	71582
回路总长度	45038	45832	46902	48913	118045	122299

注：220kV 等部分电压等级输电线路变化较大的原因：俄罗斯电网改革带来的电网合并。①

2. 电网结构

（1）分电压等级结构图。俄罗斯国家电网线路图如图 2–26 所示。

图 2–26 俄罗斯国家电网线路图②

（2）分地区电网结构图。俄罗斯除远东电力系统独立运营外，其他 6
个地区电力系统互相连接。

---

① 《俄罗斯联邦电网公司（FSK）年报（2004—2010）》。

② http://www.geni.org/globalenergy/library/national_ energy_ grid/russia/russiannationalelec-
tricitygrid.shtml.

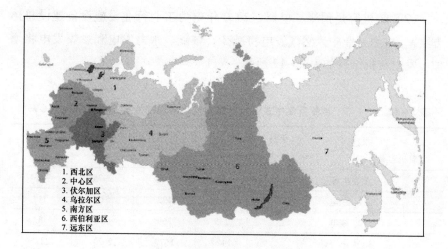

1. 西北区
2. 中心区
3. 伏尔加区
4. 乌拉尔区
5. 南方区
6. 西伯利亚区
7. 远东区

图 2 - 27　俄罗斯地区间电力系统

资料来源：Russian Electricity Market Current State and Perspectives. pdf。

3. 电力发展规划

（1）电力消费预测。根据《2020 年电力工业行业设施设备建设总体方案》对俄罗斯社会用电量进行预测，有两条预测线：一条是基本方案线，一条是最高方案线。根据预测，在基本方案下，2020 年电力消费量将达到 17100 亿千瓦时；在最高方案下，电力消费量将达到 20000 亿千瓦时。2020 年俄罗斯社会用电量预测分析见图 2 - 28。

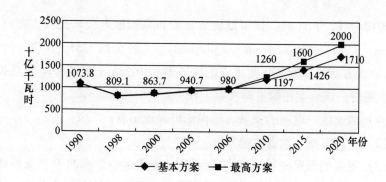

图 2 - 28　俄罗斯社会用电量分析图

注：2006 年之后为预测数据。

（2）装机容量预测。根据《2020 年电力工业行业设施设备建设总体方案》，电力行业中天然气发电将减少，核能、水力发电和燃煤发电将增加。发电装机结构如表 2 - 12 所示。

表 2 - 12　　　　　　俄罗斯集中式供电区域总装机容量的发展 单位：吉瓦（GW）

装机容量 ＼ 年份	2006	2010	2015	2020
总装机容量	2108	2438	2975	3474
1. 水电	449	492	571	717
2. 核电	235	269	381	532
3. 火电合计	1424	1677	2023	2225
1）CHP 发电	771	932	1078	1137
蒸汽涡轮机（石油和天然气燃烧）	432	43	409	365
燃气轮机联合循环	11	153	279	36
蒸汽涡轮机（硬燃料）	328	349	39	412
2）冷凝发电	653	745	945	1088
蒸汽涡轮机（石油和天然气燃烧）	375	373	143	68
燃气轮机联合循环	27	99	302	38
蒸汽涡轮机（硬燃料）	251	273	50	635

4. 规划方案的介绍

2012 年 12 月 31 日，俄罗斯能源部颁布联邦输电公司投资方案（the Company's 2013—2017 investment program），总资金达 7755 亿卢布（含增值税）。该方案将有 66870 兆伏安的变压器和 16985 千米的传输线路投入运营。同时，该方案还侧重解决以下任务：

（1）加速统一电网的发展，以保证可靠地运营；

（2）电网设施、设备的修复；

（3）重要的国家项目（2014 年召开冬季奥运会，东西伯利亚石油管道，斯科尔科沃创新中心和对莫斯科和圣彼得堡的供电可靠性更新等）的实施；

（4）保证与地方政府签订的关于供电合同的协议的顺利履行；

（5）单元的输出功率开展；

（6）创新项目和能源效率项目的开展；

（7）建立基础设施，确保电力能源和电力市场的运作。

关于俄罗斯中长期电网建设的规划方案主要有以下五个：

（1）2008 年，俄罗斯政府颁布了《至 2030 年俄罗斯能源战略方案》（Energy strategy of Russia for the period of up to 2030）。该方案在电力和热力行业的目标是发展统一的电力系统（Unified Power System），并将其和亚欧大陆的其他电力部门整合到一起，加强发展热电联产，促进私营电厂和供热企业的发展，减少环境影响。为了实现这些目标，还需要如下具体措施：

1）完成电力行业改革、供热部门改革的进一步深化，同时，保持当前的投资吸引力；

2）电力和供热行业老化设备的更新和维护；

3）提高发电厂负荷跟踪能力和减少热电厂的能源消耗；

4）使用替代煤炭和核能的气体能源来发电；发展联合循环电厂，帮助减少气体消耗；

5）基于当地能源和可再生能源电厂的发展；

6）扩展线路的传输能力。

（2）2008 年，俄罗斯政府颁布《2020 年电力工业行业设施设备建设总体方案》（The General Scheme for the Installation of Electricity Industry Facilities until the year 2020）。该方案是基于经济和人口的增长对能量的消耗来预测提供可靠的电力和热能的需求量。其主要作用有两方面：首先是确定发电和网络设施的高效的经济结构；其次是最有效地进行电力预测和防止电力赤字的发生。

（3）2006 年，统一电力公司发布了《2030 年俄罗斯电力企业发展目标展望》（Target vision of Russian power industry development for the period of up to 2030）。

（4）由俄罗斯能源局通过的《2011—2017 年统一电网系统的战略发展规划》（Schemes and Programs for Development of the UNEG for the period 2011—2017）。

（5）由地方政府批准的为期 5 年的《地区电力工业发展规划》（Schemes and Programmes for Development of Electricity Industry in Regions of the Russian Federation for the 5 - year period）。

六　电网建设现状及存在的问题

（一）电网建设现状

俄罗斯现有的电网是在苏联时期建设的，目前俄罗斯电网线路有60%—80%都处于严重老化状态，而且有60%—80%的500千伏设备投运30年以上，急需升级换代。

俄罗斯电网的老旧主要表现在供电网设备老化、输配电能力发展滞后。尤其是设备绝缘老化现象特别突出。2005年5月底，莫斯科发生的大停电事故，就是由绝缘老化引起的。据估计，要把这些线路和设备全部更换，涉及的金额将高达1000亿美元。但目前俄罗斯对于电网建设的投资严重不足，正常的设备维修都无法进行，更谈不上技术改造和建设新项目。

2012年10月，俄罗斯能源部公布了由部长诺瓦克签字批准的《2012年至2018年俄罗斯电力发展纲要》。在这份由联邦电网公司和统一电力系统运营公司（即网调公司）共同制定的文件中，规定了未来六年全国所有装机容量超过2.5万千瓦的发电机组和电压等级达到220千伏的输电线路的新建、改造和停运计划。

同时根据文件，俄罗斯用电需求将从2011年的1万亿千瓦时，增长到2018年的1.1752万亿千瓦时，增长17.5%，年均增长2.33%。并且从2012年至2018年，俄罗斯电力发展总投资将达到4.58万亿卢布（约1500亿美元），其中发电设施投资2.85万亿卢布，220千伏及以上等级的电网建设投资1.73万亿卢布。

（二）电网建设存在的问题

（1）缺乏大量建设资金。电网改造周期比石油、天然气的建设周期长，从投入到盈利需要很长一段时间。俄罗斯缺少资金，很有可能在确保先期投入实现盈利的情况下，才会考虑进一步投入。这是俄罗斯迟迟没有进行电网改造的一项重要原因，也是俄罗斯最终选择与中国企业合作的重要推力。因此，在未来改造过程中，很可能是先借贷一部分，待改造顺利后再继续投入。

（2）进口设备比例高企。随着电力设施建设和改造的全面铺开，俄罗斯将出现大量的设备需求，电力装备制造企业将从中获得巨额订单。面对如此巨大的电力装备采购计划，曾经创造过辉煌的俄罗斯本国电力设备制造商却显得力不从心。目前，俄罗斯使用的技术几乎都是苏联时期遗留下来的，研发、推广新技术的能力落后，缺乏刺激研发活动的机制，都阻碍了电力装备制造企业的发展潜力。

在电力设施建设中，俄罗斯生产商不仅需要同西方公司竞争，还需要同产品质量不低于西方的印度、韩国和中国企业竞争。2008 年，国外设备在俄罗斯发电站设备中的比例为 2.3%。但有预测到 2020 年，这一比例将提高到 24%—27%。而从近几年新建的电力设施中，进口设备的比例甚至高达 60%。

从技术独立和能源安全的角度看，电力设施进口设备的比例应该低于20%。因此，进口设备的快速增长已经引起了俄罗斯政府的警惕。俄罗斯工业与贸易部 2011 年制定了《2030 年前俄罗斯电力装备制造业发展战略》。根据该文件，到 2015 年，进口设备在新项目中的比例要降低到40%，到 2025 年降低到 10%。为此，俄罗斯政府准备实行保护国内市场的措施，比如提高进口设备的关税甚至对部分低价产品进行反倾销调查。

七　电力项目投资建设的风险提示

（一）电力项目投资建设 PEST 分析

1. 政治法律环境风险

（1）政治风险。对俄罗斯的投资中其面临的政治风险主要表现在政府领导层的变动、对外国资本施行部分或者全部国有化政策、不同利益集团之间的冲突、敌视行为、游行示威和罢工等方面。

在叶利钦执政时期，俄罗斯各种政治力量不断斗争，国家政局动荡。自普京执政以来，由于组成了以年轻专家并以他为权力中心的领导班子，避免了总统与政府之间，总理与部长之间，以及部长与金融寡头之间的冲突，巩固和稳定了俄罗斯的政治格局。作为"普京路线"的坚定执行者，梅德韦杰夫对普京时期国家政策进行了贯彻和延续，全面维护了俄罗斯国家政局的长期稳定。普京再一次担任俄罗斯最高领导人，但仍存在一定的政治风险。俄集会示威将长期化，政治不确定性因素可能加剧。对中国投资者来说，风险因素也不会完全化解。政治动荡将不可避免。

此外，2008 年 8 月俄格冲突的爆发增加了对俄投资的政治风险，大量外资撤离俄罗斯。2013 年 9 月 17 日，根据法国巴黎银行的信息，已有约 353 亿美元资金被外国投资者从俄罗斯撤离。

从中国和俄罗斯的长远关系看，虽然两国之间已经进入了第二个"十年"的战略协作伙伴关系，但是中石油竞拍斯拉夫石油公司遭遇封杀，"科维克京"天然气项目遇到的困难，莫斯科"天客隆"超市遇到的问题等，这些依然反映出中国企业对俄罗斯投资遇到了较大的政治阻力，并且有持续增长的趋势。目前，俄罗斯面临着美国和欧盟的制裁，其经济要有所发展，中国企业的投资和帮助必不可少，其阻力在短时间内会缓解，但是从长远来看，需要冷静分析面临的困难。

（2）法律风险。俄加快了市场经济就是法制经济的进程，不断调整和改善法律制度，并通过了多项新法案。为减少行政对企业的干预，政府出台了国家注册法，简化企业注册程序，使企业注册在一个窗口完成；制定了许可证制度，简化了发放经营许可证的手续；修改了股份公司法；颁布了国家检查法，以限制政府监督部门滥用权力。此外，修改后的外国公司投资俄罗斯战略部门法规在很大程度上拓宽了国际投资者进入俄罗斯食品生产、药品生产以及金融行业的经营渠道，同时政府也在相关项目的土地使用上放宽限制。

但俄罗斯有关外国投资的法律至今仍不够健全和完善，联邦法律与地方法规有些地方脱节，不同领域的经济法律在同一类问题上缺乏一致性，而且这些法律变动较频繁，缺乏稳定性。

2. 经济环境风险

（1）税收政策。俄政府和各联邦主体吸引投资的积极政策是外国投资者在俄能顺利经营的先决条件。最近几年，俄罗斯政府进行了税务改革，以便减轻企业税收负担，降低投资成本，例如：企业利润税从 35% 降至 20%，增值税从 20% 降至 18%，个人所得税从 35.6% 降至 13%，统一社会税从 40% 降至 26%，取消了原为 5% 的销售税，原为 1% 的汽车道路使用税。自 2009 年起，对进口俄罗斯产品目录中未被列出的设备和技术给予免征增值税，对出资为员工缴纳养老金和培训员工企业给予免征所得税、统一社会税以及自然人收入税，对于已经生产和正在进行科技研发的现代化新产品免征增值税等。

同时，新的促进投资的政策在俄罗斯也相继出台，其中包括成立俄罗斯联邦投资基金，开发俄罗斯创业公司高新技术科技园区，组建经济特区，成立对外经济活动银行等。此外，除了俄罗斯政府集中采取的措施外，各地方政府也开展了一系列的工作来支持外资的进入，例如：对投资者在地方预算的税收上给予一定的优惠等。这对电力建设项目投资者十分具有吸引力。

（2）金融政策。俄罗斯正积极融入世界金融市场，大力实行金融自由化政策。俄罗斯不仅开发本国金融市场，允许外资进入，而且实行外汇自由化，实行卢布与美元的统一汇率和浮动汇率制度。

3. 社会文化环境

（1）人口及国民素质。劳动力匮乏。以 2000 年人口数量为基础，随着国家人口数量的不断减少，达到具有劳动能力年龄的人口数量在 2005—2006 年扩大到 8990 万，占人口总数的 63.6%，但自 2006 年起开始呈逐步减少的趋势，预测到 2016 年仅剩下 8040 万，占人口总数的 59.9%。巨大的劳动力缺口将对俄吸引中国直接投资造成一定障碍。

俄罗斯的教育比较发达，国民受教育水平在世界名列前茅。培养和造就了一大批世界文明的政治家、科学家、文学家和艺术家。因此，俄罗斯国民素质较高，87% 受过中等以上教育，受过高等教育者占 11.8%。这有利于电力建设项目在俄罗斯更好更快地开展。

（2）社会治安较差。俄罗斯社会经过多年的发展，其经济和治安有了较大的进步，但是其社会治安环境并没有得到根本好转，外国的商人和投资者在其国内的经营活动受到了较大影响，外商和外资企业的外方人员成为当地黑社会和歹徒袭击以及敲诈勒索的重点，在俄罗斯的外方人员的人身安全无法得到有效保障。

（3）基础设施较差。俄罗斯基础设施建设落后，由于交通设施落后，俄罗斯国内生产总值每年损失 3%—5%。在俄边远地区，特别是一些电力供应不足地带，基础设施更加落后。另外，恶劣的气候条件也导致各种投资费用增加。这对于电源投资和电网建设来说难度更大，风险较高。

近年来，俄政府重视基础设施建设，并采取了一些有效措施，取得了显著成绩。2010 年，全国彻底贯通统一的公路网。第二条贝加尔—阿穆尔铁路干线也于 2013 年开始建设，在 2025 年前确保通往哈巴罗夫斯克边疆港口铁路的运输能力。

4. 技术风险

俄罗斯独立后，由于经济困难，科研经费投入减少，造成科研人员大量流失，在科技方面差距不断加大。为了赶超世界先进水平，俄罗斯加强科研开发和研究，走科技市场化道路，以加快科技成果转化为生产力的速度。俄罗斯基础研究虽然落后于美国，但仍居于世界最先进国家之列。俄罗斯科学院在微电子、高温超导、新材料等领域取得了具有世界先进水平的科研成果。这些研究成果，有利于国内企业与其进行技术合作，快速掌握高科技技术，对电力项目的投资者来说是很重要的吸引点。

（二）中国电力企业在俄电力投资项目应对

1. 最新电力建设项目概况

（1）华电捷宁斯卡娅电站项目。华电捷宁斯卡娅电站项目是在中俄两国元首共同见证下签订的中俄首个大型电力合作项目，也是华电在俄首个合资建设的电源项目，建成后将成为雅罗斯拉夫尔州电网的重要电源支撑点和雅罗斯拉夫尔市主要热源，对弥补当地电力缺口和提高当地居民生活水平具有重要意义。目前，项目各项施工准备工作已完成，具备了全面施工条件。此次贷款协议的签署，标志着项目融资工作顺利收口，为确保项目早建成、早投产、早受益提供了资金保障。

（2）中俄电网改造工程。2009 年 7 月 9 日中国光彩事业集团与俄罗斯电网股份公司签署经贸合作备忘录，双方共同邀请中国电力装备企业参与俄罗斯电网的改造和建设。俄罗斯电网工程的改造需要近千亿美元，并且将持续 10 年的时间。根据备忘录的要求，中俄双方同意以俄方政府和银行作为贷款担保方的名义，以中方银行出口信贷的形式进行融资，并且这些贷款将专项用于俄罗斯电网改造采购中国电力设备。

俄罗斯电网公司是俄罗斯国家控股公司，全国 85% 以上的电网都掌握在该公司经营中，目前经营的线路超过了 200 万公里，但是其中的60%—80% 的现有线路老化严重，需要升级换代。而要把现有老化的设备和线路全部更换，据估计所涉及的资金将会达到 1000 亿美元。

中俄巨额的电网改造合作项目，对国内电力设备行业来说，无疑是一块巨大的蛋糕，将为国内电力设备企业的快速发展带来新的机遇。

2. 中国企业在俄罗斯电力投资风险应对措施

目前俄罗斯的电力市场也在不断的改革当中，针对其电力市场的发展状态，我国企业需要重点参考成功进入俄罗斯电力市场的一些其他国家的投资者和俄罗斯私企的进入策略。具体包括：第一，可以将投资方式主要集中于对现有电力公司的投资方面，包括其供电公司投资、输配电公司投资以及热电厂的投资等，如我国的长江电力公司于 2012 年 10 月与俄罗斯最大的独立电力公司 EuroS Energo PLC 签订协议计划共同投资兴建新的水力发电厂，该公司还是世界上最大的私营水力发电公司之一；第二，还可以在俄罗斯市场中寻找战略合作者，和对方企业组成新的合资公司投资改造现有项目或者投资新项目；第三，也可以独立开发电力项目，但是针对目前俄罗斯的环境背景，我国企业需要谨慎；第四，加强电力基础设施建设的合作，尤其是以出口为目的的项目投资与建设，这样会为电力的跨境交易提供保证，例如 2008 年，俄罗斯的特洛伊斯克燃煤电站项目的主要施工单位就是我国的电力企业。

针对俄罗斯电力市场的投资不可预见的风险还比较多，在投资中需要充分地对其内外部环境进行较为全面的分析。首先，电厂投资费用高，针对新建电厂来说由于人员、设备、安装等成本比较高导致电厂的造价居高不下，即使按照俄罗斯批发电价的市场封顶价格进行核算也不能有效保证其全部成本能够在回收期内全部回收。其次，针对现有电厂，如果选择收购策略则又会面临对老机组进行技改或者更新换代等问题。麦肯锡公司给出预测，俄罗斯电力价格和新的联合循环电厂的电力成本相比，即使到了 2015 年，前者比后者仍然会低 3%，所以政府必须要对新建电厂进行额外补偿才能保证电厂的有效利润。最后，俄罗斯面临着乌克兰的战争困扰，面临着美国和欧盟的制裁，其经济发展趋势还不确定，所以该国工业和居民用电的电量以及电价发展是否持续提升还是未知数，另外也无法判断政府对电力价格上限政策的执行能够到哪一步，所以俄罗斯政府的政策支持是保证电力市场收益的重要手段。

我国对于俄罗斯电力市场的开发具有天然的地理优势，未来电力市场的合作空间还是值得挖掘的。除了以上几种合作方式外，我国还可以发挥我国电力领域的资金优势、成本优势、人才优势、智能电网和电网特高压技术领先优势展开广泛的合作。

（1）加强容量互补合作。目前，国家电网公司与俄罗斯签订了购电协议，这是两国电力系统实现对接的开始，也是实现两国电力容量相互补充的有效举措，更是未来我国企业进入俄罗斯电力市场的突破口。尽管由于各方面原因我国进入中亚地区的时间较短，对中亚多数国家的投资还未进入实质性阶段，但是，只要本着战略互赢的角度去合作，未来与俄罗斯的电力合作具有较大的市场空间。

（2）提高人员和技术的合作力度。目前，中国的经济有了快速的发展，在电力技术和电力装备方面也有很大的进步，不仅拥有较低的生产成本还掌握一批国际领先的技术开发和装备制造，关键还有一支庞大的具有丰富电力工程施工和经营的专家队伍。这些为我国开展国际的电力合作提供了有效的资源保证。

（3）针对俄罗斯电力市场的开发，中国具有较强的资金优势，可以通过融资投资或者直接投资的方式进入其电力市场。俄罗斯出台的一些规定和措施，比如：购电协议（PPA）、电力市场改革和电力价格市场化体系形成等，这些能够有效地保证对该国电力市场投资的利润空间和自由竞争条件。目前，俄罗斯政府面临着投资短缺的困境，中国可以发挥外汇储备充足的优势来满足俄罗斯电力市场的投资需求，从而既能形成两国双赢的局面，又能进一步增强两国之间的合作关系。

（4）针对俄罗斯自身的外交和经济的特点，针对俄罗斯电力市场建立一套行之有效的能源外交政策和策略体系，有效协调好两国之间的合作关系，保证两国的各自利益，从而提高两国政府政策的支持力度。

主要参考文献

［1］栾凤奎、郭磊、马莉等：《俄罗斯电力改革进程及分析》，《电力技术经济》2009 年第 2 期。

［2］《俄罗斯电力体制改革及其启示》，http：//commerce. dbw. cn。

［3］曾鸣、程俊、段金辉等：《澳大利亚、俄罗斯电力双边交易市场模式的经验借鉴》，《华东电力》2003 年第 1 期。

［4］美国能源信息署（EIA），http：//www. eia. gov。

［5］《俄罗斯联邦电网公司（FSK）年报（2004—2010）》。

［6］李中海：《2010 年俄罗斯经济：艰难复苏与现代化战略》，《和平与发展》2011 年第 1 期。

（王永利执笔）

第三章　美国电力市场研究

　　美国电力市场是世界最大的电力市场，也是电力市场化改革最成功的国家之一，在世界范围内具有鲜明的特征和良好的发展前景。在中国电力企业推行"走出去"战略的过程中，美国电力市场无疑是一个重要的投资对象。但必须注意到，美国电力市场能否真正成为中国企业实现投资价值的理想之选，首要问题是能否对美国电力市场的基本特征有全面了解，对美国电力市场存在的机遇和风险有清晰把握。针对这一问题，本报告对美国电力市场进行系统研究。

　　本报告的基本结构如下：第一部分介绍美国的能源政策和管理体制；第二部分介绍美国电力市场的结构与改革；第三部分介绍美国电力市场的运行情况；第四部分介绍美国电力市场的预测与规划；第五部分探讨美国电力市场存在的投资机遇；第六部分结合分析内容为投资给出核心风险提示和政策建议。

一　美国的能源政策和管理体制

　　研究美国电力市场，必须在明确美国整体能源政策框架的条件下进行。只有了解美国能源政策所决定的产业发展方向，才能更好地把握美国电力市场的发展趋势。

（一）能源政策

　　美国作为发达的市场经济国家，其能源产业的发展一直以完善的法律制度为基础，同时，能源政策也会根据产业发展的需要适时地转移政策重心。这种产业需求与制度建设相结合的模式，成为美国在20世纪70年代至今的一个典型特征。

　　进入21世纪，全球能源消费保持较快增长，亚太国家作为世界能源消费重心的作用日益明显，国际能源供求关系整体趋紧。面对新的经济和国际形势，美国政府陆续颁布了《国家能源政策》、《2005 能源政策法》、《能源独立和安全法案》、《美国清洁能源与安全法》等一系列能源政策法规。尽管名目众多，但这些政策法规却坚定保持了基本目标的稳定性，即确保能源供给和能源安全。

同时，多项能源政策法规的陆续出台，也反映出美国随国内外经济环境、政治环境的变化而不断地调整的务实做法。特别地，每一项重大政策的出台都强调了带有侧重性的发展重点，往往意味着新的投资方向和增长点。正因为如此，本报告将深入研究 2000 年之后美国能源政策的阶段性特征，特别是奥巴马政府上台以后的新动向。

1. 保障供给：《2001 年国家能源政策》

2001 年，美国经历了两次"石油危机"以来最严重的能源短缺。供给短缺造成能源成本大幅上涨，电力供给频繁中断，减产和失业情况严重。油价上涨导致交通成本骤增，普通家庭能源平均支出同比增长了 2—3 倍。能源系统供给和需求的失衡，促使美国政府积极寻求制定新的全面而平衡的能源政策，并通过政策的实施，帮助私有部门及州和地方政府"促进未来可靠、经济、有利于环境保护的能源生产和分配"（美国国家能源政策研究组，2011）。

在此背景下，布什政府于 2001 年 5 月公布了《国家能源政策》。政策包括 105 项建议，内容涵盖国内和国际能源战略两个主要部分，形成具体的战略举措包括：首先，就国内战略而言，加强国内石油勘探和开发，主要针对阿拉斯加国家石油储备区（NPR）和美国西部石油天然气资源。其次，大力发展核能，继续发挥煤电的主导作用，以解决日益增长的电力需求。最后，加强和改善能源基础设施，新建或修缮全国输油管道和输气管道，满足全国对油气的需求。增加政府战略石油储备，作为应对石油供给中断的重要工具。在国际能源战略方面，进一步加强同加拿大、沙特阿拉伯、委内瑞拉和墨西哥等主要石油出口国的贸易关系，加紧开发、争夺远东石油资源的同时，着力于实现石油进口渠道多元化。

《国家能源政策》报告作为一项长期的能源安全远景规划，一直指导着美国的能源政策的制定和实施。不难发现，这一阶段其能源政策的重点仍是通过开辟多种渠道，以保障其能源安全及竞争力。尽管在报告中指出"能源安全并非仅是为了保障短期供应；获得可靠、经济、清洁和高效的能源服务对经济增长和发展也是至关重要的",但其政策的核心仍是增加石油、天然气、煤和电的产量。这与当时美国所处的国内外能源形势是密切相关的。

2. 顶层设计:《2005 年能源政策法》

从 2002—2005 年,国际原油需求强劲增长,国际价格居高不下。高油价导致的成本上升给石油消费国保持供应带来了巨大压力。在此背景下,如何扩大供应、提高石油使用效率,以及寻求替代能源成为各国面临的新问题。美国作为第一大石油消费国,油价上涨不仅持续影响经济增长,同时带来了很高的风险溢价。同时,新能源、可再生能源、能源效率等领域内的技术进步也为美国减少对进口石油的依赖提供了有利条件。在此背景下,美国布局未来发展的能源战略蓝图已经基本明晰。

2005 年 8 月,美国在 1992 年能源政策法案基础通过了《2005 年能源政策法》,法案的主要内容包括传统能源、新能源和可再生能源的开发及利用;能源效率;能源技术研发;能源管理及税收政策;能源的使用对环境的影响等政策和法规。具体可以归纳为五个方面。

第一,加快开发国内油气,增加国家战略石油储备;加快技术进步,寻找洁净、低廉、可靠的替代能源,力争在 2025 年前实现中东石油进口量减少 75%。第二,制定新的节能和能效标准。如在联邦建筑执行标准中规定未来联邦建筑必须达到一定的能效指标,做到节能和节水方面的可循环和低成本;且将年度联邦建筑及其达到能效标准的情况写入年度政府报告中。为低收入家庭提供资金援助,以帮助其提高居民住所的能源利用效率。另外,法案还对高能耗工业产品和消费品制定新的强制性国家能耗标准。第三,增加能源科研投入。主要包括洁净煤技术、煤气化技术、洁净空气燃煤技术、火电设备的污染控制技术以及氢燃料电池汽车技术及相关尖端科技研发等。总投资约为 100 亿美元。第四,促进可再生能源的开发和使用,鼓励利用地热能、提高水电站发电效率、发展太阳能光伏发电系统和太阳能热水系统、扩大生物质能发电规模。鼓励投资可再生能源的研究开发和产业化,规定政府每年购买一定比例的新能源,并逐年提高该比率,由 2007 年的 3%,到 2013 年将达到 7.5%。实施可再生燃料标准,要求炼油厂、进口商、零售商加大可再生燃料比重,如生物柴油或乙醇,从 2006 年的 40 亿加仑生物燃料,之后以每年 17.5% 的速度递增,2012 年增加生物燃料达到 75 亿加仑。此后,可再生燃料增长速度不得低于同年汽油生产增长率。第五，为可再生燃料标准制定灵活的策略，如信用交易，当汽油供应商对可再生燃料使用量超过最低标准时，赋予供应商一定级数的信用。而对于难以达到标准的供应商，则通过购买信用，以使用少于标准规定最低限的可再生燃料。

《2005 年能源政策法》标志着美国正式确立了面向 21 世纪的长期能源政策，成为美国能源战略的一个重大转折点。法案的核心是节约能源，加快能效技术研究，提高能源利用效率，扩大可再生能源的生产和使用，以期缓减长期供给紧张和能源价格上行压力。该法案的基本目标仍是确保安全、稳定、清洁的能源供给。尽管该法案对美国未来很长一段时间的能源供需产生了深远影响。但并没有从本质上改变美国国内能源尤其是石油供需的方向。

3. 明确战略：《2007 年能源独立和安全法案》

2000 年后世界原油价格的飙升带动了成品油和生物燃料价格的上涨。2007 年美国总统布什签署《能源独立和安全法案》拉开了美国能源改革的序幕。不同于《2005 年能源政策法案》，该法案更加注重节能和可再生能源推广，对美国国内的节能技术研发和生产投入起到了重要推动作用，这也表明，《2005 年能源政策法案》所确定的能源战略开始了实质性的推进。

《能源独立和安全法案》共包括八个部分，节能减排是整个法案的核心内容之一，这一点从新出台的燃油标准和可再生燃料推广均可以得到体现。美国是世界上汽车保有量最多的国家，汽车节能是实现节能目标的关键环节。新法案出台的汽车能耗标准规定到 2020 年，美国汽车工业必须使汽车油耗比目前降低 40%，这也是 1975 年以来美国国会首次通过立法提高汽车油耗标准。

新法案的另一个核心内容是推广可再生能源，减少对石油进口的依赖。法案提出了非常激进的可再生能源产业发展目标"20in10"，即通过发展生物乙醇，用十年的时间将美国汽油消费降低 20%。法案确定了可再生燃料标准（RFS），要求美国可再生燃料生产将从 2008 年的 90 亿加仑/年增加到 2022 年的 360 亿加仑/年。按照 RFS 要求，先进生物燃料的投资在 4 年内必须达到 110 亿美元，在 10 年内增加到 460 亿美元，在 15 年内增加到 1050 亿美元。预计到 2012 年，先进生物燃料将达到所生产的全部可再生燃料的 13.2%，到 2017 年增加到 37.5%，2022 年达 58.3%。

美国希望新能源法案有效提高国内能源效率并实现节能目标，并通过节能提效，以及可再生能源推广来保持美国能源独立性，确保国家能源安全。在环境保护方面，新法案把减少温室气体排放置于更加突出的位置，提出了加快"碳捕捉"和"碳封存"技术研发，及推广清洁环保新能源，有利于实现"向社会提供安全、可靠、清洁能源"的战略目标。

4. 重点发力：《2009 年美国清洁能源与安全法案》

2007 年国际金融危机席卷全球，并迅速从金融领域蔓延到实体经济。受金融危机影响，全球经济增长率大幅放慢，石油价格大幅震荡。加之能源需求增长加快，石油价格波动频发，气候变化问题日益突出等因素的推动，发展新能源和可再生能源再次成为各国能源战略考量的重点。面对保持经济增长以及应对气候变化等挑战，美国政府重新思考其能源发展战略。其中，发展新能源成为政府促进经济复苏和增加能源供给的重要举措。

2009 年 6 月，美国众议院通过了《2009 年美国清洁能源与安全法案》提出了以发展新能源为核心，进一步推动节能和提高能效的能源战略框架。该法案明确阐述了其立法的目标，即"创造数百万新的就业机会来推动美国的经济复苏，减少对国外石油的依存度来实现美国的能源独立，通过减少温室气体排放来减缓全球变暖，最后过渡到清洁的能源经济"。

《2009 年美国清洁能源与安全法案》的主要内容分为四个部分：第一，大力发展清洁能源，包括可再生能源和节能发电标准、碳捕获与碳封存、清洁交通、发展智能电网等内容。法案要求电力供应商每年必须按照一定比例供给可再生能源电力，到 2020 年电力供应中 15% 以上须来自可再生能源，5% 以上来自节能。第二，提高能源效率，进一步提高了建筑能效标准、照明和电器能效标准、交通能效标准，及公共部门的能效等。建筑标准要求新建的商用和民用建筑能效提高 30% 。到 2020 年，电力零售商通过实施新的能效标准达到累计节能 15% 的目标。第三，减少全球变暖污染，建立温室气体排放限额和交易体系，逐步减少温室气体排放量。具体目标为：相对于 2005 年的排放水平，到 2020 年削减 17% ，到 2050 年削减 83% 。第四，向清洁能源经济转型。根据《联合国气候变化框架公约》的规定，制定有约束力的发展目标，主要措施包括：确保工业部门实现真正的减排，对消费者实施援助，出口清洁技术等，为减少全球温室气体的排放做出贡献。

5. 内外兼顾：《2010 年美国能源法》

奥巴马政府就任以前，美国在应对气候变化方面持消极态度，欧洲趁机从美国手中抢得了在气候变化上重大问题的主导权。奥巴马上台后积极寻求夺回主导权，并于2009年在国内国际双管齐下，企图重新主导国际应对气候变化的格局。在哥本哈根会议前后，美国国内应对气候变化的立法进程因国际形势不明朗而趋向保守。气候变化问题的国际地位增强时，美国积极行动以期主导国际格局；地位削弱时，国内的行动则更多关注统计、监测、市场、适应等能力建设以为重新主导奠定基础。总之，美国应对气候变化的态度行动，尤其是温室气体减排的行动，与国际形势是紧密联系的。

正是在这种指导思想的指引下，美国出台了新的《2010年美国能源法》，目的是保障美国的能源安全与独立，促进国内清洁能源技术发展，减少温室气体排放和促进就业，主要内容包括七个部分：促进国内清洁能源发展；减少温室气体污染；消费者保护条款；保护和增加就业；应对气候变化的国际行动；防止气候变化侵害，即适应气候变化项目；预算条款等。实际上，该法案是与《2009年美国清洁能源与安全法案》相匹配的参议院版本，两部法案之间存在诸多相同点和不同点。

其中，值得关注的是，相比《2009年美国清洁能源与安全法案》，《2010年美国能源法》降低了2020年全国温室气体的减排目标；推迟1年实施排放限额与排放许可交易制度；大幅减少了对其他清洁能源、先进能源技术的规定；更加严格地规定了"碳关税"条款；并要求对其他主要排放国的排放控制措施进行年度评估，等等。与《2009年美国清洁能源与安全法案》规定2020年减排20%的目标相比，《2010年美国能源法》设定的目标更加保守。

这表明，美国减排温室气体的根本目的，不单是为了应对气候变化、应对国际压力，而更多的是从本国发展战略考虑，为本国经济的可持续发展和巩固美国在全球的地位服务。美国的气候变化立法进程时疾时徐，但却始终把能源政策作为国家的核心战略问题。

6. 十几年来能源政策的演进特点

在进入21世纪后的十几年中，美国在复杂多变的国际环境下，通过能源立法顺利实现了能源战略转型，通过以上分析不难看出，其能源政策和能源战略的重心主要经历了如下几个方面的转变。

第一，尽管进入21世纪后，美国政坛出现了执政党的更替，但是能源政策的稳定性和延续性却得到了很好的保障，这与税收和社保等领域的政策变动形成了鲜明的对比。这说明，在能源对于美国的重要性的认识上，美国共和、民主两党具有高度一致性。这种一致性使得美国在进入21世纪后的能源战略调整得以顺利实现，而且不断落实和推进。

第二，前期几年的政策目标虽然已经意识到转变能源政策的必要性，也做出了原则性的规定，但主要任务仍是解决美国面临的能源短缺问题，因此政府的落实也主要体现在实现石油进口渠道的多样化和确保运输通道的顺畅上。不过随着形势的变化，长期的战略调整开始逐渐明确，政策重心开始向开发可再生能源和替代能源，降低对石化能源的过度依赖等方面转变。

第三，前期能源政策重视改善传统能源基础设施，提高传统能源的能源效率，而后期则强调推动技术进步实现全社会节能，同时也更加关注环境问题。推动能源技术进步、发展可再生能源，开发节能及能源安全技术，逐步减少能源使用对经济、社会、环境的负面效应，最终过渡到清洁能源和绿色经济，逐步实现能源、经济、社会的协调可持续发展。

第四，在对待气候变化问题上，从布什政府的消极应对，再到奥巴马政府积极承诺减排义务，大力发展清洁能源，后期作为应对气候变化的倡导者，美国态度发生了显著变化。但需要注意到，这种政策的变化完全是为美国能源安全和能源独立目标服务的。

（二）电力体制

1. 联邦法律框架

影响美国电力产业的联邦法律主要有五部，分别是 PURPA 法案、联邦能源法、能源政策法、FERC 第 888 号法令和第 1000 号法令。这五部法案对美国电力产业的发展产生了重大且深远的影响。

（1）PURPA（Public Utility Regulatory Policy Act）。PURPA 法案于 1978 年作为美国国家能源法案的一部分获得通过，以鼓励能源效率高和环境友好型的商业化电源的发展。该法案主要目标有三：一是鼓励电力公司实现能源节约开支；二是鼓励电力公司提高设备和资源的利用效率；三是鼓励合理定价。PURPA 确认了一类新的电源厂商，即合格发电商（或称独立发电商），这些发电商的规模可能较小，在自发自用的同时会有盈余，或者发电是其生产过程中的副产品。PURPA 法案规定，当这类厂商满足关于所有权、规模和效率方面的要求时，电力公司采购它们所发电力，交易价格则根据可避免成本（Avoided Cost）定价法确定。这些价格往往对发电商非常有利，从而促进了发电侧竞争，也有利于减排和减少对化石燃料的依赖。

（2）《联邦电力法》。美国 1920 年颁布的《联邦水电法》主要是为了统筹管理美国水电项目的发展，根据法案，美国设立了联邦电力委员会（Federal Power Commission，FPC，即 FERC 的前身）作为全美水电项目的审批和管理机构，主要管制电力和天然气产业的州际事务，其宗旨是保证消费者享受到合理、非歧视性和公平的价格。1935 年，该法案得到修订并更名为《联邦电力法》，FPC 的规制职权也扩大到包括所有的州际输电业务。现在 FERC 还负责管制非联邦的水电项目，以促进美国水电资源和其他水力项目的合理开发。《联邦电力法》既是联邦政府管理电力和天然气产业的法律基础，也是 FERC 职责的法律基础。

（3）《能源政策法》。对美国电力体制发生重要影响的《能源政策法》实际上有两部，第一部是 1992 年颁布实施的，另一部则是 2005 年颁布实施的。1992 年《能源政策法》修订了 1935 年《联邦电力法》的许多内容，阐述了各方面的能源政策，比如豁免趸售发电商（促进来自独立发电商的竞争）、能源效率、节能和管理，以及天然气进出口等。替代能源汽车也是《能源政策法》强调的一个领域，该法案规定向清洁汽车的开发和使用提供财政支持。2005 年《能源政策法》则要求通过各类资助项目，推广和测试方案，以及税收激励等，促进替代能源和高级汽车生产和使用，比如"高效节能商业建筑减税"政策允许建筑所有者在设备投入运营当年，在不超过规定上限的前提下，扣除所有的照明成本或建筑改造成本。

（4）FERC 第 888 号法令。1996 年，联邦规制委员会（Federal Energy Regulatory Commission，FERC）发布了第 888 号法令，该法令在促进美国电力市场竞争方面发挥了关键性的作用。第 888 号法令要求输电服务提供商要向所有电网使用者提供非歧视性的公开接入服务，同时也允许已有电力公司从电力用户身上回收其搁浅成本。

（5）FERC 第 1000 号法令。第 1000 号法令主要是为了消除输电网发展的障碍，改革公共电力公司输电商的电网规划和成本配置要求。该法令要求输电服务提供商改进电网规划的流程，并在新电网设施的受益者中分担成本。针对输电规划的要求包括区域输电网规划、受公共政策驱动的输电需求和相邻输电规划区域之间的协调等。该法令要求每个公共电力公司输电商都必须参与到区域输电网的规划过程中去。

2. 市场的竞争与监管

（1）电力产业竞争理念。实际上，美国的电力市场并非高度自由竞争，尽管美国电力市场经历过放松管制的改革阶段，但放松管制却并非美国电力发展的国家政策。放松管制意味着没有监管，然而美国的电力市场长期受到管制，而且美国从未单纯依靠竞争来确保公平合理的电力价格。实际上，美国电力产业的国家政策是促进竞争而非放松管制。引入竞争是美国电力产业国家政策的核心理念，这也是 2005 年国家能源政策法所重申的政策。

由于 2000—2001 年的加州电力危机，引入竞争是否是美国国家电力政策一直存有争论。但随着 2005 年国家能源政策法的颁布实施，这一争论画上了句号。引入竞争作为国家电力政策得以确立。

联邦能源监管委员会的职能就是确保成功地实施竞争政策，通过利用国会赋予的更为广泛的监管手段确保电力批发市场运转良好。引入竞争是美国的国家政策，当竞争与有效监管并行的时候，能够为国家和社会公众带来最大的利益。

然而，竞争政策代替不了监管。美国依靠竞争和监管两手来确保电力批发市场公平和合理的价格。美国电力监管机构的职责就是在两者之间找到更好的平衡。美国所有的竞争性市场都受到市场规则的约束，这些规则或者由监管机构制定，或者由反垄断机构制定。

过去 30 年中，美国竞争政策得到了巨大发展。在此期间，美国国会和联邦能源监管委员会颁布了一系列法律和规章推动电力市场的竞争。电力市场一直在朝着竞争和监管协调的方向发展。同时，监管方式也发生了很大变化，从而反映变化了的电力市场结构。竞争政策打上了监管改革的烙印。过去 30 年美国一直在致力于引入竞争，而且这一过程仍在继续。

同时，电力市场是高度动态的市场，电力工业一直处在变化过程当中，电力市场结构的变化反过来引起了对监管改革的需求。一旦电力市场达到了竞争与监管的完美结合，电力市场结构的变化将再次迫使监管机构寻找新的结合以适应这种结构的变化。

一系列促进电力市场竞争的法律同时赋予了监管机构一些新的权力。随着美国不断推动竞争，联邦能源监管委员会在电力市场中的作用也得到了极大的改变，目前监管的作用与最初时完全不同。

联邦能源监管委员会在成立后的 70 年里，其电力市场监管的主要任务是确保消费者免予垄断电力企业的盘剥。随着时间的推移，其职责的履行方式发生了巨大的变化。在 20 世纪 30 年代，监管机构保护消费者的最主要手段是制定费率以防止私人公司获得垄断租金。价格监管能够有效控制受监管企业的利润水平。但是传统的价格监管方式刺激了过度投资，因为企业的成本可以通过费率得以完全补偿。这种监管方式不利于降低成本和提高效率，不利于环境保护和技术进步。竞争政策正是为了弥补传统监管方式的这些缺陷。

在目前的产业规制结构下，电力公司在授权经营的区域内负责向用户提供电力服务，并收取可以回收其资本成本和运营成本的收入，其中还包括一个合理的回报率。这个制度安排代表了美国在联邦层面和州层面的基本规制特征。

联邦政府和州政府的规制权力存在差异，决定规制权力划分的基本依据是电力交易是发生在州的内部还是属于跨州交易。在实践中，这种差异要求明确电力市场的参与主体是接受来自联邦的还是来自州的规制，而且电力系统的各组成部分，无论是实体的还是功能性的（发、输、配、售），也要分清是接受来自联邦还是来自州的规制。

总之，美国坚定地推行在电力批发市场引入竞争的政策。引入竞争的政策是对传统电力价格管制带来的缺陷的回应。为了推动竞争，美国并没有放弃监管，而是改变了监管的方式。竞争和监管的有机结合给国家和公众带来巨大的利益。竞争政策已经在美国取得了巨大成功，但仍需要监管机构努力实现和保持竞争与监管的平衡。

（2）联邦电力监管机构。美国电力实行联邦和州两级电力监管制度。电力监管体制针对私营的公用电力事业公司和独立发电商（IPP）。地方政府拥有的市政电力公司和农民拥有的合作性质的电力公司，以及联邦政府拥有的 6 个电力（水电）管理局不受监管机构的监管。

在联邦一级，负责电力行业经济性监管的机构主要是联邦能源监管委员会（FERC），其他监管机构还包括美国核监管委员会（主要负责监管核电站及核燃料设施的安全）和联邦环境保护署（主要监管发电厂的污染排放）。美国能源部主要负责向总统及国会提供能源政策建议，没有直接的监管职能。

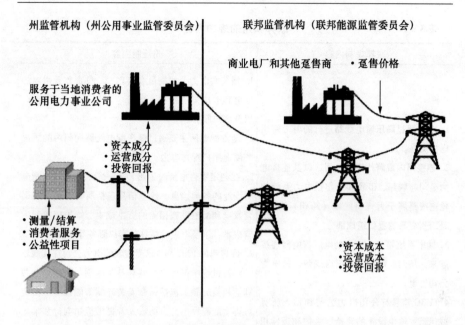

图 3 - 1　美国电力产业的联邦规制和州规制

资料来源：Analysis Group for Advanced Energy Economy (2011)。①

（3）州电力监管机构。美国各州的公用事业监管委员会（PUC）负责州电力市场的监管，承担的主要监管职能包括：监管配电业务及电力零售市场的价格及服务；颁发输电设施建设许可证；监管购售电合同；监管电力普遍服务；监管可再生电力的收购；监管加州能源法案及能源政策的实施；组织实施能源效率和需求侧管理项目。

不过各州的监管职能的实施也存在一些差异。以加州为例，负责电力监管时机构主要是加州公用事业监管委员会（CPUC）。加州能源委员会（主要负责发放火电厂建设许可证和电力应急管理）、自然资源委员会（负责火电厂温室气体排放监管）、加州独立系统调度机构 ISO（负责批发市场现场监控）也参与部分电力监管。

表 3 - 1 给出了联邦规制和州规制职能的综合比较。

---

① 本研究所用图形、数据表等，如非特别注明，均来自美国 EIA 公开发布的各类统计报告。

表 3 - 1 联邦和州的规制内容

联邦规制内容	州规制内容
1. 主要通过高压输电线路进行的电力跨州电力交易。 2. 连接州内或跨州电力公司，以及连接电力公司与联邦、市政和合作社电力系统的输电线路属于大规模区域（跨州）电网，是跨州交易的重要组成部分。 3. 输电系统将私人投资的电厂与电网连接起来，从而电厂可以向州内或州外的电力公司售电。 4. FERC 监管与公用电力公司和私人所有或运营的输电设施的建造、维护和运营相关的服务和价格。 5. 在制定输电价格时，FERC 会审核输电设施的所有者或运营者提交的各类信息，包括与设施的建造和运营相关的资本成本、维护成本和运营成本等。 6. FERC 监管除州管制企业向终端（居民和商业）用户售电之外的所有电力交易。联邦管制交易，也就是"趸售（批发）"交易包括电力公司、电力中介、电力交易所或电网运营商之间的交易。如果缺乏竞争，FERC 一般会根据发电成本设定交易价格；而如果存在竞争，FERC 则会推行基于市场的价格方式。	1. 州公共电力公司委员会（PUC）负责监管州内的发电和本地配电价格，监管电表计量和电费结算，以及客户服务。 2. 地方配电网主要通过低压配电线路向州内的居民和商业用户配送电力。 3. 在制定零售电价时，州 PUC 一般会审核州规制电力企业的各类信息。这些信息包括所有与建造和运营发电和配电设施相关的资本成本、维护成本和运营成本，以及电表、结算和客户服务等经营活动。 4. 许多州的 PUC 都要求受规制的电力公司在其规划和经营过程中符合"公共利益"原则。这些与公共利益相关的要求包括强制安装终端节能设备，投资可再生能源发电，为低收入者提供折扣电价和禁止对老年人中止服务。 5. 州 PUC 设定的价格往往要确保电力公司回收所有合理发生的成本，包括因实施公共利益项目产生的额外成本，并根据投资获得合理的收益。 6. 州 PUC 会根据电力公司在成本、可靠性和公共利益等方面的绩效来确定其资本收益率。也就是说，这一收益率可高可低以对电力企业起到奖励和惩罚的作用。 7. 以最低的成本提供可靠的服务。 8. 由于 FERC 对电价规制过程具有一部分权力，州 PUC 在电价规制时将 FERC 规定的价格作为既定，因而消费者面临的电价同时包括联邦和州确定的部分。 9. FERC 委托州 PUC 实施 PURPA，即要求电力公司以不高于电力公司自发电力所产生成本的价格，向合格的独立发电商购买电力。

3. 美国电力发展政策

能源基础设施是向需要的地方提供能源的能力。充裕的能源基础设施能够提供稳定的供给并且支持竞争性市场。不足的基础设施将不可避免地导致较高的价格，剧烈的价格波动，较低的供应可靠性以及不太有效的竞争。充足的基础设施是竞争性市场的必要条件。

（1）发电。美国正处在新一轮发电装机建设周期。美国的电力需求一直随着经济增长不断增加。在未来的15年中，按照预测，美国电力需要增加2.3亿千瓦装机才能满足经济发展的需要。

问题不是美国是否需要建造新的发电装机，而是建造什么类型的机组，监管者应当采取什么措施鼓励和促进电力的发展。

由于美国正面临新一轮大规模电力增长的需求，采取什么样的政策指导电力发展便成为首要问题。至少有三条不同的政策路径可以选择：充足性或者燃料来源的多样性，可持续性，可竞争性。走哪一条道路在很大程度上决定了未来新增发电装机机组的类型以及可以获胜的竞争者。

如果追求可靠性这条路径，美国也许应该选择燃料多元化的途径，并且降低电力系统对天然气的依赖。应该建造更多的煤电、核电和可再生能源发电。在可持续性情景下，应该最大限度地利用可再生能源发电，应该努力避免建造新的煤电，至少在碳捕获技术可以大规模利用之前。可持续情景同时也意味着大规模核电的利用。

这三条路径并非是完全独立的，但是这些路径的政策界限是清晰的。例如，在充足性路径和可持续情景下未来煤电的作用是完全不同的。从这个意义上说，目前美国发展煤电存在着巨大的监管风险。

发展清洁能源对美国有着巨大的利益。可以有很多种方式来定义清洁能源。最常用的方式是把它等同于可再生能源，包括水能、风能、太阳能以及生物质能等。按照这样的定义，目前清洁能源约占美国电力供应的9.5%。

清洁能源在美国未来可能会占有较大的份额。目前，美国有29个州制定了清洁能源发展规划或目标，要求各州监管机构增加购买可再生能源的比例。在联邦一级，目前正在讨论是否也有必要制定联邦可再生能源发展规划和标准。

小规模清洁能源发展的一个合理选择是发展分布式电源，这样可以避免输电网的投资。这也许对小型项目来讲可以实现。然而，大规模发展清洁能源需要巨额的输电投资。总之，选择哪一种路径发展，其对输电网的投资要求差异是巨大的。

例如，美国风能发展的潜力巨大。但是，大部分风能资源都远离负荷中心。为了利用这些风能，必须建造大规模的输电网络。

联邦政府已经意识到将偏远地区的风能以及其他类型的间歇式能源输送到电网所花费的成本是继续发展清洁能源的一个不可逾越的障碍。为此，联邦能源监管委员会发布了一项新的规则，改变了加州大规模风力发电和其他间歇式电源的成本分摊办法，以降低这些成本。这项命令可以提供其他地区类似行动的基础和参照。

扩大清洁能源应用的一个主要因素是研究和开发。在某种程度上，研发可以降低清洁能源的成本改进绩效，使清洁能源发挥更大的作用。

目前，仍然不清楚哪一种政策选择将会指导美国新一轮电源设施的建设。在一切尚未清晰以前，比较好的办法可能是减少建设规模，也很可能建造更多的燃气电厂。

另一个变量是能源效率和需求侧响应。改进能源效率可以降低总的能源需求，弥补电源缺口。有效的需求侧管理可以降低高峰负荷需求，避免建造峰荷电厂。无效的需求侧管理将导致较高的尖峰电价，增加价格的波动性。

美国意识到需要改进能源效率和需求侧管理。实现这一目标的一个挑战是联邦监管结构。在美国，电力零售由州的监管机构管理，而电力批发却由联邦监管机构管辖。而能效和需求侧响应来自于零售侧消费者单个或集体决策。能效和需求侧管理的成功依赖于联邦和州两级监管机构的密切合作。实际上联邦和州的监管机构已经建立了合作机制提高能效和实施需求侧管理。

（2）输电。尽管美国拥有世界上最发达的输电网，但多年以来一直受到投资不足的困扰。上一次持续大规模的电网投资发生在 20 世纪 70 年代。美国目前正在采取步骤改变电网投资不足的趋势。

在过去几年，联邦能源监管委员会颁布了一系列旨在鼓励电网投资的规则和政策。这些规则起到了积极作用。美国的电网投资正在上升并且正朝着正确的方向发展，但是仍然没有完全扭转自 20 世纪 70 年代以来电网投资持续下滑的趋势。

美国的电网投资还没有达到保证充足可靠供电以及支撑竞争性电力市场需要的程度。比较美国和英国的情况，英国个别年份的电网投资规模甚至超过了美国，而美国的电力系统几乎 10 倍于英国的电力系统。

美国跨州输电网仍然存在着较为严重的阻塞。这种阻塞对电力输入产生了影响，提高了阻塞区域内的电力价格。对阻塞的关注直接导致了国会在2005年颁布的能源政策法中增加了专门的输电选址条款。这些条款赋予了联邦政府对输电设施选址的权力。

就这一点而言，输电设施的选址排除了州政府的地方保护。在2005年能源政策法生效之前，美国输电线路的选址建立在电力系统是本地化特性的基础之上。新的联邦在输电网选址方面的作用反映了对输电网是区域性的这一特性的承认。

监管机构同时采取措施加强了电网规划。在全国8—10个区域电力系统中，存在500多个电网所有者。传统上，输电网的规划由单个的电网所有者制订，主要反映的是这些所有者自身的利益，而并不考虑整个区域的效益。规划反映电网运行的区域特性这一点非常重要。正是由于这个原因，联邦能源监管委员会发布了新的规则，要求公用电力公司必须制订区域电网规划。

由于2003年的北美大停电，监管机构同时采取措施确保电力系统的可靠性。以前，美国依靠各电力企业自愿遵守非强制的可靠性标准来保证电力系统的可靠性。这一状况已经得到了改变。在过去的一年中，联邦能源监管委员会批准了新的强制性的可靠性标准并采取措施确保这些标准得到遵守。2007年的夏季是第一个实行新的可靠性标准的夏季。

（三）电力市场政策的新动向

近年来，美国一直在不断完善其电力市场政策。2011年，美国能源部（DOE）公布了该机构2011—2016年战略规划，其中明确提出了DOE的四大战略目标：一是变革能源系统，保障美国在清洁能源技术领域的领导地位；二是保障科学和工程研究工作；三是加强核安全；四是实现卓越的管理和运营。

此后，美国白宫公布了电网现代化计划，旨在建立必要的输电基础设施，开发并部署智能电网技术，推动更多可再生能源并入电网，促进电动汽车发展等。

美国能源部又发布了首份《四年度能源技术评估报告》，提出了美国中长期能源技术研发战略，未来将加大电动车、电网改造、提高能效及燃料替代等方面的研发投入。

同时，联邦能源监管委员会（FERC）发布了公用电力公司的输电规划和成本分摊机制（1000 号法案）。FERC 要求公用电力公司参与和制订区域输电规划，考虑可再生能源发展等公共政策的电网发展需求，输电成本分摊方式要有利于新建的输电项目，确保输电价格公平合理。这些改革措施将促进输电网的发展，特别是跨区输电线路的建设。

2011 年末，美国环保署发布了《汞和有毒空气污染物标准》（Mercury and Air Toxics Standards），对电厂的汞和砷、氰化物等有毒污染物的排放提出严格要求。大量燃煤电厂可能在未来几年内关停，需要新建电厂和输电线路，可能对电网规划、电网可靠性产生影响。美国环保署已准许部分地区延迟关闭燃煤电厂，或颁布豁免令，以免影响这些地区的电网可靠性。但业界还是表示担忧，认为燃煤电厂关闭规模较大，电网运营机构可能没有足够的灵活性或时间来解决潜在的可靠性问题。

二　美国电力市场的结构与改革

（一）美国电力市场的构成

美国的电网非常发达，但是并没有全国性的统一电网，而只有一系列的区域电网。与此相对应的，美国尚未形成全国性的统一电力市场，只有区域性的电力市场。有些区域电力市场是有组织的电力市场，通常由区域输电组织或独立系统运营商负责运营，实行集中竞价交易，同时有些区域电力市场则是基于双边交易，不实行集中竞价。

美国的电力市场是混合型的，市场模式的多元化是美国电力市场的一个突出特征。美国的联邦能源监管委员会在各区域市场的模式选择上持中立态度，既不支持也不鼓励某种特定的区域电力市场模式。美国的监管机构秉持的观点是，无论是集中竞价的有组织电力市场，还是基于双边交易的电力市场，都能够有效地引入竞争。

截至 2010 年 9 月，美国已建立 10 个区域电力市场，其中 7 个是区域输电组织（Regional Transmission Organization，RTO）或独立系统运营商（Independent System Operator，ISO）运营的区域电力市场，包括新英格兰（New England，ISO – NE）、纽约（New York，NYISO）、PJM、西南电力库（Southwest Power Pool，SPP）、得州（Texas，ERCOT）、加州（California，CAISO）和中西部（Midwest，MISO）等，主要进行集中竞价交易；

其余 3 个分别是西南市场（Southwest）、东南市场（Southeast）和西北市场（Northwest），均建立在双边交易基础上，没有集中竞价交易，如图 3 - 2 所示。

| 1.加利福尼亚 |
| 2.中西部 |
| 3.新英格兰 |
| 4.纽约 |
| 5.西北 |
| 6.PJM |
| 7.东南 |
| 8.西南 |
| 9.SPP |
| 10.得克萨斯 |

图 3 - 2 美国区域电力市场

此外，由于美国电网与加拿大和墨西哥电网相连，因此有些区域电力市场也是跨国的电力市场。

1. 市场主体与职能

美国电力市场运行的主要参与者是企业和规制机构，市场运行的基础或核心功能可以划分为三个方面：一是可靠性和基础设施，二是趸售（或批发）市场和传输，三是零售供给和价格。根据这三方面的功能，可以分别考察各类市场主体及其主要职责，并分析当前面临的主要任务，如表 3 -2 所示。

2. 市场的企业结构

根据 2011 年的统计数据，美国电力市场中的电力公司主要包括四种类型：

一是私营电力公司，是由私人投资经营，并不隶属于任何政府机构的电力公司。全美的数量为 354 家，占全美总数 11%，拥有全美 42% 的电厂、65% 的发电容量、54% 的配电和 67% 的输电线路。

二是市政和地方电力公司，是由市政当局所有运营的电力公司，从而可以视为政府的一个部门。数量为 1864 家，占全美 56%，拥有全美 29% 的电厂、8% 的发电容量、5% 的配电和 4% 的输电线路。

表 3 – 2 美国电力市场的主体与职能

功能/描述	市场主体	监管规制		当前的任务
		联邦	州	
可靠性和基础设施				
资源充足：一个企业或区域必须拥有充足的电源和需求响应资源以满足预期的峰荷和备用需求	纵向一体化的电力公司，RTO/ISO；可靠性委员会；迂售发电商和需求资源提供商	FERC 规制竞争性的迂售市场	在拥有纵向一体化电力公司的州里，州会监管企业的电源规划和采购，以及电厂的选址等	竞争性的市场区域和 FERC 正在努力将输电网规划和市场配置（发电、需求响应）结合起来，以实现最有效的结果
输电安全：企业或区域必须规划系统运行并确保系统可以在面临紧急情况时也能可靠运行；此类规划包括确定后备输电方案	纵向一体化的电力公司，RTO/ISO；可靠性委员会；输电线路所有者	FERC 作为 FPA 下的"电力可靠性组织"监管 NERC；NERC 将 RA 和 TS 委托给监管区域委员会（NPCC），执行标准层层贯彻到区域组织（如 ISO – NE、输电线路所有者等）	州政府通常必须授权输电线路和设施的选址	
迂售市场/输电				
竞争性迂售市场：实施竞争性的电能市场、容量市场和辅助服务市场；在一些区域也存在实时平衡市场	RTO/ISO，迂售发电商品，需求响应提供者，电力采购商（电力公司、其他供电商）	FERC 负责跨州电力交易的迂售价格，并监管迂售市场的设计、管理和监督	州政府没有直接管理迂售市场的权力	FERC 正在推动输电扩张，以使输电网络能够将互联远方区域的可再生能源和其他可能改变输电规划、迂售市场设计和输电成本配置的政策类项目
公开的输电网接入：输电线路的所有者必须向所有市场参与者提供公平的、无歧视的设施接入	输电网所有者，RTO/ISO	FERC 负责跨州电力交易的输电规制，并监管输电规划、接入和定价	各州必须把 FERC 批准的输电价格转移到其电力公司制定的价格中去	

续表

功能/描述	市场主体	监管规制		当前的任务
		联邦	州	
零售和价格				
受规制的零售服务成本：零售用户支付的价格由州政府和联邦政府规定的部分共同组成	电力公司、零售商	FERC 负责制定跨州交易的输电价格，这一价格包括在各州制定的零售价格之中；FERC 监管重组区域内的趸售市场	州 PUC 根据成本加成制定纵向一体化或独立配电电力公司的零售价格；还负责规制默认服务用户的电力采购，并批准竞争性供电商	许多州正努力减少政府在定价中的作用，以消除电力公司提高售电量的激励，从而排除分布式电源和能源效率提升的障碍

　　三是农村电力合作社，是由消费者共同所有的电力公司，投资回报是其所发电力和提供的服务，而非分红。数量为 886 家，占全美 26%，拥有全美 10% 的电厂、7% 的发电容量、38% 的配电和 15% 的输电线路。

　　四是联邦、州和区域电力公司，是由联邦、州或地区所有并运营的电力公司。数量为 252 家，占全美 7%，拥有全美 19% 的电厂、20% 的发电容量、3% 的配电和 14% 的输电线路。

　　总体来看，私营电力公司，在电厂数量、发电容量、配电和输电线路方面都具有明显优势。当然，这种优势得益于美国电力竞争与监管政策在促进美国电力市场竞争的推动作用。

　　根据原中国电监会 2006 年提供的报告，美国的电力市场在 2006 年的构成是：私营电力公司共有 239 家，拥有全美 68% 的发电、80% 的输电和 78% 的配电设施，占有美国绝大部分的城市供电市场；独立发电商共有 1934 家，拥有全美 12% 的发电设施；地方政府拥有的市政电力公司和农民拥有的合作性质的电力公司，共有 2921 家，拥有全美 13% 的发电、12% 的输电和 22% 的配电设施，占有美国部分市镇供电市场和绝大部分农电市场；联邦政府拥有的 6 个电力（水电）管理局，拥有全美 7% 的发电和 8% 的输电设施。

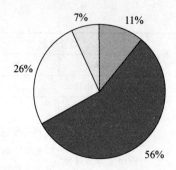

7%   11%

26%

56%

■私营电力公司 ■市政和地方电力公司 □ 农村电力合作社 □联邦、州和区域电力公司

图3－3　2011年美国各类型电力企业的比例结构

资料来源：McGraw – Hill 公司 "2013 UDI Directory of Electric Power Producers and Distributors"。

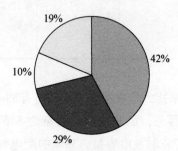

19%

10%

42%

29%

■私营电力公司 ■市政和地方电力公司 □ 农村电力合作社 □联邦、州和区域电力公司

图3－4　2011年美国各类型企业所属电厂的结构

资料来源：McGraw – Hill 公司 "2013 UDI Directory of Electric Power Producers and Distributors"。

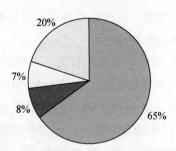

20%

7%

8%

65%

■私营电力公司 ■市政和地方电力公司 □ 农村电力合作社 □联邦、州和区域电力公司

图3－5　2011年美国各类型企业装机容量的结构

资料来源：McGraw – Hill 公司 "2013 UDI Directory of Electric Power Producers and Distributors"。

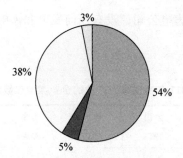

■私营电力公司　■市政和地方电力公司　□农村电力合作社　□联邦、州和区域电力公司

图 3 - 6　2011 年美国各类型企业配电线路的结构

资料来源：McGraw - Hill 公司 "2013 UDI Directory of Electric Power Producers and Distributors"。

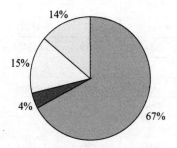

■私营电力公司　■市政和地方电力公司　□农村电力合作社　□联邦、州和区域电力公司

图 3 - 7　2011 年美国各类型企业输电线路的结构

资料来源：McGraw - Hill 公司 "2013 UDI Directory of Electric Power Producers and Distributors"。

与 2006 年的数据相比，美国私营电力公司的数量有所增加，约增加了 100 多家，但发电容量、配电和输电设施占比均有所下降；市政和地方电力公司以及农村电力合作社的企业总数有所减少，约减少了 200 多家，但发电容量、输配线路比重却有所上升。

尽管目前私营电力公司仍占有美国绝大部分的电力市场，但内部结构的相对变化却值得关注，即私营电力公司的普遍规模在减小，而市政和地方电力公司以及农村电力合作社的普遍规模有所增加，私营电力公司的市场份额已经相对缩小。

在四种主要的企业类型之下，美国的电力公司根据其业务领域和组织方式的差异，又区分为多种细分类型，比如有的私营电力公司只涉足输电领域，而没有任何发电业务，这类企业就是专门的输电公司；而有的私营电力公司则是纯粹的售电公司，没有任何发电和输电资产。具体的企业类型如表3-3所示。

表3-3 2011年美国电力产业的企业类型和数量

	公司（家）	电厂（座）	容量（MW）	配电线路（公里）	输电线路（公里）
私营电力公司					
控股公司	54				
IOU	192	1315	427393	3326728	368564
IOU 分支	12	37	4853	21608	7466
服务公司	18	5			
输电公司	65				75991
逞售电公司	13	27	11171		5119
合计	354	1379	443422	3348336	457140
市政和地方电力公司					
市政	1864	936	51696	321377	26895
合计	1864	936	51696	321377	26895
农村电力合作社					
合作社	815	158	1862	2383401	34962
发输	71	177	48526	1732	68091
合计	886	335	50388	2385133	103053
联邦、州和区域电力公司					
国家机构	18	13	633	8194	1705
部落或区域当局	24	75	10344	39846	9716
联邦政府	11	202	85510	5818	50430
灌溉区	25	59	2527	8792	2407
区域组织	85	112	10688	137	8697
互助公司	7			2546	378
公共电力区	67	56	12244	121287	15413
州政府	15	86	14900	3201	6842
合计	252	603	136846	189821	95588
总数	3356	3253	682352	6244667	682676

注：在美国的准州地区（U. S. Territories）还有2家电力公司，30座电厂，5164MW的装机容量，31400公里的配电线路，2465公里的输电线路。

资料来源：McGraw-Hill公司"2013 UDI Directory of Electric Power Producers and Distributors"。

除电力公司之外，美国还存在大量的独立发电商。

表 3 – 4　　　　2002—2011 年美国按企业类型划分的电厂数量

年份	总数	电力公司	IPP, 非	IPP, 联	商业部门	工业部门
2002	5709	2914	1536	258	257	720
2003	5825	2949	1591	290	261	719
2004	5791	2942	1600	276	263	710
2005	5797	2959	1624	275	255	684
2006	5867	3005	1671	274	250	667
2007	5957	3039	1754	266	248	650
2008	6099	3069	1881	267	248	634
2009	6235	3048	2043	271	251	622
2010	6378	3077	2155	262	264	620
2011	6597	3080	2282	252	337	646

同其他国家的电力市场相比，美国电力市场的一个最显著特点就是发电商比较分散。在许多国家，电源通常被为数不多的几家大公司控制。但美国有数百家发电商。美国最大的发电商控制的装机容量不到 4%，而前 20 家全美最大的发电公司也总共只有 45% 左右的发电装机。发电所有权的分散化同时也是美国电力市场的一个优势，因为与其他国家相比发电市场的市场势力要小得多，从而有助于增强美国电力市场的竞争性。

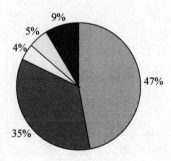

　　■电力公司 ■IPP, 非 □IPP, 联 □商业部门 ■工业部门

图 3 – 8　2011 年美国按企业类型区分的电厂数量

同时美国电力产业的并购也非常活跃，比如，杜克能源（Duke Energy）以 137 亿美元收购 Progress Energy，拥有 57000MW 发电容量和 710 万

电力用户,成为美国最大的电力公司。2011 年 5 月,爱克斯龙电力公司 (Exelon Corp) 宣布以 79 亿美元收购星座能源公司 (Constellation Energy)。合并后的公司名为 Exelon,拥有 35000MW 的发电资产,其中 19000MW 为核电,成为美国最具竞争力的电力供应商。两家公司在 2012 年 3 月完成合并。2011 年 12 月,谷歌和大型私募股权公司 KKR 联合收购加州四座太阳能发电站,等等。

美国电力市场的输电网所有权也非常分散,前 10 家输电公司仅拥有 27% 的电网。在其他国家,输电网通常被有限的几家公司所控制,比如中国。但在美国,电网公司的数量超过 500 家。输电所有权的过于分散增加了电网规划、运营、投资、成本分配等的难度。美国电网大约三分之二为垂直一体化的公用电力公司所有,其他被众多的联邦政府机构(如田纳西水电局)、市政电力公司和农村电力合作社拥有,还有一些为营利性的电网经营公司或区域输电组织所有。

3. 电厂的电源结构

近十年来,美国的燃煤电厂出现了比较明显的下降趋势,可再生能源则呈现出明显的增长态势,形成鲜明对比,如图 3 - 9 所示。

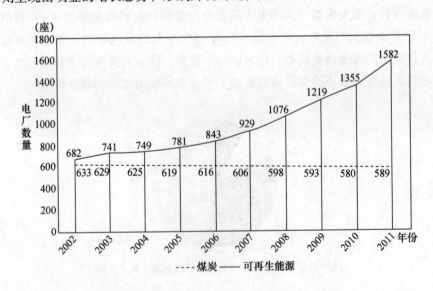

图 3 - 9 2002—2011 年美国电厂结构的变化趋势

从图 3 - 9 中可以看出,在 2002—2011 年间,美国的可再生能源电厂增加了 1.3 倍还多,年均增速达 9.8%,相当于每年增加近百座可再生能源电站，而且这一增长态势仍在延续，且在不断加速；燃煤电厂的数量则在稳定减少，平均每年减少4—5座电厂。

表3-5 美国2011年各类企业所属电厂数量

	电力公司	IPP，只发电	IPP，热电联产	商业部门	工业部门
煤炭	332	98	45	22	92
石油	828	166	11	80	60
天然气	777	373	156	118	222
其他燃气	—	—	1	—	40
核电	34	32	—	—	—
传统水电	884	490	—	10	50
其他可再生	189	1106	38	105	144
抽水蓄能	35	5	—	—	—
其他电源	1	12	2	2	38

（二）美国电力市场改革

美国从1992年开始进行电力市场化改革，改革最初的目标是放松管制、引入竞争、打破垄断、降低电价。由于美国各州的政治独立性以及经济、电力发展的差异性，决定了各州电力市场化改革进度、电力改革模式各不相同。美国电力市场化改革的主要历程如表3-6所示。

表3-6 美国电力市场化改革的主要历程

1947—1970年	美国电力发展黄金时期。1965年形成部分跨区电网，1968年成立北美电力可靠性委员会（NERC）
1970—1984年	美国电力工业黄金时代结束。1978年出台《公共事业管制政策法案》，并成立联邦能源管制委员会（FERC）
1992年	美国出台《能源政策法案》，美国电力市场启动
1996年	FERC颁布888号和889号法案，要求电力公司开放输电网
1999年	FERC颁布2000号法案，要求建立区域输电组织（RTO），并规定了区域输电组织的职能
2002年	FERC提出并推行标准市场模式（SMD）和输电服务规则
2005年	美国出台2005年新能源法案；FERC宣布终止标准市场模式（SMD）的推行
2009年	奥巴马政府推动《美国清洁能源与安全法案》
2011年	FERC改革输电规划和输电成本分摊

1. 电力产业的重组状况

美国电力产业的重组主要以区域市场为改革载体，表3 - 7列示了美国各区域电力市场成立运行的基本情况。

表3 - 7   美国区域电力市场现状

区域电力市场	模式	成立时间	具体内容
CAISO	ISO	1996	电能市场：三级市场（日前、时前和实时），现货市场采取区位边际定价
			辅助服务市场
			金融传输权市场
MISO	ISO	2002	电能市场：二级市场（日前和实时），每小时计算区位边际价格，并加总为四个枢纽价格
			Cinergy 和北 Illinois 节点的州际交易所开展双边交易，且比较活跃
ISO - NE	ISO	1997	电能市场：二级市场（日前和实时），现货市场采取区位边际定价（一个内部枢纽、8 个负荷和 500 多个节点）
			容量市场
			远期备用市场
			规制市场
			金融传输权市场
NYISO	ISO	1999	电能市场：三级市场（日前、时前和实时），现货市场采取区位边际定价
			区域和区位容量市场
			金融传输权市场
PJM	集中		电能市场：三级市场（日前、时前和实时），现货市场采取区位边际定价（每 5 分钟计算一次节点价格）
			容量市场
			辅助服务市场
			金融传输权市场
			通过中介或州际交易所开展电能和容量的双边交易
SPP	POOL	2004	利用成员的输电设施提供输电服务
			运营区域的实时电能平衡市场
			市场主体可以直接或通过中介进行双边交易，也可以通过电能平衡市场交易

续表

区域电力市场	模式	成立时间	具体内容
ERCOT			计划和高度电网运行
			确保输配可靠性和趸售市场开放
			管理电能交易市场的财务结算
			管理零售市场，包括用户转移
			为实现电能平衡和区域阻塞管理
			市场主体可以直接或通过中介和州际交易所进行双边交易；实际电量交易基本都使用 ERCOT 枢纽定价，但按四个 ERCOT 区域定价的电量和金融产品也可以交易

　　美国电力产业的竞争程度在 20 世纪晚期得到不断增强，1978 年 PURPA 法案和 1992 年的《能源政策法》引入了独立发电商的竞争，FERC 关于输电网络公平接入的法令则大大推动了这一进程，同时许多州也开始对纵向一体化的电力公司进行纵向结构改革，并引入零售竞争。不过各州的产业重组进程并不同步，图 3 - 10 展示了各州电力产业重组的进展状况。

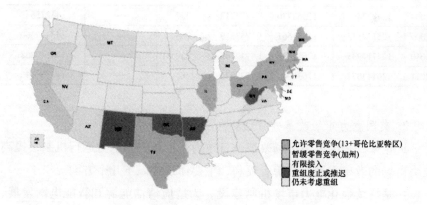

图 3 - 10　美国各州电力产业重组的现状

资料来源：Analysis Group for Advanced Energy Economy（2011）。

　　根据图 3 - 10，截至 2011 年，美国有 13 个州以及哥伦比亚特区已经允许零售竞争，而加州则暂缓了零售竞争；6 个州实行有限的接入；4 个州的重组法律被废止或推迟实施；其余26个州则尚未考虑实行产业重组。

最初有20多个州和哥伦比亚特区允许特定类型的电力消费者可以自由选择其供电商，但此后，许多州中止或推迟了零售竞争的改革。在多数重组的州里，电力公司不再被要求建造或购买电力以满足其授权经营区域内所有电力用户的电力需求，但是本地配电电力公司仍要提供"备用服务"，以防零售用户无法从非电力公司供电商处获得电力。理论上，电价中的发电价格由消费者从竞争性发电商处购电的价格决定，并转移到电力公司的账单上。目前，在实行零售竞争的州里，竞争性发电商在规模较大的商业和工业用户中占有份额较大，但在小型商业和居民用户中的进展则比较慢。

表3-8   2001—2011年美国电力分类用户数

年份	居民	商业	工业	运输	其他	总量
2001	114890240	14867490	571463	—	1030046	131359239
2002	116622037	15333700	601744	—	1066554	133624035
2003	117280481	16549519	713221	1127		134544348
2004	118763768	16606783	747600	1025		136119176
2005	120760839	16871940	733862	518		138367159
2006	122471071	17172499	759604	791	—	140403965
2007	123949916	17377219	793767	750	—	142121652
2008	124937469	17562726	774713	727	—	143275635
2009	125177175	17561661	757519	705	—	143497060
2010	125717935	17674338	747746	239	—	144140258
2011	126143072	17638062	727920	92	—	144509146

2. 美国电力市场改革的新近动向

近年来，美国电力市场改革一直致力于不断完善电力运行机制，提高电力市场的效率水平和消费者福利，主要体现在以下几个方面。

一是持续强化电力市场机制建设。为适应清洁能源和智能电网发展，FERC持续建立和完善市场规则，促进需求侧资源参与市场，完善辅助服务市场设计，提高市场运营效率。具体包括以下几个方面：①促进需求侧资源公平参与批发电力市场。为了消除需求侧资源参与批发电力市场的障碍，FERC制定批发电力市场需求侧资源补偿规则（745号法案），要求各RTO/ISO按照市场价格（即节点边际价格）来支付需求响应资源。纽约 ISO 和 PJM 已经允许能效类需求侧资源参与日前容量市场。②积极完善辅助服务市场定价机制。FERC 发布批发电力市场辅助服务补偿规则（755 号法案），以确保各项辅助服务得到公正、合理的价格。该规则要求建立一种两部制市场补偿方法，包括固定容量补偿和基于单位 MW 的市场绩效补偿。③实施激励性输电费率，促进输电网建设。FERC 对大西洋风电接入工程等数项输电工程实施激励性输电费率。以大西洋风电接入项目为例，只要该项目列入 PJM 的区域输电发展规划，其净资产收益率（ROE）可提高到 12.59%。④完善市场信息披露制度，提高市场透明度。FERC 要求公共电力公司等市场成员，提交季度报告或按季度披露相关信息，包括售电价格、输电服务价格、市场交易信息和输电容量安排等，进一步加强电力市场透明度。

二是 FERC 加强区域电力市场的绩效评价。4 月 7 日，FERC 提出了区域电力市场（ISO 和 RTO）的绩效评价方法，包括市场效益、组织效率和可靠性三个维度的 57 个指标。该方法是 FERC 与各 ISO 和 RTO、市场运营商、输电用户、市场参与者及其他利益相关者和有关专家共同研发。根据 FERC 的 2009—2014 年政策计划，下一步将研究制定 ISO/RTO 市场之外的区域电力市场的绩效评价方法，在 2012 年左右开发两种市场均使用的统一绩效标准，对市场运营进行预测评估。

三是改革输电规划和成本分摊机制，以促进跨区电网建设，支撑可再生能源发展。可再生能源的大规模接入，使美国电网规划面临区域输电规划协调问题和输电成本分摊及定价机制等问题。2011 年，FREC 改革输电规划和成本分摊机制。在输电规划方面，要求公用电力公司必须参与制定区域输电规划；区域输电规划必须考虑联邦和州的公共政策（如可再生能源配额制或规划目标）所要求的电网发展需求；通过协调临近区域的跨区输电规划，制定最经济的输电扩展方案。在成本分摊方面，制定区域输电成本分摊方法，以及跨区输电成本分摊办法，扩大成本分摊的范围，帮助新建输电项目完全回收成本。

四是区域电力市场进一步开放，通过竞争促进市场机制完善。一方面，区域电力市场范围继续扩大，在更大范围内配置资源，并提高系统可靠性和经济性。2011 年 6 月，Entergy 宣布加入中西部 ISO（MISO），将进一步扩大 MISO 市场范围，在增加区域输电和发电资源、提高系统可靠性的同时，预计将带来每年 500 万美元以上的经济效益。Entergy 及其下属六个公司（阿肯色、密西西比、得州、路易斯安那州、新奥尔良州）将于 2013 年 12 月前全部加入 MISO。另一方面，区域电力市场进一步开放，允许市场成员在不同区域电力市场间自由切换。出于经济性和监管政策等方面考虑，First Energy 从 MISO 转换到 PJM，已于 2011 年 6 月完成；杜克能源将其在 Ohio 和 Kentucky 输电和发电资产从 MISO 转换到 PJM，将于 2012 年 1 月完成。FERC 认为市场成员有权利选择加入符合其发展利益和最具竞争力的区域市场，同时通过市场间竞争来促使各区域市场完善市场机制，提高市场运营效率。

三　电力市场的运行情况

（一）发展状况

1. 电力装机

（1）一次能源生产情况。美国的一次能源生产情况如图 3 - 11 所示，天然气、煤炭、原油和核电构成了美国能源的主要来源，占美国能源生产的约 85%。

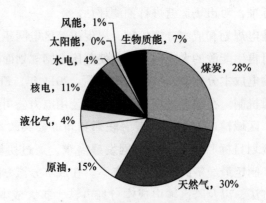

图 3 - 11　2011 年美国一次能源生产结构

以化石燃料为主的一次能源生产结构决定了美国的电源装机结构也是以煤电、气电等化石燃料发电为主。这是美国电源结构的基本特征。

（2）总装机容量的变化趋势。2011 年，美国总发电装机容量约 1053GW，仍居世界首位。过去 10 年中，美国的装机容量保持了稳定增长的态势，如图 3 - 12 所示。

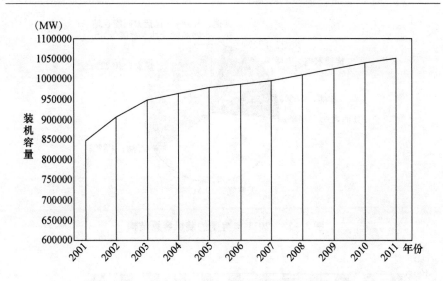

图 3 - 12　2001—2011 年美国装机容量的变化趋势

2011 年，美国新增装机容量为 18371MW，比 2010 年降低 7.6%，其中，新增煤电 1835MW，天然气发电 9719MW，风电 5475MW，太阳能发电 783MW。在新增装机容量中，天然气发电保持最多份额，较 2010 年增长 31.4%；风电和太阳能等可再生能源持续快速增长；煤电新增装机容量大幅降低，与 2010 年相比降低 72.2%。

（3）装机容量结构（电源结构）。根据 2011 年数据，美国的电源结构以天然气发电和煤电为主（约占 70%），其中，燃气发电装机 477387MW，核电装机 107001MW，均为全球第 1 位；传统水电 78194MW，仅次于中国，位居第 2 位。如图 3 - 13 所示。

2001—2011 年间，美国的装机容量结构保持了基本稳定的态势。总体上，天然气发电比重呈现了上升后保持稳定的态势；煤电和炼油发电比重保持了稳定下降的态势；可再生能源保持了上升态势。

2003 年，天然气发电开始替代煤电成为美国装机容量最多的电源类型。2001—2011 年美国新增装机容量约 203GW，其中新增燃气容量约 162.6GW，占 80%。这使得从 2001 年到 2011 年，美国的煤电装机占比从 37.04% 下降到 30.22%，而天然气发电装机占比从 29.81% 上升到 39.49%。如图 3 - 15 所示。

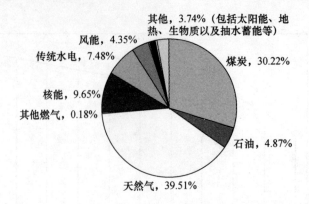

图 3 – 13　2011 年美国的装机容量结构

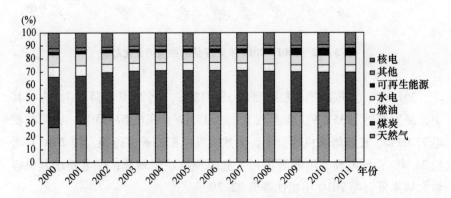

图 3 – 14　2000—2011 年美国发电装机容量结构变化趋势

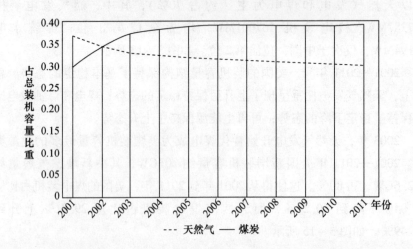

图 3 – 15　2001—2011 年美国煤炭发电和天然气发电比重的变化趋势

表 3 – 9 则展示了 2001—2011 年各类电源装机容量的详细信息。

表3-9				2001—2011 年美国装机容量			单位：MW
年份	煤炭	石油	天然气	其他燃气	核能	传统水电	风能
2001	314230	66162	252832	1670	98159	78916	3864
2002	315350	59651	312512	2008	98657	79356	4417
2003	313019	60730	355442	1994	99209	78694	5995
2004	313020	59119	371011	2296	99628	77641	6456
2005	313380	58548	383061	2063	99988	77541	8706
2006	312956	58097	388294	2256	100334	77821	11329
2007	312738	56068	392876	2313	100266	77885	16515
2008	313322	57445	397460	1995	100755	77930	24651
2009	314294	56781	401272	1932	101004	78518	34296
2010	316800	55647	407028	2700	101167	78825	39135
2011	317640	51208	415191	1934	101419	78652	45676
年份	太阳能	薪柴及衍生燃料	地热	其他生物质	抽水蓄能	其他	总量
2001	392	5882	2216	3748	19664	519	848254
2002	397	5844	2252	3800	20371	686	905301
2003	397	5871	2133	3758	20522	684	948446
2004	398	6182	2152	3529	20764	746	962942
2005	411	6193	2285	3609	21347	887	978020
2006	411	6372	2274	3727	21461	882	986215
2007	502	6704	2214	4134	21886	788	994888
2008	536	6864	2229	4186	21858	942	1010171
2009	619	6939	2382	4317	22160	888	1025400
2010	866	7037	2405	4369	22199	884	1039062
2011	1524	7077	2409	4536	22293	1420	1051251

从表 3 – 9 可以看出，尽管目前可再生能源装机的装机容量仍相对较低，但风电、太阳能等新能源新增装机增速却非常快，2001—2011 年风电和太阳能发电的平均装机年均增速分别达到了 28.02% 和 14.54%。水电装机增加 2364MW，但这一增长主要是由抽水蓄能电带来的，传统水电的装机容量实际上减少了 264MW，装机容量占总容量的比例也从 11.62%

下降到 9.60%。由于高油价，燃油机组改为燃煤或燃气机组，容量减少了约 15GW。相应地，装机容量比重从 7.80% 下降到 4.87%。过去十多年中，美国没有新增核反应堆，但由于对现有核电机组的增容改造，核电新增装机 3.26GW，呈缓慢增长态势，但装机比例从 11.57% 下降到 9.65%。美国核电管制委员会（NRC）核准的核反应堆运行寿命许可一般是 40 年，但经 NRC 评估和批准，可以延长运行寿命。截至 2010 年 12 月，美国约 60% 的核反应堆获得了 20 年的运行延长许可，同时，美国也已经关闭了 19 座核反应堆。

2011 年，美国各类电厂的总装机数量 18530 台，具体分布如表 3 - 10 所示。由于季节差异，导致各类机组的实际可用容量发生变化，因此同样列出了美国在夏季和冬季的实际可用容量。

表 3 - 10 　　　　　　　　2011 年按电源类型划分的装机容量 　　　　　　单位：MW

电源类型	机组数（台）	名义装机容量	净夏季容量	净冬季容量
煤炭	1400	343757	317640	320185
石油	3738	57537	51208	55179
天然气	5574	477387	415191	448456
其他燃气	91	2202	1934	1919
核能	104	107001	101419	103507
传统水电	4048	78194	78652	78107
风能	781	45982	45676	45689
光热和光伏	326	1564	1524	1411
薪柴和薪柴衍生燃料	345	8014	7077	7151
地热	226	3500	2409	2596
其他生物质	1660	5192	4536	4600
抽水蓄能	154	20816	22293	22268
其他电源	81	1697	1420	1424
总量	18530	1153149	1051251	1092780

表 3 - 11 则给出了根据电源类型划分的电厂分布，从该表可以看出，美国在过去 10 年中的电厂数量基本保持稳定，只是在煤炭、可再生能源和其他电源中发生了比较明显的变化，这也与装机容量的变化相对应。

表 3-11　　　　　　　2002—2011 年根据电源类型划分的电厂数量

年份	煤炭	石油	天然气	其他燃气	核电	传统水电	其他可再生	抽水蓄能	其他电源
2002	633	1147	1649	40	66	1426	682	38	28
2003	629	1166	1693	40	66	1425	741	38	27
2004	625	1143	1670	46	66	1425	749	39	28
2005	619	1133	1664	44	66	1422	781	39	29
2006	616	1148	1659	46	66	1421	843	39	29
2007	606	1163	1659	46	66	1424	929	39	25
2008	598	1170	1655	43	66	1423	1076	39	29
2009	593	1168	1652	43	66	1427	1219	39	28
2010	580	1169	1657	48	66	1432	1355	39	32
2011	589	1145	1646	41	66	1434	1582	40	54

（4）按企业类型划分的装机容量。美国绝大部分的电力装机容量集中在电力公司手中，根据 2011 年的数据，电力公司装机占 57.76%；同时自 1978 年 PURPA 法案实施以来，美国的独立发电商发展迅速，并成为重要的电源来源，2011 年装机容量约 39%；此外，非电力部分的电源装机，即工商业部门的装机约占 3%，如图 3-16 所示。

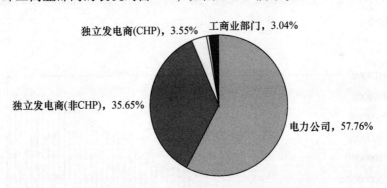

图 3-16　2011 年美国装机容量的企业类型

表 3-12 详细列示了 2011 年美国电力部门、商业和工业部门的机组分布，装机容量等信息。从该表可以看出，美国电力部门单台机组的平均装机容量约为 70MW，体现了发电环节的机组层面的规模经济性；而商业和工业部门的单机容量则分别为 4MW 和 19MW，反映了这些机组仅是电力系统的辅助或补充来源。

表3-12　　　　　　　2011 年按企业类型划分的装机容量　　　　单位：MW

企业类型	机组数（台）	机组名义容量	净夏季容量	净冬季容量
电力部门				
电力公司	9571	666103	611105	632377
独立发电商，非热电联产	5904	411152	373739	389481
独立发电商，热电联产	588	40938	35712	38512
合计	16063	1118193	1020555	1060370
商业和工业部门				
商业部门	822	3383	3056	3164
工业部门	1645	31573	27639	29246
合计	2467	34956	30696	32410
总量	18530	1153149	1051251	1092780

2. 电力生产与消费

（1）发电总量和售电总量。美国的发电量和售电量从 1949 年至今保持了稳定增长的态势，个别年份出现了绝对下滑的现象，比如受 2008 年全球金融危机影响，美国 2008 年的发电量和售电量开始出现下滑态势，2009 年甚至一度出现了较大幅度的下滑，目前尚未表现出明显的稳定增长态势。

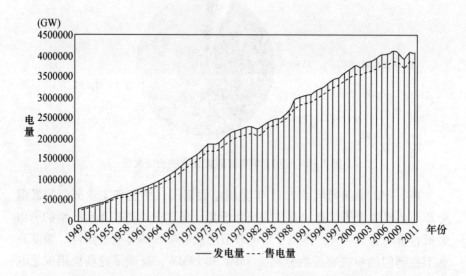

图 3-17　1949—2011 年美国的发电总量和售电总量

（2）发电结构。根据 2011 年数据，美国的发电结构中，化石燃料发电占绝大比重，其中，煤电占 42.15%，天然气发电占 24.65%，二者共占约 67%；核电比较相对较大，占 19.21%；水电约占 8%。

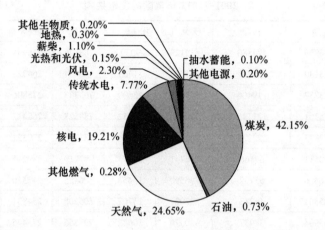

图 3-18　美国 2011 年夏季净电量结构

图 3-19 展示了发电结构的变化趋势。煤炭发电量在 2007 年以来开始表现了明显的下降趋势，而天然气的发电量在 2006 年超越核电，从而其发电份额也跃居第二。

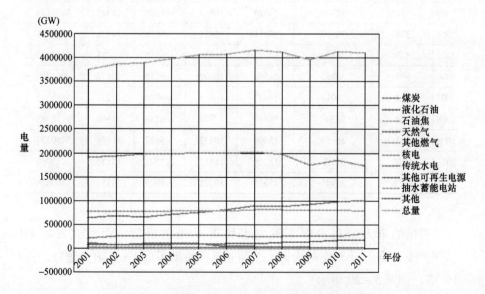

图 3-19　2001—2011 年美国发电结构变化趋势

　　表3-13列示了美国各类电源的发电量的详细信息，从该表中可以更清晰地看出，风能、太阳能等可再生能源的发电量均实现了成倍的增长。

表3-13　　　　　　　　　　2001—2011年美国的发电结构　　　　　　　　单位：GWh

年份	煤炭	石油	天然气	其他燃气	核能	传统水电	风能
2001	1903956	124880	639129	9039	768826	216961	6737
2002	1933130	94567	691006	11463	780064	264329	10354
2003	1973737	119406	649908	15600	763733	275806	11187
2004	1978301	121145	710100	15252	788528	268417	14144
2005	2012873	122225	760960	13464	781986	270321	17811
2006	1990511	64166	816441	14177	787219	289246	26589
2007	2016456	65739	896590	13453	806425	247510	34450
2008	1985801	46243	882981	11707	806208	254831	55363
2009	1755904	38937	920979	10632	798855	273445	73886
2010	1847290	37061	987697	11313	806968	260203	94652
2011	1733430	30182	1013689	11566	790204	319355	120177

年份	光热和光伏	薪柴及衍生燃料	地热	其他生物质	抽水蓄能	其他	总量
2001	543	35200	13741	14548	-8823	11906	3736644
2002	555	38665	14491	15044	-8743	13527	3858452
2003	534	37529	14424	15812	-8535	14045	3883185
2004	575	38117	14811	15421	-8488	14232	3970555
2005	550	38856	14692	15420	-6558	12821	4055423
2006	508	38762	14568	16099	-6558	12974	4064702
2007	612	39014	14637	16525	-6896	12231	4156745
2008	864	37300	14840	17734	-6288	11804	4119388
2009	891	36050	15009	18443	-4627	11928	3950331
2010	1212	37172	15219	18917	-5501	12855	4125060
2011	1818	37449	15316	19222	-5905	14154	4100656

　　美国的电力公司占据了发电市场近60%的份额，而独立发电商（IPP）则占据了近36%的份额，工商业部门贡献了近4%，电力进口约占1%多，如图3-20所示。

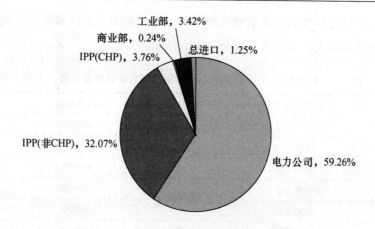

图 3 - 20　2012 年美国各类型企业发电量结构

美国电力公司的份额在 2002—2011 年间总体表现出一种下降态势，但也存在阶段性特征：2002—2006 年份额从 65% 快速下降到 60%，平均一年下降一个百分点，但 2006 年之后，份额基本稳定在 60% 的水平。独立发电商的份额总体表现了上升态势，同时也存在阶段性特征，2002—2007 年份额从不足 30% 快速上升到 36%，但之后保持了稳定态势。

表 3 - 14　　　　　　2002—2011 年按企业类型划分的发电量　　　　单位：GWh

年份	发电量					总进口	总量
	电力公司	IPP（非 CHP）	IPP（CHP）	商业部门	工业部门		
2002	2549	955	194	7	153	37	3895
2003	2462	1063	196	7	155	30	3914
2004	2505	1119	184	8	154	34	4005
2005	2475	1247	180	8	145	44	4099
2006	2484	1259	165	8	148	43	4107
2007	2504	1324	177	8	143	51	4208
2008	2475	1332	167	8	137	57	4176
2009	2373	1278	159	8	132	52	4003
2010	2472	1339	162	9	144	45	4170
2011	2461	1332	156	10	142	52	4153

　　由于地区条件和资源禀赋等的分布差异，美国各地区和各州之间的发电量差异非常大。具体信息如表3-15所示。

表3-15　　美国2011年各区域电力市场和州电力市场净发电量　　单位：GWh

区域和州电力市场	净发电量
南太平洋沿岸	762299
西南中部	676881
东北中部	629676
中大西洋地区	429938
东南中部	387365
太平洋沿岸	375763
高山地区	364847
西北中部	332955
新英格兰	123338
太平洋非连地带	17594
得克萨斯	435477
宾夕法尼亚	227636
佛罗里达	221895
加利福尼亚	200805
伊利诺伊	199500
亚拉巴马	156339
纽约	137608
俄亥俄州	135586
佐治亚	124774
印第安纳	122131
北卡罗来	118390
华盛顿	115263
密歇根	109170
亚利桑那	108125
路易斯安那	105491
南卡罗来	102973
肯塔基	98351
密苏里	94929
田纳西	81104

续表

区域和州电力市场	净发电量
西弗吉尼亚	79000
俄克拉荷马	74606
弗吉尼亚	66659
新泽西	64694
威斯康星	63289
阿肯色	61308
俄勒冈	59695
艾奥瓦	56372
明尼苏达	53120
密西西比	51571
科罗拉多	51433
怀俄明	47638
堪萨斯	45360
马里兰	41818
犹他	40836
新墨西哥	38181
马萨诸塞	38055
内布拉斯加	36095
北达科他	35080
康涅狄格	33745
内华达	31936
蒙大拿	30129
新罕布什尔	20066
爱达荷	16569
缅因	15974
南达科他	11999
夏威夷岛	10723
罗得岛	8722
阿拉斯加	6871
佛蒙特	6776
特拉华	6590
哥伦比亚特区	201

（3）用电结构。根据 2011 年的数据，在美国的用电结构中，居民部门占据最大份额，为 37.94%；之后是商业部门，为 35.42%；工业部门相对较小，为 26.44%；运输部门最少，为 0.2%，如图 3-21 所示。

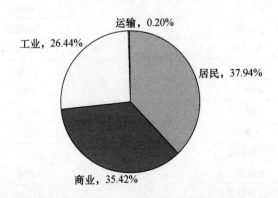

图 3-21 2011 年美国部门用电结构

而且，美国的这种用电结构具有长期的稳定性，三大部门的顺序在过去 10 年中并未发生改变，不过三个部门用电量的变化趋势却呈现出一定的差异性，具体表现在：居民和商业部门的用电量保持了总体增长的态势，而工业部门的用电量相对平稳，受 2008 年国际金融危机的影响，工业部门的用电量甚至一度出现了较大幅度的下降，具体见图 3-22 以及图 3-23。

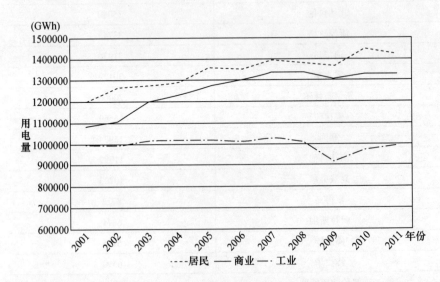

图 3-22 2001—2011 年美国分部门用电量的变化趋势

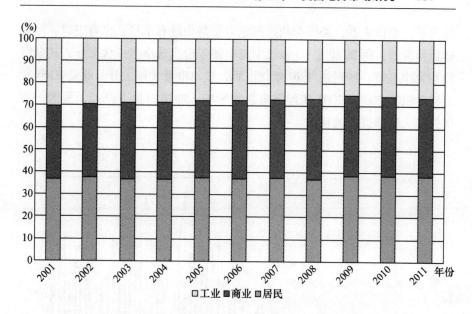

图 3 – 23　2001—2011 年美国分部门用电结构的变化趋势

　　2003 年，美国在电力消费的部门统计方法上做出了一些改变，将运输部门作为独立核算部门，并取消了"其他"部门的统计。历年详细信息如表 3 – 16 所示。

表 3 – 16　　　　　　2001—2011 年美国电力消费的部门结构　　　　单位：GWh

	居民	商业	工业	运输	其他	总量
2001	1201607	1083069	996609	N/A	113174	3394458
2002	1265180	1104497	990238	N/A	105552	3465466
2003	1275824	1198728	1012373	6810	N/A	3493734
2004	1291982	1230425	1017850	7224	N/A	3547479
2005	1359227	1275079	1019156	7506	N/A	3660969
2006	1351520	1299744	1011298	7358	N/A	3669919
2007	1392241	1336315	1027832	8173	N/A	3764561
2008	1379981	1335981	1009300	7700	N/A	3732962
2009	1364474	1307168	917442	7781	N/A	3596865
2010	1445708	1330199	970873	7712	N/A	3754493
2011	1422801	1328057	991316	7672	N/A	3749846

　　3. 电力贸易

　　美国由于与加拿大和墨西哥接壤，从而与两国有着密切的双向电力贸易关系。总体来看，美国与两国的电力贸易中既有出口，也有进口，但总体保持逆差，除20世纪60年代中有个别年份出现净出口状况外，其余时间均为净进口。特别是自70年代以后，进口电量大幅上升，除受80年代经济危机和2000—2002年经济危机的影响，净进口量下降外，美国一直保持了大量净进口的状态。

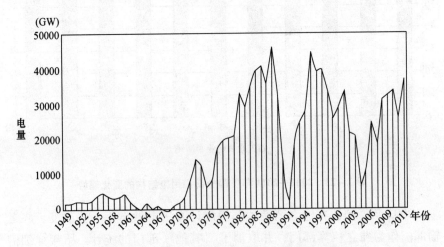

图3-24　1949—2011年美国的电力净进口量

与墨西哥相比，加拿大是美国最主要的电力贸易伙伴。在2001—2011年间，美国从加拿大累计净进口电量为从墨西哥进口量的46倍。见表3-17。

表3-17　　2001—2011年美国与加拿大和墨西哥的电力贸易状况

单位：GWh

年份	加拿大			墨西哥		
	进口	出口	净进口	进口	出口	净进口
2001	38401598	16105612	22295986	98649	367680	-269031
2002	36536479	15231079	21305400	242598	564602	-322004
2003	29324625	23584513	5740112	1069926	390190	679736
2004	33007487	22482109	10525378	1202576	415754	786822
2005	42332039	18680237	23651802	1597275	470731	1126544
2006	41544052	23405387	18138665	1147258	865948	281310
2007	50118056	19559417	30558639	1277646	584175	693471

续表

年份	加拿大			墨西哥		
	进口	出口	净进口	进口	出口	净进口
2008	55731229	23614158	32117071	1288152	584001	704151
2009	50870451	17517112	33353339	1320144	620872	699272
2010	43763091	18481678	25281413	1320095	624502	695593
2011	51075952	14398470	36677482	1223758	650082	573676

4. 电网建设

尽管美国的电网系统仍未形成统一电网，但是北美（美国和加拿大）的电网仍是世界上最发达的电网之一。表 3 - 18 列示了 2011 年美国高压输电线路的长度。

表 3 - 18   2011 年美国高压输电线路长度

类型	电压等级（kV）	长度（千米）
交流	100—199	—
	200—299	84023
	300—399	59025
	400—599	26204
	600—799	2416
多回路交流	200—299	12677
	300—399	7591
	400—599	1312
	混合电压	315
合计		193564
直流	100—199	—
	200—299	983
	300—399	—
	400—499	872
	500—599	2137
	600—799	—
合计		3991
总量		197555

北美电网由北美东部电网、北美西部电网两大同步电网，以及得克萨斯州电网、阿拉斯加电网和加拿大魁北克电网三个较小的同步电网组成。

北美东部电网从加拿大中部向东一直到达大西洋沿岸（除魁北克省），南至美国佛罗里达州，西至落基山脉（除了得克萨斯州）。为美国中、东部各州、加拿大的 5 个省供电。最高电压等级 750 千伏，装机总容量超过 700 吉瓦，服务人口约 3 亿。美国与加拿大的负荷高峰分别在夏季和冬季，从而互相错开；加拿大以水电为主的电源结构与美国以火电为主的电源之间可以形成良好的互补调节。两国间南北联络线超过 100 条，电力交换能力约 2000 万千瓦，2009 年跨国交换电力达到 726 亿千瓦时。北美西部电网从加拿大西部一直向南延伸至墨西哥的下加利福尼亚半岛，向东跨越落基山脉直至东部大平原。总面积达 180 万平方英里。为美国西部 14 个州，加拿大两个省，以及墨西哥一个州的一部分，共计 7100 万人供电。

为了提高电网可靠性、促进可再生能源发展，美国不断加大电网建设力度，特别是增加高压输电及跨区输电线路的建设。2011 年建设完成的输电线路共 1634 千米，其中 500kV 新增 380 千米，较 2010 年增加 110.7%，如表 3-19 所示。

表 3-19　　　　　　　　2011 年美国新建完成的输电线路　　　　单位：千米

电压等级（kV）	2011 年	2010 年
≤230	844.8	2353
345	409.3	1527
500	380	180
合计	1634	4060

2011 年 12 月，中西部 ISO（Midwest ISO）批准 Pioneer 电力公司（杜克能源公司和美国电力公司组建的合资企业）建设一条 384 千米的 765kV 跨区输电线路，总投资约 9.5 亿美元，预计 2018 年全部完成。得州西部正在建设一系列风电外送工程，将西部大型风电基地的风电输送到东部负荷地区，输送能力将达到该州风电装机容量的 2 倍，建设成本约为 68 亿美元，预计 2013 年全线完工。

根据北美电力可靠性协会（NERC）报告，2011—2015 年规划建设输电线路共 28711 千米，2016—2021 年规划建设输电线路共 6760 千米，预计 2021 年现有、在建和规划新增线路合计 674429 千米。新建输电线路主要是为了提高系统可靠性，此外还有促进可再生能源发展、提高系统经济性、减少阻塞等方面的考虑。

美国 2011 年发生多起停电事故。8 月，飓风"艾琳"登陆美国东海岸，造成北卡罗来州等地大范围停电。9 月 8 日，西海岸发生大规模电力故障，事故影响到亚利桑那州、加州南部以及新墨西哥州三个地区，导致 140 万人家中断电。10 月 29 日，美国东部新泽西和宾夕法尼亚州等地区遭遇罕见暴风雪，导致 230 万户家庭断电，至少 3 人死亡。

（二）电价水平

1. 零售价格

近年来，美国零售电价总体呈上升趋势，如图 3 - 25 所示。2011 年美国平均零售电价为 9.99 美分/k·Wh，较 2010 年提高了 0.16 美分/k·Wh，增长了 1.6%。居民、工业、商业和交通部门平均零售电价分别为 11.8 美分/k·Wh、6.89 美分/k·Wh、10.32 美分/k·Wh 和 10.58 美分/k·Wh，分别较 2010 年增长了 2.2%、1.8%、1.3% 和 0.1%。

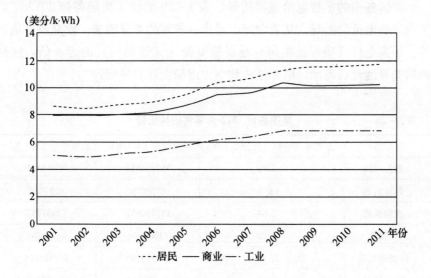

图 3 - 25　2001—2011 年美国平均零售电价

燃料价格是影响电价的重要因素，特别是天然气和煤炭价格。2011 年天然气价格达到 0.176 美元/立方米（4.71 美元/10°BTU），比 2010 年降低 0.012 美元/立方米。煤炭价格从 2000 年到 2011 年持续上涨，累计增长了 92.7%，见图 3-26。2011 年煤炭平均价格为 46.79 美元/吨（2.4 美元/10°BTU），比 2010 年增加了 2.15 美元/吨。

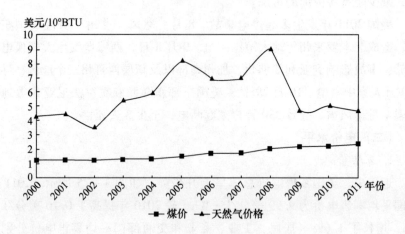

图 3-26 美国发电燃料价格变化情况

美国各州的零售电价差异明显，表 3-20 给出了美国各州 2012 年的平均零售电价的差异。从表中可以看出，各州的差异明显，除夏威夷地区外，最高电价（康涅狄格州）是最低电价（怀俄明州）的近 3 倍。这种价格差异的背后是地区电源结构和电力市场设计差异所致。

表 3-20 美国各州 2012 年零售价格比较

州名	平均零售价格（美分/k·Wh）	净发电量（M·Wh）	总售电量（M·Wh）
亚拉巴马	8.89	152150512	90862645
阿拉斯加	14.76	6759576	6247038
亚利桑那	9.69	111750957	72831737
阿肯色	7.28	61000185	48194285
加利福尼亚	13.01	204125596	258525414
科罗拉多	9.15	50720792	52917786
康涅狄格	17.39	33349623	30391766
特拉华州	11.97	5627645	11605932
哥伦比亚特区	13.35	199858	11876995

续表

州名	平均零售价格（美分/k·Wh）	净发电量（M·Wh）	总售电量（M·Wh）
佛罗里达	10.58	229095935	231209614
佐治亚	8.87	137576941	140671580
夏威夷岛	25.12	10836036	10016509
爱达荷	6.54	12024564	22797668
伊利诺伊	9.13	201351872	144760674
印第安纳	7.67	125180739	105994376
艾奥瓦	7.66	57508721	45445269
堪萨斯	8.35	47923762	40420675
肯塔基	6.73	98217658	93569426
路易斯安那	7.8	102884940	85079692
缅因	12.84	17018660	11531568
马里兰	12.7	43607264	65335498
马萨诸塞	14.26	42804824	57123422
密歇根	9.88	111551371	103649219
明尼苏达	8.41	53670227	67799706
密西西比	8.59	54487260	49687166
密苏里	7.78	92312989	86085117
蒙大拿	7.88	29791181	13423138
内布拉斯加	7.52	36630006	29849460
内华达	9.73	35146248	33772595
新罕布什尔	14.84	22195912	10890074
新泽西	14.68	65682494	79179427
新墨西哥	8.4	36251542	22428344
纽约	16.41	136961654	144623573
北卡罗来	8.67	128678483	136414947
北达科他	7.11	34739542	12956263
俄亥俄州	9.14	143598337	154145418
俄克拉荷马	7.59	72250733	57845980
俄勒冈	7.56	55126999	46025945
宾夕法尼亚	10.31	229752306	148963968
罗得岛	14.08	7738719	7799227

续表

州名	平均零售价格（美分/k·Wh）	净发电量（M·Wh）	总售电量（M·Wh）
南卡罗来	8.49	104153133	82479293
南达科他	7.82	10049636	11356149
田纳西	8.61	82348625	103521537
得克萨斯	9.34	411695046	358457550
犹他	6.94	42249355	28044001
佛蒙特	13.24	6619990	5594833
弗吉尼亚	8.69	72966456	113806135
华盛顿	6.66	103472729	90379970
西弗吉尼亚	7.45	80788947	32031803
威斯康星	9.78	64314067	68752417
怀俄明	6.2	48119254	17113458
总计	9.83	4125059899	3754486282

2. 批发价格

美国各电力市场的批发价格波动比较明显。2011 年，美国各批发电力市场价格与 2010 年相比普遍降低，只有得州电力市场（ERCOT）和 Cinergy 交易中心除外，如图 3 - 27 所示。东部各电力市场价格降幅在 3% —

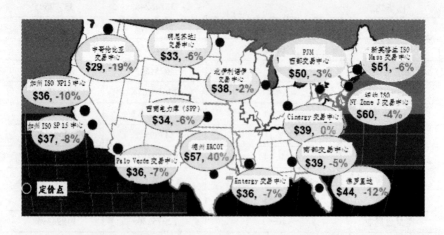

图 3 - 27　美国 2011 年平均批发电力现货价格（美元/M·Wh）

12%，主要归功于天然气价格的降低。西部各电力市场价格降幅在7%—19%，主要是水电的发电量较过去五年的平均值高出27%。得州 ERCOT 电价较2010年上涨了40%，主要受夏季持续高温天气影响，8月有9天的日前电力价格达到3000美元/M·Wh 的价格上限。

在电力市场批发价格方面，图3-28 给出2005—2009 年各 ISO/RTO 市场的电价情况，包括平均购电成本、平均现货价格和剔除燃料影响后的平均现货价格。各 ISO/RTO 市场价格在2009 年普遍降低，这与燃料价格的变化密切相关。剔除燃料价格的影响之后，除了 PJM 之外，另外五个区域市场调整后的平均现货价格均略有上升。

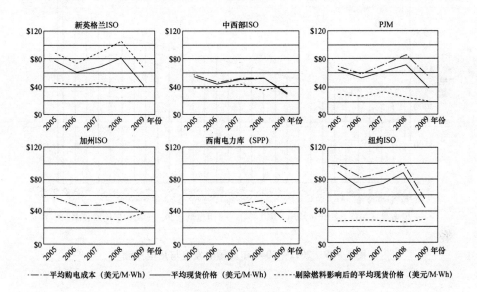

————平均购电成本（美元/M·Wh）———平均现货价格（美元/M·Wh）------剔除燃料影响后的平均现货价格（美元/M·Wh）

图3-28　2005—2009 年批发市场价格趋势

四　电力预测与电网规划

根据美国《年度能源展望2012》，在基准情景下，从2010 年至2035 年预计交通能源需求年均增长0.2%，电力需求年均增长0.8%。从2010 年至2035 年，人均能耗年均下降0.5%。从2010 年至2035 年，美国经济的能源强度将下降42%。

（一）美国电力需求

美国未来 30 年电力供给与需求将保持稳定增长的态势，不过增速不会很快，整体呈现"低速增长"的特征。根据"Annual Energy Outlook 2013"对 2011—2040 年"参照情景"的预测结果，美国到 2040 年的发电量和用电量都将比 2011 年增加近 30%，其中，发电量将达到 5212 G·Wh，年均增长率为 0.8%；而用电量将达到 4930G·Wh，年均增长率为 0.9%，如图 3 – 29 所示。

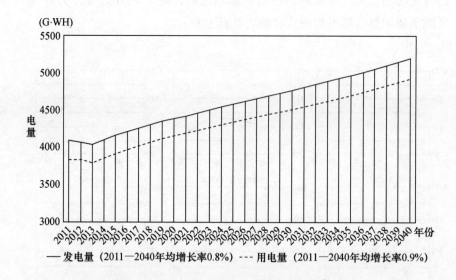

图 3 – 29 2011—2040 年美国的发电与用电预测

如果从 1950 年开始考虑美国电力需求与经济增长的关系，那么可以发现，美国电力增长的长期趋势为保持低速增长，而且将长期低于经济增长率。实际上，从 1950 年开始，用电量的增长率就呈现了快速下降的趋势，进入 20 世纪 90 年代后期后，用电量增长率基本都低于经济增长率。

这与 1975 年之前和 1975—1995 年的两个阶段完全不同：在 1975 年之前，电力消费增速明显高于经济增速；在 1975—1995 年间，电力消费增速与经济增速几乎一致。

目前来看，未来 30 多年的时间里，刺激美国电力需求增速反弹的主要因素可能来自于电动汽车的发展。自 2009 年以来，美国能源部已将多达 50 亿美元的拨款与贷款用于刺激美国电动汽车及高级电池制造业的快

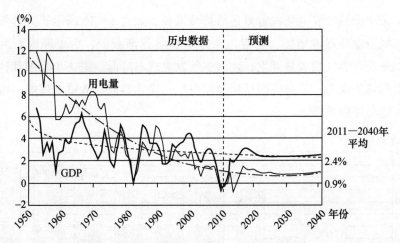

图 3 – 30　1950—2040 年美国的电力消费增长率与经济增长率（三年复合平均）

速成长。能源部《四年技术评估报告》中对电动汽车的重视会进一步凸显"电动汽车"在美国能源策略中的重要位置。奥巴马总统提及"到 2015 年，美国将有 100 万辆电动汽车投入使用"或将会提前实现。

不过除了电动汽车的快速发展外，未来很难有其他因素促使电力需求反弹。尽管美国未来电力需求仍存在不确定性，但由于过去几十年中，照明和其他电器的效率标准在不断提高，电力需求的增长面临着较强压力，因而不会出现大幅增长的态势。比如，与 20 世纪 70 年代相比，目前美国单台冰箱的容积已经大大提升，但耗电量却不足之前的 1/3。

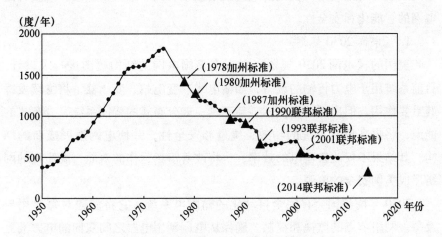

图 3 – 31　1950—2020 年美国单台冰箱的耗电量

资料来源：美国能源部，能源效率和可再生能源办公室，建筑技术办公室。

　　未来天然气发电装机容量还将持续增长，如图3-32所示。天然气发电市场份额将逐渐增加，而煤电市场份额将逐渐减少，主要原因有两方面：一是页岩气的大量开发，使天然气发电成本降低，进一步增强其替代煤电的竞争能力；二是美国严格控制电厂污染物排放，大量燃煤电厂可能在未来几年内关停。

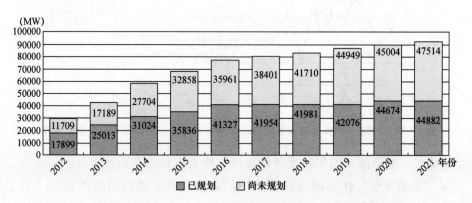

图3-32　2012—2021年NERC范围内天然气发电装机容量增长预测

（二）美国的电网规划

　　电网是现代电力系统的核心。尽管美国尚未形成全国性的统一电网，但建立全美甚至包括加拿大和墨西哥在内的北美统一骨干网已经成为美国电网发展的既定政策。美国的电网规划以现有网络结构为基础，着重突出电网的智能化和安全性。

　　1.《电网2030规划》

　　美国的《电网2030规划》对未来美国电网的结构蓝图进行了设计。目前系统用于电力传输的设备，如输电线、变电站、变压器，将继续发挥其重要作用。但出现的新技术、新工具，如分布式的智能系统、分布式的能源，将提高现有系统的功效、质量和安全性，并使电网发展成新的结构。其结果不仅改善输电的效率，也将改善市场运作的效能，高质量的网络形成美国安全的电源。

　　2030年前美国会有完全自动化的输配电系统，它将涵盖对每个用户及每一网络节点的监视和控制，确保从电厂到用电器之间双向的电力潮流及信息流。分布智能、宽带通信、监视和控制以及自动响应使人、楼宇、工业过程与电力网络之间的接口没有缝隙，可进行实时的市场交易。

超导技术的突破使大量的电能长距离送到负荷区域成为可能，而其损耗几乎为零。新型导线材料的应用使现有的输电走廊的输电能力提高2—3倍。储能及需求侧管理技术的进步几乎将电力系统峰谷差问题消除。由于停电和电能质量扰动而造成的经济损失会变得非常少，用户可以根据自己的需要得到可定制的可靠性水平和电能质量水平的供电服务，而对环境的影响降得很低。

在蛋售这一级已经有可行的竞争性市场，用户也认可了它的效益。设计良好的、有公众监督的市场可以确保市场势力问题保持最小。输配电运行在协调一致的稳定的监管下，而监管依赖于基于绩效（performance based）的原则，涉及联邦和州的监管机构，跨州的实体，非官方的业界组织，公共利益集团以执行强制性的商业规则，使用户受到保护。

《电网2030规划》包括三个部分：

——国家电力"主干网"。

——区域互联网（包括加拿大和墨西哥）。

——地方配电系统，含小型及微型电网，向用户提供服务并可得到大陆任何发电电源的服务。

（1）国家电力主干网。高容量的输电通道将东西海岸及加拿大、墨西哥连在一起，可以进行北美范围内平衡电力供需。这也使用户在大陆范围内选择供应商成为可能，而不论用户及供应商位于何处。国家电力主干网扩大了分配电力的范围，它可以：

——从众多电源中选取高效的发电厂，对用户进行公平的服务。

——由于可在全国范围内从季节的差异和区域间天气的差异中相互补偿而使系统的效率更高，还包括需求侧管理。

主干网系统由许多新技术构成，它包括运行于交流同步电网可控的，特低阻抗的超导电缆及变压器；形成区域间互联的高压直流输电设备；其他类型先进的导线。此外，还有支持实时运行和国家电力交易的信息，通信和控制技术。

超导电缆降低线路损耗，确保系统稳定，使在人口稠密城市地区的设备占地面积减小，而承载电流的能力大大提高。它们与高压直流输电系统及其他采用先进导线的长距离输电系统无缝隙地组合在一起。先进的材料，如高温钻石材料可应用于输电、配电和控制。钻石技术可以替代硅材料并导致电流密度的大幅度提高。

图 3 - 33　国家电力主干网：东西海岸间的功率交换

图 3 - 34　电力主干网及区域互联电网

（2）区域电网的互联。国家主干网将北美的两个重要区域：东部和西部连在一起。主干网的电力是通过区域网络来分配的。这些区域内的长距离输电利用现有交流设备经升级后变为可控制的，有些则是利用直流联络线并将其扩容。

大功率直流联络线用于连接相邻的区域电网。区域系统的计划和运行效益来自发电设备（集中电站或分布式发电）及负荷状态的实时信息。广泛地应用先进的储能装置为解决因天气条件或其他因素而引起的供需不平衡问题提供了条件。大规模功率交换市场高效运行且受到跨州的实体及业界、非政府组织的监督。

（3）地方配电系统。国家地方配电系统与区域电网相连，且通过区域电网与国家主干网相连。配电设备的电功率流向或来自用户，连接到区域电网，功率的流向由供需条件决定。实时监测和信息交换使市场能够瞬时地处理交易且在全国范围内进行。

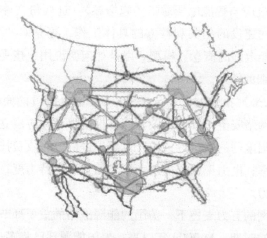

图3-35　电力主干网，区域互联网及地方配电网，小型及微型电网

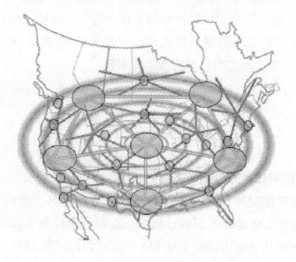

图3-36　国家主干网及通信、控制系统

用户有能力根据对电力产品品种的需要，包括所希望的价格、环境影响、可靠性和电能质量的水平，定制对自己的供电。传感器和控制系统将

大楼或工厂内的电气设备与配电系统连在一起。分布式发电系统和氢能技术的发展使固定的发电设备能双向使用运输车辆。例如，氢燃料电池驱动的车辆，当它停在家庭车库或停车场时可向配电系统供电。

2. 智能电网引领的趋势

美国联邦能源管理委员会和能源部联合发布《需求响应国家行动计划》和《需求响应与智能电网通信实施指导》。这两份文件不仅直接界定了美国智能电网建设的相关利益方的具体工作，更是对"如何创造关于需求响应和智能电网的概念、模型，以及如何游说用户接受这些概念的办法"做出了详细的阐述。

《电网的未来》报告勾勒了未来 20 年美国电网可能面临的挑战和机遇——电网的网络安全尤其值得关注。该报告强调，应成立专门机构并不能绝对保证美国电网的安全性；应开发更先进的分时收费技术，以进一步提高电网的效率；电力工业界应加大研发的资金支持力度，以提高对网络攻击的应对能力。

在智能电网的有力支持下，美国的能源战略的重要环节电动汽车将会迎来快速发展的时期。自 2009 年以来，美国能源部已将多达 50 亿美元的拨款与贷款用于刺激美国电动汽车及高级电池制造业的快速成长。能源部《四年技术评估报告》中对电动汽车的重视会进一步凸显"电动汽车"在美国能源策略中的重要位置。奥巴马总统提及"到 2015 年，美国将有 100 万辆电动汽车投入使用"或将会提前实现。

五 电力市场的机遇

（一）我国整体对外投资形势良好

我国目前整体对外投资发展态势良好，为我国电力企业"走出去"创造了良好条件。根据商务部统计数据，在对外直接投资方面，2013 年 1—2 月，我国境内投资者共对全球 133 个国家和地区的 1187 家境外企业进行了直接投资，累计实现非金融类直接投资（下同）183.88 亿美元，同比增长 147.3%。1—2 月我国内地对中国香港、东盟、欧盟、澳大利亚、美国、俄罗斯、日本七个主要经济体的投资达到 158.93 亿美元，占同期我国对外直接投资的 86.4%。对中国香港、东盟、欧盟、澳大利亚和美国的投资分别增长了155.8%、114%、81.9%、281.8%和145.7%，对俄罗斯和日本的投资分别下降46%和31%。从境内投资者构成来看，1—2月地方对外直接投资34亿美元，占同期对外直接投资总额的18.5%。

（二）美国对中国资金的需求强烈

根据美国统计，中国对美国的直接投资近年来快速提高，从2004年的3.75亿美元增长到2012年的65亿美元，截至2012年底，中国对美国累计的直接投资已经达到220亿美元，其中，能源是中国对美国直接投资的一个重要领域，见图3－37。2012年，能源投资项目占了中国对美投资的大约45%，但是这些投资中的大部分都是国有能源电力企业发起的股权投资，且仅持有少数股权，比如中海油、中石化的对美能源投资；而清洁能源投资则仍处较低水平。

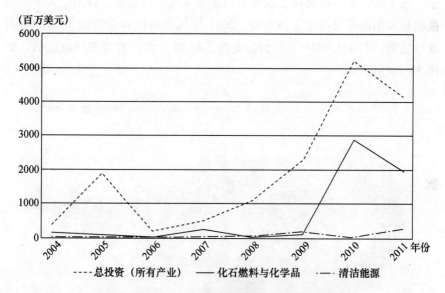

图3－37　2004—2011年中国对美国的直接投资

资料来源：Rhodium集团中国投资监测。

尽管中国对美国可再生能源电力的投资已经从2006年的400万美元增长到2011年的2.64亿美元，但是相对于面向化石燃料电力的投资，仍大大落后。

奥巴马政府为了创造就业和降低美国经济对国外石油和化石燃料的依存度，在发展清洁能源方面做出巨大努力，但是就目前来看，仅仅依靠美国自身实力仍无法满足其建立可持续发展的绿色能源经济的需要。据 Hart（2013）估计，美国的电网投资、新能源、公共交通、发电和相关制造业的投资需求大约为 1 万亿美元。吸引国外直接投资，特别是来自中国的资金，是其寻求资金来源的重要途径。

同时，中国企业在近十年来的对外投资领域上，也存在着明确的升级态势，即从低收益领域向高收益领域转移，换句话说，即从单纯的股权投资向自主建造运营企业转变。从这个角度而言，中国企业投资美国电力市场，是一个理想途径。而据估计中国到 2020 年的对外投资形成的全球资本存量将达到 2 万亿美元，美国企业和政府对这一巨大投资是寄予相当高期望的。（Hart，2013）

（三）可再生能源市场潜力巨大

近年来，美国的可再生能源电力市场发展十分迅速，特别是大力推动风能和太阳能等可再生能源发展。2011 年风电装机容量增加了 5475MW，累计装机达到 45130MW。目前，美国已有 38 个州拥有规模风电装机，如图 3 - 38 所示。

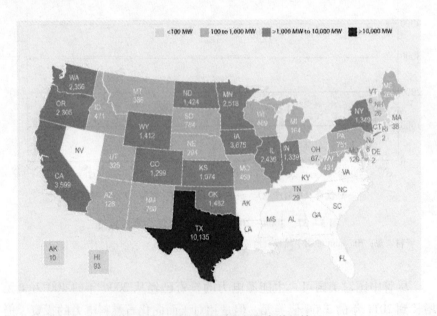

图 3 - 38　2011 年美国各州风电装机情况

2011 年太阳能发电新增装机 783MW，成为美国能源领域增长最快的部分，增长的原因有以下几个方面：一是美国能源部为太阳能项目提供了近85亿美元的贷款担保。二是系统装机成本大幅度降低，仅2011年上半年就比2010年下降了11%。2011年2月，能源部发起Sunshot计划，资助关键技术研发，拟在2020年前将系统成本降低75%。三是美国财政部的1603税收减免条款在2011年年底到期，促使大批项目在年底前投运或建设。四是各州制定光伏发电的一系列激励政策。37个州提供初始投资补贴或电价补贴；26个州有税收优惠政策，减免比例为10%—100%；21个州给予优惠贷款，贷款利率为0—7.5%；42个州制定《净电量计量法》。

根据美国的"Annual Energy Outlook 2013"，未来30年，美国的可再生能源装机容量和发电量都将保持稳定增长的态势，如图3-39和图3-40所示。

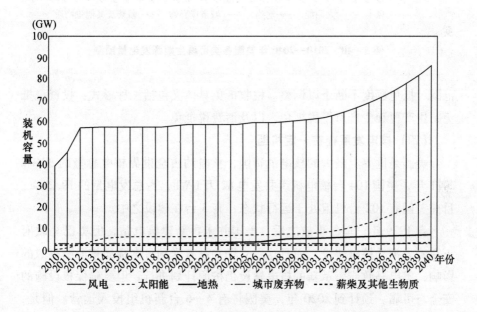

图3-39　2010—2040年美国各类可再生能源装机容量预测

由此可见，美国的可再生能源市场潜力十分巨大，特别是美国的投资需求强烈。为了促进可再生能源发展，美国政府密集出台许多激励性政策，包括税收抵免、对生产侧和消费侧直接补贴、加速折旧、基金支持、债券和贷款担保。其中，税收抵免是美国联邦政府发展可再生能源的主要政策手段，联邦政府会根据可再生能源发展的实际情况对税收抵免的覆盖

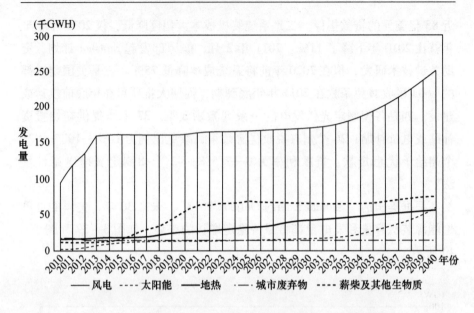

(千GWH)

发电量

年份

—— 风电　---- 太阳能　—— 地热　—— 城市废弃物　---- 薪柴及其他生物质

图 3 – 40　2010—2040 年美国各类可再生能源发电量预测

范围、抵免额度不断予以调整。税收抵免具体又包括三种形式：投资税抵免、生产税和生产所得税抵免，以及消费税抵免。

（四）核电发展存在一定机遇

美国是世界上最大的核电消费国，核电约占全世界核电总量的30%。2011 年，美国 104 台核电机组共发电 82 万 GWh，占总发电量的 19.21%。目前美国有 102 台机组处于运行状态，有 3 台在建设之中。

自 1979 年三里岛事故之后，美国并未再新建核电站，但奥巴马政府正在着力推动核电建设，而且这一立场并没有受到日本福岛核泄漏事故的影响，奥巴马政府表示新的核电建设仍按原计划进行，但要确保核设施的安全与可靠。预计到 2020 年，美国将有 4—6 台新机组投入运营。但是，与 2007 年开始的 16 份计划兴建 24 台新机组的申请相比，实际的建设项目数已经大为减少。

背后的原因有两个：首先，美国自 2009 年以来天然气价格的走低，使得原本计划的核电机组的经济可行性受到质疑；其次，美国目前的电力市场结构过于分散，单家企业的融资能力有限，而核电投资的资本成本巨大，这给投资者带来了巨大的投资风险。

但是，美国对核电的需求是非常强烈的，不仅体现在新增机组上，还

表 3 – 21　　美国在建、规划及提议的核电项目

位置	技术	总装机	参与者/电力公司	建设运营许可时间	授予贷款担保；投产时间
Watts Bar 2f, TN	Westinghouse PWR	1218 (1177 net)	Tennessee Valley Authority	No COLf	on line Dec 2015
Vogtle 3, GA	Westinghouse AP1000	1200 (1117 net)	Southern Nuclear Operating Company	24/7/08, COL Feb 2012	has loan guarantee, late 2017
V. C. Summer 2, SC	Westinghouse AP1000	1200 (1117 net)	South Carolina Electric & Gas	31/3/08, COL March 2012	short list loan guarantee, late 2017
Subtotal 'underconstruction': 3 unit (3618 MWe gross, 3411 MWe net)					
Vogtle * g, GA	AP1000	1200	Southern Nuclear Operating Company	24/7/08, COL Feb 2012	granted loan guarantee; late 2018
V. C. Summer 3, SC	AP1000	1200	South Carolina Electric & Gas	31/3/08, COL March 2012	short list loan guarantee; 10/2018
Levy County, FL	AP1000 x 2	2400	Duke Energy (formerly Progress Energy)	30/7/08, COL target late 2013	2024, 25
William States Lee, SC	AP1000 x 2	2400	Duke Energy	13/12/07, COL target late 2013	2021, 23
Turkey Point, FL	AP1000 x 2	2400	Florida Power & Light	30/6/09, COL target 12/14	2022, 23
Bellefonte 1g, h, AL	B&W PWR	1263	Tennessee Valley Authority	30/10/07 for unit 3 (and unit 4) h but COL review suspended	2018 – 20

续表

位置	技术	总装机	参与者/电力公司	建设运营许可时间	授予贷款担保	投产时间
Subtotal 'planned': 9 units (10, 860 MWe gross), 6 COL applications						
Shearon Harris, NC	AP1000 x 2	2400	Duke Energy (formerly Progress Energy)	19/2/08, suspended 5/13		2026
North Anna *, VA	ESBWRi	1700	Dominion	20/11/07, delayed but expected end 2015		2022
Comanche Peak, TX	US – APWR x2	3400	Luminant (merchant plant)	19/9/08, COL target 12/14		2019, 2020
South Texas Project *, TX	ABWR x 2	2712	Toshiba, NINA, STP Nuclear (merchant plant)	20/9/07, delayed	short list loan guarantee;	2016, 17
Clinch River, TN	mPower x 2	360	TVA	expected 2015		2022
Callawayj, MO	Westinghouse SMR x 5	1125	Ameren Missouri	24/7/08 for EPR then cancelled, no decision re SMRs		
Calvert Cliffs *, MD	US EPR	1710	UniStar Nuclear (merchant plant)	7/07 and 13/3/08, delayed, in 2012 barred	refused an offered loan guarantee, needs US equity;	2017
Grand Gulf, MS	ESBWRi	1600	Entergy	27/2/08 but COL application review suspended for some years		

续表

位置	技术	总装机	参与者/电力公司	建设运营许可时间	授予贷款担保	投产时间
Fermi, MI	ESBWR	1600	Detroit Edison	18/9/08, no decision to proceed but COL target late 2013		
River Bend, LA	ESBWRi	1600	Entergy	25/9/08 but COL application review suspended		
Nine Mile Point, NY	US EPR	1710	UniStar Nuclear (merchant plant)	30/9/08 but COL application review partially suspended		
Bell Bend (near Susquehanna), PA	US EPR	1710	PPL merchant plant	10/10/08, delayed		2018 – 20
Blue Castle, UT	unspecified	Perhaps 1200	Transition Power Development	ESP application expected 2013		
Salem/Hope Creek, NJ	To be decided in 2012	Perhaps 1200	PSEG	ESP only 25/5/10, target late 2014		On line 2021
Subtotal 'proposed': 15 large units, 7 small (ca. 24, 000 MWe gross), 11 COL applications to Aug 2012, including 5 suspended						
Other proposals, less definite:						
Victoria Countyi, TX	2, unspecified (merchant plant)	perhaps. 2400	Exelon	03/9/08 but withdrawn,	12/07 MHI	Now ESP only 25/3/10, but withdrawn 28/8/12

续表

位置	技术	总装机	参与者/电力公司	建设运营许可时间	授予贷款担保	投产时间
Piketon (DOE site leased to USEC), OH	US EPR	1710	Duke Energy	ESP application expected late 2013		
Hammett, ID	APR – 1400	1455	Alternate Energy Holdings Inc. (merchant plant)	No credible plans		
Fresno, Ca	US EPR	1710	Fresno Nuclear Energy Group			
Amarillo, TX	US EPR x 2	3420	Amarillo Power (merchant plant)			

资料来源：世界核电运营者联合会（World Nuclear Association）。

体现在对现有机组的更新换代上，目前美国一半的核电机组运营年限都在30年以上，同时输电基础设施也需要大量投资，因此美国核电发展面临着严峻的投资危机。这一点，美国共和、民主两党均认识得非常清楚，因此在推动核电投资上也非常一致。

因此，美国的核电市场可能是中国企业进入美国电力市场的突破口之一。中美加强在核能领域的合作，不仅可以实现互补的经济利益，更重要的是，中国还可以学习美国在核电建设、运营过程中的经验，从而为国内核电发展提供借鉴。

表3-21给出了目前美国在建、规划及提议的核电项目。

六　核心风险提示与决策建议

尽管美国电力市场相对比较先进和完善，中国企业对美国电力投资面对较大机遇，但是在投资过程中，中国企业也面临着来自制度上的风险。针对这些风险，中国企业和金融机构需要明确核心风险，以有效应对风险。

（一）联邦政策

目前，美国对可再生能源投资的税收优惠政策及其他相关支持政策仍无法与投资化石燃料的政策相对等。而且现有的针对可再生能源投资的激励措施也无法适用于国外投资，其中主要的政策有三项。

一是美国能源部的贷款担保。美国能源部的贷款担保项目主要是通过为企业担保银行贷款来支持尚未商业化的清洁能源技术的发展，这一项目降低了推广新技术的企业的投资风险，从而更利于吸引私人投资。

从法律上而言，只要项目在美国境内，那么包括中国企业在内的所有国外企业都可以享受这一担保，但是这一政策在实际执行过程中往往会受到政治因素的影响，从而形成对中国企业的歧视，原因往往是中国企业特别是国有企业受到了中国政府的资助。比如，2010年，一些美国参议员就针对一个使用从中国进口的风机的风电项目提出了质疑，还有2012年万象集团美国公司并购美国破产电池生产商A123（尽管这一项目最终获批）。

二是生产税减免。生产税减免是针对风电、生物质发电、水电和其他可再生能源所发电力给予的税收返还。这项税收优惠能够从根本上降低一些可再生能源发电项目的成本，特别是风电、生物质和地热等项目，每度电可以享受 2.2 美分的税收减免。

三是投资税减免。投资税减免为居民太阳能系统、商业太阳能系统、燃料电池和小型风电系统提供了高达 30% 的税收减免，以及为地热能、小型风机（低于 2MW）和热电联供提供 10% 的税收减免。

以上两项税收减免对于投资于可再生能源发电项目的电力企业而言，无疑是具有巨大的激励作用。但问题是税收减免的受益对象主要是已经在美国成立运营的大型企业，因为它们可以预先支付投资成本，并能坚持等待到税收返还。而这种做法对大部分国外投资者而言却并不可行，因为国外企业通常在美国没有现成的减税业务，而且他们的运营资本往往有限。对国外企业而言，它们最需要的是能够降低其投资成本的激励政策。

在这方面，一个具有借鉴意义的例子是新奥集团的对美投资。中国新奥集团与美国克拉克县委员会谈判购买 9000 英亩的公共土地用于建造一个大型光伏电站。土地估价是每英亩 3000—4000 美元，但最终成交价格是每英亩 500 美元，从而大大降低了新奥集团的投资成本。作为交换，除了建造新的电站外，新奥集团还承诺雇用当地工人、采购当地原材料，从而为内华达州创造了 1000 个工作岗位，形成双赢局面。

类似的地方投资激励在美国还有很多，但具体的形式会因各州的实际情况不同，而取决于他们希望获得的利益和希望吸引的项目类型。同时，让美国各州和地方政府与中国企业之间建立直接的联系也并非易事。此外，即使能够建立起这种联系，那么能够符合美国的州或地方利益的中国投资项目，也未必能够通过美国联邦政策的安全审查。

（二）国家安全审查

美国的外国投资委员会由来自财政部、国土安全部、商务部、国防部、国务院、能源部、司法部、劳动部和专利局的人员共同组成，职责是审查外国投资并购是否威胁了美国的国家安全。如果委员会认定外国投资可能危害美国国家安全，那么就会报告美国总统，并由总统来否决该项投资。

这一安全审查对包括中国企业在内的所有外国企业而言都是巨大障碍，因为事前难以预测外国投资委员会如何认定"国家安全"。而且美国政府赋予该委员会的权限非常宽泛，特别是近年来，该委员会又加大了对能源领域投资的审查力度，尤其是电网和其他基础设施投资。该委员会通常对中国国有企业给予额外关注，无疑增大了中国企业投资的难度，比如2005年中海油并购案、2007年和2011年华为并购案以及2012年的Ralls案。

从这些案例可以发现，美国的外国投资委员会特别关注投资企业背后有无中国政府的背景，如果对美投资的企业是国有企业，那么很可能会受到"特别关照"，而私人投资企业受到的国家安全审查则相对少得多，比如前面提到的新奥集团。但是，民营企业同样无法完全避免安全审查，比如Ralls案。

参考文献

[1] 白洋：《从三次能源立法看美国能源政策演变》，《经济研究导刊》2013年第4期。

[2] 黄婧：《论美国能源监管立法与能源管理体制》，《环境与可持续发展》2012年第2期。

[3] 郭基伟、宋卫东：《美国电网投资情况分析及其启示》，《电力技术经济》2009年第5期。

[4] 美国能源信息署网站：http://www.eia.gov/。

[5] 美国联邦能源管制委员会网站：http://www.ferc.gov/。

[6] 美国能源协会网站：http://www.usea.org/。

[7] 美国能源部网站：http://energy.gov/。

[8] 宋卫东：《美国电力工业特点分析及启示》，《中国电力》2012年第8期。

[9] 许子智、曾鸣：《美国电力市场发展分析及对我国电力市场建设的启示》，《电网技术》2011年第6期。

[10] 薛若萍：《美国智能电网及政策策略建议》，《电力需求侧管理》2010年第2期。

[11] 杨娟：《美国电力改革进展与电价监管》，《中国物价》2011年第10期。

[12] 张沛、房艳焱：《美国电力需求响应概述》，《电力需求侧管理》

2012 年第 4 期。

[13] 张扬:《解读美国最新的智能电网技术》,《能源技术经济》2011 年第 9 期。

[14] 曾鸣、刘超、段金辉和李娜:《美国与北欧电力双边交易市场模式的经验借鉴》,《华东电力》2013 年第 1 期。

[15] 中国商务部:《美国贸易投资环境报告 2012》,2012 年。

[16] American Council on Renewable Energy (ACORE), Renewable Energy in the 50 States, 2012.

[17] Analysis Group for Advanced Energy Economy, U. S. Electric Power Industry – Context and Structure, November 2011.

[18] Behrens, C. E., and C. Glover, U. S. Energy: Overview and Key Statistics, CRS Report for Congress, Prepared for Members and Committees of Congress, April 11, 2012.

[19] Brown, P., and G. Whitney, U. S. Renewable Electricity Generation: Resources and Challenges, CRS Report for Congress, Prepared for Members and Committees of Congress, August 5, 2011.

[20] Clark, H., C. Gladbach, and E. Zane, US – China Market Review: 2012 Year End Edition, American Council on Renewable Energy (ACORE), 2013.

[21] Hart, M., Increasing Opportunities for Chinese Direct Investment in U. S. Clean Energy, Center for American Progress, February 11, 2013.

[22] Kelliher, J. T.:《美国的电力监管政策》,《能源技术经济》2010 年第 2 期。

[23] UNEP, and Frankfurt School UNEP Collaborating Centre, Global Trends in Renewable Energy Investment, 2012.

[24] U. S. Department of Commerce, Foreign Direct Investment in the United States, June, 2011.

（冯永晟执笔）

第四章　巴西电力市场研究

一　巴西基本经济政治状况

巴西位于南美洲东南部，国土面积851.5万平方公里，居世界第五位。截至2012年6月底，全国总人口约1.98亿，居拉丁美洲首位。[①] 矿产、石油、森林等资源丰富，农牧业发达，是全球重要的蔗糖、大豆、玉米生产和出口国。工业基础雄厚，石化、矿业、钢铁、汽车等工业较发达，民用支线飞机制造业和生物燃料产业在世界上居于领先水平。从三大产业占GDP比重看，2012年，工业占26.3%、服务业占68.5%、农业占5.2%。[②]

（一）基本政治制度

巴西是联邦制国家，行政、立法和司法三权分立。全国共有26个州和1个联邦区，州下设市，截至2011年3月，全国共有5564个市。巴西宪法规定，总统由直接选举产生，任期四年，可连选连任。议会由联邦参议院和众议院组成，参议员81人，众议员513人，行使立法权。现总统迪尔玛·罗塞夫，2011年1月1日就任，任期至2015年1月1日。本届政府设有部或相当于部级的秘书处共38个。

巴西政局稳定，但社会不稳定因素增加，民众抗议示威进入多发期。2012年，巴西加大反腐力度，最高法院对40名包括前政府部长、国会议员、银行家和国企高管在内的重要人士以行贿、受贿、洗钱等罪名进行指控，其中25人被判有罪。2013年6月，巴西多个城市爆发了一系列大规

---

①　http：//websie. eclac. cl/anuario_ estadistico/anuario_ 2012/datos/1. 1. 1. xls.

②　https：//www. cia. gov/library/publications/the－world－factbook/geos/br. html.

模的民众抗议示威活动，虽不会引发政局动荡，但罗塞夫政府将面临严峻挑战。

（二）巴西经济运行状况

巴西为"金砖国家"成员国，是全球正在崛起的新兴大国，经济实力居拉美首位，位列世界上中等收入国家。按巴西官方数据，2012 年，GDP 达到 2. 25 万亿美元，比 2011 年增长 1. 2%，人均 GDP 达到 11462 美元（见表 4 - 1）。据世界银行统计数据，按名义汇率计算，2012 年，GDP 总量为 2. 48 万亿美元，居世界第 7 位；若按购买力平价计算，GDP 总量为 2. 37 万亿美元，亦居世界第 7 位。① 1967—1974 年，巴西经济年均增长率高达 10. 1%，被誉为"巴西奇迹"，跻身新兴工业国行列。20 世纪 80 年代，受债务危机和高通胀困扰，经济出现停滞，甚至严重衰退。1999 年发生严重金融动荡，经济衰退，货币大幅贬值。

2003 年，卢拉总统执政后（2003 年 1 月—2011 年 1 月）采取稳健务实的经济政策，控制通货膨胀和财政赤字，执行兼顾发展、稳定和社会公正的经济政策。卢拉政府推进财税和社会福利等多项改革，加大社会投入，致力于解决贫困、就业等问题，取得积极成效，并于 2007 年启动实施了"加速增长计划"。

巴西是"金砖国家"、"20 国集团"成员国，近年来国际地位显著提高，在国际金融体系改革、世贸组织多哈回合谈判、联合国气候变化谈判等全球治理变革中表现活跃。

2011 年 1 月，罗塞夫就任总统后，强调延续上届政府既定的治国方略和发展战略，以推动巴西现代化进程、加快向全球性大国迈进为主要目标，以促进经济增长、减少贫困和促进社会进步为施政重点，加强宏观调控稳定经济，并加大卫生、教育和基础设施等民生领域投入。

第一，经济增长明显下滑，可能进入增长调整周期。巴西新一轮经济高速增长之后，增长明显下滑。2012 年，经济增长率仅有 1. 2%，固定资产投资率下降是增长下滑的主要原因（见表 4 - 1）。2006—2012 年固定资本形成率虽然有所提高，但幅度不大。2006 年以来，失业率大幅下降，实际工资保持增长，但通货膨胀压力居高不下。巴西经济增长长期依赖初

---

① World Bank, World Development Indicators Database, Gross Domestic Product 2012, 1 July, 2013.

级产品出口和贸易条件的改善拉动,欧洲主权债务危机、美国经济低迷以及中国经济结构调整都对巴西的外需构成了冲击。巴西经济将进入一轮调整期,未来增长不确定性因素增多。

表4-1 巴西主要宏观经济指标

年份	2006	2007	2008	2009	2010	2011	2012
GDP（亿美元）	10892.53	13668.53	16535.35	16201.64	21430.34	24766.51	22526.28
经济增长率（%）	4.0	6.1	5.2	-0.3	7.5	2.7	1.2
人均GDP（美元）	5789.7	7194.1	8622.8	8374.2	10981.3	12583.9	11462.22
人均GDP增长率（%）	2.9	5.1	4.2	-1.2	6.6	1.9	0.4
物价指数（%）	3.1	4.5	5.9	4.3	5.9	6.5	5.5
固定资本形成率（%）	16.8	18.1	19.5	18.3	20.6	21.0	19.8
城市公开失业率（%）	10.0	9.3	7.9	8.1	6.7	6.0	5.5
实际工资增长率（%）	3.5	5.0	7.2	8.6	10.9	13.6	17.7

注：实际工资是以2005年为基期、100为基数计算而得；2012年数据为初步估计数，GDP和人均GDP数据来自巴西中央银行，http://websie.eclac.cl/anuario_estadistico/anuario_2012/en/contents_en.asp。

资料来源：联合国拉美经济委会，以当年市场价格计算。

第二，国际收支持续改善，外债负担大大减轻。多年来，巴西的经济开放度相对有限。因贸易条件持续改善，保持国际收支盈余，截至2011年底，巴西外汇储备高达3520亿美元（见表4-2）。2008—2011年，经常账户出现赤字，由于外国直接投资持续流入，金融账户一直保持盈余，2011年外国直接投资净额高达676亿美元。尽管巴西外债绝对规模有所增长，但外债负担率呈下降趋势，债务管理能力加强。然而，巴西本国货币升值幅度较大，未来币值稳定性面临考验。

表4-2 巴西的国际收支 单位：亿美元

年份	2006	2007	2008	2009	2010	2011
货物和服务出口	1565.08	1826.71	2259.25	1778.77	2329.82	2944.53
货物和服务进口	1248.91	1618.94	2227.84	1804.75	2550.84	3126.16
经常账户	136.43	15.51	-281.92	-243.02	-472.72	-524.81
资本账户	8.69	7.56	10.55	11.29	11.18	15.73

续表

年份	2006	2007	2008	2009	2010	2011
金融账户	154. 30	883. 30	282. 97	701. 72	987. 92	1108. 17
国际收支盈余	305. 69	874. 84	29. 69	466. 51	491. 01	586. 37
外汇储备	858. 39	1803. 34	1937. 83	2385. 20	2885. 75	3520. 12
实际有效汇率	89. 0	82. 5	79. 9	81. 5	70. 6	67. 2
贸易条件	105. 3	107. 5	111. 3	108. 7	126. 1	136. 1
经济开放度（%）	25. 8	25. 2	27. 1	22. 1	22. 8	24. 5
外国直接投资净额	- 93. 80	275. 18	246. 01	360. 33	369. 17	676. 90
国际市场发行债券	190. 79	106. 08	64. 00	257. 45	393. 05	386. 24
外债总额	1725. 89	1932. 19	1983. 40	1981. 92	2568. 04	2982. 04
外债占 GDP（%）	15. 8	14. 1	12. 0	12. 2	12. 0	11. 8

注：贸易条件和实际有效汇率是以 2005 年基期，以 100 为基数比较。http：//websie. eclac. cl/anuario_ estadistico/anuario_ 2012/en/contents_ en. asp。

资料来源：联合国拉美经济委员会，以当年市场价格计算。

第三，尽管财政状况良好，但继续实施反周期的政策空间相对有限。因多年经济持续稳定增长，巴西财政状况改善较大。国际金融危机爆发后，巴西积极实施"减税增支"反周期政策，特别是扩大政府基础设施领域投资，对经济实现恢复增长起到了明显拉大作用。2009—2012 年，联邦政府的财政收入占 GDP 比重上升，但财政支出占 GDP 比重相对稳定。初级财政盈余占 GDP 比重下降，财政总体状况出现赤字，2012 年财政赤字占 GDP 的 2.2%。2010—2012 年，联邦政府债务占 GDP 比重上升了 4.4%，政府债务负担。

表 4 - 3　　　　　　　　　巴西主要财政指标占 GDP 比重　　　　　　　单位：%

年份 项目	2009	2010	2011	2012
联邦政府收入	22. 8	24. 3	23. 8	24. 5
联邦政府支出	26. 2	26. 0	26. 4	26. 6
债务利息支出	4. 7	3. 8	4. 9	4. 0
资本性支出	4. 5	5. 9	4. 8	Na

续表

项目 \ 年份	2009	2010	2011	2012
初级财政盈余	1.2	2.1	2.3	1.8
财政总盈余	-3.5	-1.7	-2.6	-2.2
联邦政府债务	60.9	53.4	54.2	57.8

资料来源：联合国拉美经济委会，以当年市场价格计算。http://websie. eclac. cl/anuario_ estadistico/anuario_ 2012/en/contents_ en. asp。

第四，货币政策的反周期性增强，但贷款利率较高，增加了企业的融资成本。巴西采用通货膨胀目标制，货币政策目标是严格控制通胀，并保持金融市场稳定。为应对国际金融危机冲击，巴西利用利率杠杆的政策工具职能增强。2008—2010 年，基准利率由 12.4% 下调到 9.9%（见表 4 - 4）。然而，贷款利率高是巴西长期存在的问题，给巴西构成了融资成本压力。

表 4-4　　　　　　　　　巴西主要货币政策指标　　　　　　单位:%

年份	2006	2007	2008	2009	2010	2011	2012
基础货币供应	18.6	20.9	12.5	8.0	17.5	11.0	9.0
M1	15.4	23.3	11.8	7.5	17.3	6.2	4.3
M2	15.6	14.1	30.3	22.2	11.0	21.0	14.2
国内贷款	19.4	19.9	19.5	14.1	18.6	18.4	16.0
货币政策利率	15.4	12.0	12.4	10.1	9.9	11.8	8.8
贷款利率	40.0	34.5	38.8	40.4	38.5	40.7	33.5

资料来源：联合国拉美经济委会，以当年市场价格计算。http://websie. eclac. cl/anuario_ estadistico/anuario_ 2012/en/contents_ en. asp。

二　巴西的能源禀赋、供应及消费结构

巴西是全球重要的油气生产国，是世界第二大乙醇生产国。巴西的能源政策由国家能源委员会、矿产能源部、国家油气和生物燃料局、国家电

力监督局等多个部门负责制定、实施。巴西国家石油公司、国家电力公司是巴西两大国有能源企业，在能源市场中居于主导地位。

巴西的目标是成为全球能源出口大国，随着巴西经济的崛起，巴西成为世界上又一大能源消费、生产、出口和技术中心。具体而言，积极推动深海盐下层油田开发，并提升炼化能力，减少成品油进口；实现天然气自足，加强油气管道建设；大力发展、推广乙醇和生物柴油，巩固生物能源大国地位。

（一）能源资源禀赋

巴西能源资源种类多样，水力、石油、天然气、煤炭、生物质能源储量丰富。据 BP 世界能源统计数据，截至 2011 年底，巴西石油、天然气、煤炭的探明储量分别为 151 亿桶、0.5 万亿立方米、45.6 亿吨，分别占全球相应能源储量的 0.9%、0.2% 和 0.5%（见表 4 - 5）。以 2011 年的探明储量和开采速度计算，巴西的石油、天然气的开采年限分别为 18 年和 27 年，而煤炭的开采年限可超过百年。

巴西还是全球生物燃料生产大国，按石油当量计算，2011 年的产量为 1.32 亿吨。① 除水电外，2011 年，巴西消费的其他可再生能源（包括风能、地热、太阳能、生物质和废物燃料）750 万吨石油当量，占全球同类能源消费的 3.8%。②

（二）巴西能源供应总量及结构

第一，巴西能源供应增长较快，特别是可再生能源增幅较大。据巴西矿产能源部数据，2003—2011 年，巴西能源供应量由 2.02 亿吨石油当量增加到 2.72 亿吨石油当量，增长 34.87%；非可再生能源供应由 1.14 亿吨石油当量增加到 1.52 亿吨石油当量，增长 33.82%；可再生能源供应 0.88 亿吨石油当量增加到 1.20 亿吨石油当量，增长 36.23%（见表 4 - 6）。

第二，石油、天然气供应增长较快，而煤炭和核能供应变化不大。在非可再生能源中，2003—2011 年，石油和天然气的供应量分别由 0.81 亿吨石油当量、0.16 亿吨石油当量增加到 1.05 亿吨石油当量、0.28 亿吨石油当量，分别增长了 29.77%、77.93%（见表 4 - 6）。

① BP, *Statistical Review of World Energy*, June 2012, p. 39.

② BP, *Statistical Review of World Energy*, June 2012, p. 38.

表 4 - 5   **2011 年巴西主要能源储量、产量和消费量**

类别	储量		储采比年	产量		消费量	
	总量	占全球比重（%）		总量	占全球比重（%）	总量	占全球比重（%）
石油	151 亿桶	0.9	18.3	219.3 万桶/日	2.9	265.3	3.0
天然气	0.5 万亿立方米	0.2	27.1	167 亿立方米	0.5	267 亿立方米	0.8
煤炭	45.6 亿吨	0.5	超过百年	240 万吨石油当量	0.1	1390 万吨石油当量	0.4
核能	—	—	—	—	—	350 万吨石油当量	0.6
水电	—	—	—	—	—	9720 万吨石油当量	12.3

资料来源：BP, *Statistical Review of World Energy*, June 2012, pp. 6 - 36。

表 4 - 6　　　　　　　　　巴西能源供应总量

单位：千吨石油当量

	2003	2004	2005	2006	2007	2008	2009	2010	2011
非可再生内能源	113728	120103	121350	124464	129102	136616	128572	147569	152187
石油	81069	83648	84553	85545	89239	92410	92422	101714	105200
天然气	15512	19061	20526	21716	22199	25934	21145	27536	27601
煤炭	13527	14225	13721	13537	14356	14562	11572	14462	15243
核能	3621	3170	2549	3667	3309	3709	3434	3857	4143
可再生能源	88206	93642	97314	101880	109420	115981	115357	121203	120160
水电	29477	30804	32379	33537	35505	35412	37064	37663	39943
生物质	25973	28203	28468	28589	28628	29227	24610	25998	26333
乙醇	27093	28775	30147	32999	37847	42866	44447	47102	42779
其他再生能源	5663	5860	6320	6754	7440	8475	9237	10440	11105
合计	201934	213744	218663	226344	238522	252596	243930	268771	272348

资料来源：巴西能源矿产部数据，http：//www. mme. gov. br/spe/menu/publicacoes. html。

第三，水电和乙醇供应量保持快速增长，而生物质能源供应变化不大。在可再生能源中，2003—2011 年，水电、乙醇的供应量分别由 2003 年的 0.295 亿吨石油当量和 0.271 亿吨石油当量提高到了 2011 年的 0.399 亿吨石油当量和 0.428 亿吨石油当量，分别增长了 35.51% 和 57.90%（见表 4-6）。

第四，巴西的能源供应结构相对合理，可持续性较好。2011 年，非可再生能源和可再生能源占能源供应结构的比重分别为 55.9% 和 44.1%（见表 4-7）。2003—2011 年，非可再生能源占能源供应结构中的比重略有下降，但下降幅度仅有 0.4%，其中，石油在能源供应结构中的比重由 40.1% 下降到了 38.6%；天然气所占比重大幅提高，由 7.7% 提高到了 10.1%，而煤炭、核能所占比重有下降趋势。

可再生能源在能源供应结构中稳步提高，所占比重由 2003 年的 43.7% 提高到了 2011 年的 44.1%，其中，乙醇供应大幅度增加，占能源供应结构中的比重由 2003 年的 13.4% 提高到了 2011 年的 15.7%；水电所占比重变化基本保持不变，而生物质能源供应所占比重下降幅度较大（见表 4-7）。此外，包括太阳能、风能在内的其他可再生能源在能源供应中的分量迅速提高。

表 4-7 　　　　　　　　巴西能源供应结构 　　　　　　单位:%

	2003	2004	2005	2006	2007	2008	2009	2010	2011
非可再生内能源	56.3	56.2	55.5	55.0	54.1	54.1	52.7	54.9	55.9
石油	40.1	39.1	38.7	37.8	37.4	36.6	37.9	37.8	38.6
天然气	7.7	8.9	9.4	9.6	9.3	10.3	8.7	10.2	10.1
煤炭	6.7	6.7	6.3	6.0	6.0	5.8	4.7	5.4	5.6
核能	1.8	1.5	1.2	1.6	1.4	1.5	1.4	1.4	1.5
可再生能源	43.7	43.8	44.5	45.0	45.9	45.9	47.3	45.1	44.1
水电	14.6	14.4	14.8	14.9	14.9	14.0	15.2	14.0	14.7
生物质	12.9	13.0	13.0	12.6	12.0	11.6	10.1	9.7	9.7
乙醇	13.4	13.5	13.8	14.6	15.9	17.0	18.2	17.5	15.7
其他再生能源	2.8	2.7	2.9	3.0	3.1	3.4	3.8	3.9	4.1
合计	100.0	100.0	100.0	100.0	100.0	100.0	100.0	100.0	100.0

资料来源：巴西能源矿产部数据，http://www.mme.gov.br/spe/menu/publicacoes.html。

（三）巴西的一次能源消费结构

根据 BP 世界能源统计数据，2011 年，巴西一次能源消费为 2.67 亿吨石油当量。[①]就一次能源消费结构看，巴西的能源消费主要依赖石油、水电，2011 年，对两大能源的消费分别为 12070 万吨石油当量和 9720 万吨石油当量，分别占一次能源消费的 45.22% 和 36.42%，两项合计占到了能源消费的 81.64%（见表 4 - 8）。可再生能源、煤炭和天然气消费虽有所上升，但占一次能源消费比重不高。巴西的能源一次消费结构相对合理，可持续性较好。

表 4 - 8　　　　　　　　　**2011 年巴西一次能源消费结构**　　　单位：万吨石油当量

	石油	天然气	煤炭	核能	水电	可再生能源	合计
总量	12070	240	1390	350	9720	750	26690
所占比重（%）	45.22	0.90	5.21	1.31	36.42	2.81	100

资料来源：BP, *Statistical Review of World Energy*, June 2012, p. 41。

（四）巴西的能源独立

20 世纪 60—70 年代，巴西发展出现"经济奇迹"时，伴随而来的却是能源供应紧张，高度依赖外部能源进口。特别是 20 世纪 70 年代世纪石油危机的爆发，更是加重了巴西的能源危机感，迫切需要立足国内能源资源，实现国内能源供应自足。

为此，巴西积极开发国内丰富的水力资源，大力推广乙醇和混合柴油。巴西的能源独立之路取得了很大的成就，不仅实现了本国的能源自给，而且在油气深海勘探、生物能源技术等方面居于世界领先地位。

目前，巴西的能源对外依存度已下降到历史最低点。据巴西能源矿产部数据，1979 年对外能源依存度度高达 45.4%，从 1980 年开始，巴西的对外能源依存度开始下降，由 1980 年的 42.6% 下降到了 1985 年的 20.1%；1986—1997 年，巴西对外能源依存度再次上升，最高点为 1995 年的 30.2%。20 世纪 90 年代之后，巴西对外能源依存度再次下降，由 1997 年的 29% 下降到了 2011 年的 8.3%（见表 4 - 9）。

---

① BP, *Statistical Review of World Energy*, June 2012, p. 40.

表4-9　　　　　　　　　　　巴西的能源对外依存度

年份	2003	2004	2005	2006	2007	2008	2009	2010	2011
石油（千桶/天）	71	134	-1	-32	-35	-11	-155	-61	15
石油对外依存度（%）	4.3	7.8	-0.1	-1.8	-1.9	-0.6	-8.0	-2.9	0.7
煤炭（千吨）	16133	16127	15440	14898	16439	17210	13104	17710	19802
煤炭对外依存度（%）	77.6	73.5	71.6	69.4	73.5	76.8	73.3	75.6	80.3
电力（GWh）	37145	37385	39042	41164	38832	42211	39984	34648	35886
电力对外依存度（%）	9.3	8.8	8.8	8.9	8.0	8.4	7.9	6.3	6.3
能源对外依存（千吨石油当量）	22490	28169	22735	18525	19470	21482	9541	20434	23387
能源对外依存度（%）	10.9	12.9	10.2	8.0	8.0	8.3	3.8	7.5	8.3

资料来源：巴西能源矿产部数据，http://www.mme.gov.br/spe/menu/publicacoes.html。

三　巴西电力市场管理体制

（一）总体电力管理体制及构架

巴西的电力管理构架包括政策制定及发展规划、行业监管与监督、政策执行以及政策支持系统四部分（见图4-1）。①总统、国会、能源矿产部、能源研究公司以及能源政策委员会负责制定电力政策和电力发展规划；②国家电监局负责电力行业监管；③发电、输电、配电、销售等公司是电力政策执行市场主体；④国家发展银行和国家电力公司则属于电力政策支持系统。

（二）监管政策和监管机构

巴西电力监管目标是确保电力供应安全、降低电价及实现普遍电力供应目标。国家电力监管局（ANEEL），隶属于能源矿产部，其职责是监管发电、输电和配电过程，并监督执行联邦政府的电力政策。电力行业监督委员会（CMSE）负责监管电力供应的稳定性和供应安全。国家电力调度中心（ONS）负责电力系统的调度、技术协调、输电服务管理等。国家电力交易中心（CCEE）具体负责实施电力交易招标、电力交易合同登记备案等。

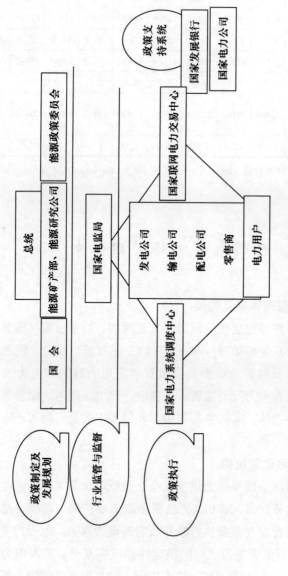

图 4 - 1 巴西电力管理体系

资料来源：根据巴西国家电力局网站相关资料整理。

表4－10 巴西主要电力管理部门及职能

部门名称	职能
能源矿产部	负责制定电力政策和电力发展规划等
国家电监局	负责电力市场运行监督，组织发电、输电、配电特许经营投标，解决发电、输电及配电等市场主体之间的纠纷
能源政策委员会	负责为总统提出能源（含电力、石油和天然气）政策和发展规划建议
国家电力调度中心	负责电力系统的调度、技术协调、输电服务管理等
国家电力交易中心	具体负责实施电力交易招标、电力交易合同登记备案等
国家能源研究公司	负责研究电力系统战略规划，包括电力发展的短期、中期和长期规划等
电力行业监督委员会	负责监管电力供应的稳定性和供应安全，避免电力短缺

资料来源：根据巴西相关政府部门网站资料整理。

巴西国家电力联网系统容量不断提高。2011年8月，国家电力联网系统的装机容量达115000MW，比2001年12月提高了54%①。电力联网系统容量提升后，对系统的协调能力有了更高的要求。这项协调功能由"国家电力系统调度中心"（ONS）负责，该机构主要是监控、管理进入国家电力联网系统的发电、输电设施，而优先监管的则是水电。

国家电力系统调度中心（ONS）在全国拥有5个操作中心，负责协调、监督和控制巴西的电力系统。但是，应注意的是，巴西仍有3%的发电量尚未进入国家电力联网系统，被称为"独立电网系统"，主要分布于亚马逊地区。

（三）巴西电力市场准入政策

巴西电力行业对外开放格局已经形成，私人资本或外资已全方位参与电力行业各环节，但国有电力公司仍处于垄断地位。1997—2011年，法国、西班牙、意大利、美国及智利等国公司都进入巴西电力市场，外资公司进入一般与巴西国有公司合作参与电力投资项目招标。2004年以来，巴西采用的新电力行业发展模式对不同的发电企业和电力用户划分为管制市场和非管制市场，使得公共资本和私人资本都可以参与新的发电、配电项目。

电力行业是巴西的战略性产业，关系到国家安全，安全维护主要是通

---

① http：//www. brasil. gov. br/energia－en/power－sector.

过保持、加强国有企业对产业的主导力、控制力来实现的。巴西电力投资所涉及的国家安全与其他领域安全议题相联系，如电力供应安全、生态安全等。据第 9074/95 号法律，私人资本可通过获得特许经营权参与发电和输电业务，但相关法律规定，不允许外资参与本国核能项目。

巴西经济领域司法制度相对完善，制定了《外国资本法》、《反垄断法》、《工业产权法》、《不正当竞争法》等法律。巴西存在投资保护主义，在风能、油气开发等能源投资存在国产化率要求，且对外国公司持股比例也有相应的法律规定。巴西对电力建设项目建立了严格的环境、社会影响评估机制，建设项目都需要获得官方的环境许可证，才能开展相关投资或工程承包活动。

（四）巴西电力市场改革

巴西的电力产业规模在西半球居于第三位，仅次于美国和加拿大。巴西的电力产业长期由政府主导，绝大多数电力公司由联邦政府或州政府控股、参股。20 世纪 70 年代，巴西电力行业获得了飞速发展，但 20 世纪 80 年代的电力行业的国有模式陷入危机，主要是财政补贴负担过重，且行业收入下降，导致投入不足。自 20 世纪 90 年代以来，巴西的电力行业改革经历了三个重要阶段。

1. 第一阶段：20 世纪 90 年代的改革

20 世纪 90 年代，巴西启动"电力行业重组计划"（RE - SEB），改革目标是提高电力行业竞争力，并引入私人资本参与。1996 年，根据第 9427 号法律，成立了国家电力监管局（ANEEL），隶属于能源矿产部，其职责是监管发电、输电和配电过程，并监督执行联邦政府的电力政策。1997 年，成立国家能源委员会（CNPE），属于能源矿产部的政策咨询机构，负责制定电力技术标准和大型电力项目。1998 年，根据第 9648 号法令，成立国家电力系统调度中心（ONS）和电力批发销售机构（MAE）。国家电力系统调度中心（ONS）属于非营利私人机构，其职责是协调、控制进入"国家联网系统"（SIN）的发电、输电业务。

改革的重要成效是电力行业引入了私人资本，部分国有发电企业被外国投资者收购，且大部分新增电网都是由私人资本投资建设的。此外，地方投资者、电力用户、养老基金等开始涉足发电行业。法国、智利等国的电力公司进入了巴西的配电行业。尽管改革取得一些成效，但存在明显不足。1990—1999 年，装机容量增长缓慢，满足不了电力增长需求，电力短缺压力增大。

2. 第二阶段：2001—2002 年的能源危机及政府应急措施

2001—2002 年，巴西陷入了历史上最为严重的能源危机。危机的直接导火索是多年的天气干旱，而巴西的电力供应 80% 依赖水电。同时，新电厂延期、伊泰普水电站电网问题也是加剧能源危机的原因。

2001 年 6 月，巴西成立了能源危机管理委员会，由总统担任主任。该委员会采取了特殊电价、配额管理等多项措施，目的是加强能源需求管理和提高能源效率。然而，此次能源危机也对发电公司和配电公司产生了影响，收入下降了 20%，因需求萎缩。此后，政府提高电价后，情况才有所改变。此次能源危机使得巴西继续推动电力行业改革显得更紧迫。

3. 第三阶段：2003—2004 年改革引入电力拍卖竞标机制

2003—2004 年，巴西继续对电力行业进行深度改革，确立了新的电力行业发展模式。新模式的目标是确保电力供应安全、降低电价、促进巴西电力的社会融入，实现普遍电力供应目标。电力社会融入是指电力的普遍供应、电力服务的普遍化，并对低收入者提供电力消费补贴。

根据第 10847 号法律、第 10848 号法律和第 5163 号法令，电力行业新模式建立了明确、稳定和透明的行业发展规则，确保电力供应安全和促进发电、输电和配电业务发展，而且确立电价调整机制，确保电力行业的投资回报率。2004 年通过的第 5081 号法令对电力行业发展新模式做出了具体条款解释，其中一项重要措施是建立电力竞标拍卖机制，作为配电公司的主要电力采购机制，其重要性在于引入竞争机制。

新一轮电力改革成立了国家能源研究公司（EPE）、电力行业监督委员会（CMSE）和国家联网电力交易中心（CCEE）三个机构。国家能源研究公司（EPE）的职责是从事电力、石油、天然气、煤炭、可再生能源的长期发展规划研究，为能源矿产部制定能源政策服务。电力行业监督委员会（CMSE）负责监管电力供应的稳定性和供应安全。国家联网电力交易中心（CCEE）取代原有"电力批发交易机构"（MAE）职能，负责管理国家电力联网系统的电力交易、商业性电力市场建设和电力拍卖竞标系统。

巴西采用了新的电力行业发展模式的特点是对不同的发电企业和电力用户划分为管制市场和非管制市场，使得公共资本和私人资本都可以参与新的发电、配电项目。新的电力行业发展模式还包括配电公司和自由电力用户所签署的合同要反映其电力需求，且水电和热电要保持适当比例，目标是确保电力供应安全，解决电力供需之间的周期性不平衡问题。

在电力交易的销售和购买方面，确立了两种合同模式：一种是管制合同模式（ACR），由发电公司和配电公司参与；另一种是自由合同模式（ACL），由发电公司、电力销售公司、电力进出口商和自由消费者构成。管制合同模式（ACR）是配电公司通过参与国家电力局（ANEEL）和国家联网电力交易中心（CCEE）组织的公开招标，获得所需购买电量。自由市场合同模式（ACL）是发电公司、电力用户等不同市场主体之间通过双方签署电力买卖合同，其特点是电力用户可以自由选择供电商。

此外，在调解电价方面，新模式为配电公司的电力购买在管制市场里采用竞标拍卖的方式，采用最低价格标准，目标是防止电力成本转嫁到电力用户身上。

四 巴西电力市场结构与企业类型

巴西建有全国统一的电力市场。2012年，由国家电力调度中心管理的联网电量约占全国电力供应的90%。截至2012年底，巴西共有发电企业500多家、输电企业近70家、电力零售商140多家、配电企业近50家。

目前，巴西发电、输电和配电等产业环节都有私人或外国资本参与，电力产业市场竞争机制基本形成，但联邦或州政府的国有企业在电力产业中仍占据主导地位。据不同机构估算，私人资本对发电参与约10%、对配电的参与约64%，而输电还是由国有企业掌控。1999—2010年，外国资本投资占巴西电力行业投资比重不到6%。巴西国家电力公司在发电、输电及配电等领域具有控制力，其装机容量约占全国装机容量的35%，其拥有的电网约占全国电网的56%。

（一）电力市场主体

2004年，巴西进一步开放电力市场，引入竞争机制后，发、输、配、售各环节的企业数量大幅增加。2000—2004年，电力市场企业数量由58家上升到194家，其中，独立发电企业增加了43家。2012年，电力市场企业增加到了2200多家，其中包括特殊电力用户和自由电力用户共

1521 家。

巴西电力市场主体变化的最大特点是，独立发电企业和电力零售企业大幅增加，而配电企业相对变化不大。为加强对电力需求方的管理，电力市场的另一特点是，特殊电力用户和自由电力用户急剧扩大（见表 4 - 11）。

截至 2012 年底，巴西共有发电企业 509 家，其中，独立发电企业 435 家、公共服务发电企业 32 家、自用发电企业 42 家。2004—2012 年，独立发电企业增加幅度最快，增加了 9 倍多。2012 年，巴西的电力零售商 146 家，配电企业 46 家（见表 4 - 11）。

表 4 - 11　　　　　　　　巴西电力市场企业数量　　　　　　单位：个

年份	2000	2004	2008	2010	2011	2012
电力零售商	5	41	55	93	113	146
电力进口商	1	1	1	1	1	0
独立发电企业	2	45	130	263	312	435
公共服务发电企业	15	20	29	28	31	32
自用发电企业	0	11	24	34	41	42
特殊电力用户	0	0	194	455	587	937
自由电力用户	0	34	459	483	514	584
配电企业	35	42	43	45	46	46
合计	58	194	935	1402	1645	2222

资料来源：ANEEL, Informações Gerenciais 2012, p. 23. http：//www. aneel. gov. br/area. cfm? idArea = 531。

（二）巴西的发电市场结构、电厂类型及装机容量

巴西发电分为公共服务发电、独立发电和自用发电三种，其中，公共服务发电占总发电的比重约为 90%。2012 年，巴西共发电 512737GWh，比 2011 年增长了 3. 83%。[①]

巴西的发电具有垄断性市场结构特点。Chest、Furnas、Electronorte 等前十大发电公司的装机容量 71673710kW，占总装机容量的 59. 4%，其

---

① ANEEL, Informações Gerenciais 2012, p. 5.

中，Chest、Furnas 和 Electronorte 三家公司就分别占到了 8.8%、8.0% 和 7.6%（见表 4 – 12）。就联网程度而言，2012 年 97.92% 的发电量已进入联网系统。①

表 4 – 12   2012 年巴西前十大发电企业

企业排名	企业名称	装机容量（kW）	所占比重（%）
1	Chest 公司	10651131	8.8
2	Furnas 公司	9703000	8.0
3	Electronorte 公司	9131454	7.6
4	Cesp 公司	7461270	6.2
5	Tractebel 公司	7141450	5.9
6	伊泰普水电站公司	7000000	5.8
7	Cemig 公司	6781584	5.6
8	Petrobras 公司	6288421	5.2
9	Copel 公司	4899350	4.1
10	AES Tiete 公司	2652050	2.2
合计		71673710	59.4

资料来源：ANEEL, Informações Gerenciais 2012, p. 8. http://www. aneel. gov. br/area. cfm? idArea = 531。

按电厂类型划分，巴西的电厂包括水电站（大型水电、中小型水电和中型水电）、热电、核电、风电和光伏发电。

第一，水电站和热电厂居于主导地位，占电厂总数的 96.8%。截至 2012 年底，巴西共有各类电厂 2736 个，其中，水电站 1036 个，热电厂 1605 个，分别占电厂总数的 37.9%、58.7%，而风电场和光伏发电场规模不大，分别占电厂总数的 3%、0.4%（见表 4 – 13）。

第二，大型水电站数量少，但已成为巴西第一大电源。巴西的大型水电站共 204 个，仅占发电厂总数的 7.5%，但装机容量高达 79618158kW，占总装机容量的 66%（见表 4 – 13）。相比而言，尽管中小型及中型水电站较多，但装机容量仅有 4483272kW，占总装机容量的比重的 3.7%（见表 4 – 13）。巴西水电潜力装机容量较高，但开发率不高，主要集中在巴

---

① ANEEL, Informações Gerenciais 2012, p. 5.

西北部和东北部地区。

　　第三，热电厂是巴西的第二大电源，主要依赖石油发电。巴西热电厂共有 1605 个，热电厂的装机容量为 32672870kW，占总装机容量的 27.1%，仅次于水电。2012 年，巴西燃油电厂 998 个，天然气电厂 138 个，生物质电厂 488 个，燃煤电厂 11 个，其他热电厂 10 个，分别占热电厂总数的 62.18%、8.60%、27.91%、0.69% 和 0.62%（见表 4 - 14）。天然气电厂、燃油电厂和生物质电厂分别占热电装机容量的 39.60%、22.08% 和 30.18%。

表 4 - 13　　　　　　　　　2012 年电厂类型及装机容量

电厂类型	电厂数（个）	所占比重（%）	装机容量（kW）	所占比重（%）
大型水电（UHE）	204	7.5	79618158	66.0
中小型水电（PCH）	435	15.9	4247818	3.5
中型水电（CGH）	397	14.5	235454	0.2
热电（UTE）	1605	58.7	32672870	27.1
核电（UTN）	2	0.1	2007000	1.7
风电（EOL）	82	3.0	1820382	1.5
光伏发电（UFV）	11	0.4	7578	0.0
合计	2736	100	120609260	100

　　资料来源：ANEEL, Informações Gerenciais 2012, p. 4. http：//www. aneel. gov. br/area. cfm? idArea = 531。

表 4 - 14　　　　　　　　2012 年巴西热电厂类型及装机容量

电厂类型	电厂数（个）	所占比重（%）	装机容量（kW）	所占比重（%）
天然气	138	8.60	12936668	39.60
石油	998	62.18	7215575	22.08
生物质	448	27.91	9860245	30.18
煤炭	11	0.69	2304191	7.05
其他	10	0.62	356191	1.09
合计	1605	100	32672870	100

　　资料来源：ANEEL, Informações Gerenciais 2012, p. 5. http：//www. aneel. gov. br/area. cfm? idArea = 531。

(三) 配电市场结构

巴西的配电系统由国家电力局 (ANEEL) 监管。目前, 巴西配电企业共 63 家, 其中, 北方 9 家、东北部 11 家、中西部 5 家、东南部 21 家、南部 17 家。[①]

巴西前十大配电公司的配电量 16116426MWh, 占到总配电量的 59%, 其中 Eletropaulo、Cemig、Copel 三家公司的配电量所占比重分别为 11.5%、7.4%、7.4% (见表 4-15)。从用户拥有量来看, 前十大配电公司拥有的用户数占总用户数的 58.2%, 其中, Cemig、Eletropaulo 和 Coelba 三大公司拥有的用户数分别占到了 10.4%、9.0% 和 7.2% (见表 4-16)。

表 4-15　　　　　　　巴西前十大配电企业

企业排名	企业名称	配电量 (MWh)	所占比重 (%)
1	Eletropaulo 公司	3150730	11.5
2	Cemig 公司	2021371	7.4
3	Copel 公司	2017058	7.4
4	CPFL 公司	1854611	6.8
5	Light 公司	1773272	6.5
6	Coelba 公司	1279535	4.7
7	Celesc 公司	1207093	4.4
8	Elektro 公司	1030446	3.8
9	Celg 公司	901224	3.3
10	Celpe 公司	881086	3.2
合计		16116426	59.0

资料来源: ANEEL, Informações Gerenciais 2012, p. 19. http://www. aneel. gov. br/area. cfm? idArea = 531。

表 4-16　　　　　　按拥有用户量排名的前十大配电企业

企业排名	企业名称	用户数	所占比重 (%)
1	Cemig 公司	7471171	10.4
2	Eletropaulo 公司	6457476	9.0

---

① http://www. brasil. gov. br/energia - en/power - sector.

企业排名	企业名称	用户数	所占比重（%）
3	Coelba 公司	5192035	7.2
4	Copel 公司	4037566	5.6
5	CPFL 公司	3829430	5.3
6	Light 公司	3573022	5.0
7	Celpe 公司	3245065	4.5
8	Coelce 公司	3076270	4.3
9	Celg 公司	2506740	3.5
10	Celesc 公司	2503923	3.5
合计		41892698	58.2

资料来源：ANEEL, Informações Gerenciais 2012, p.19. http：//www. aneel. gov. br/area. cfm? idArea = 531。

五　巴西电力市场运行状况

（一）电力市场装机容量及结构

截至 2012 年底，巴西电力市场装机容量 120.97GW，比 2011 年增长 3.2%；其中，水电、天然气发电、生物质发电、石油发电的装机容量分别为 84.29GW、13.26GW、9.99GW、7.22GW，分别占装机容量的 69.7%、11.0%、8.3% 和 6.0%；而核电、煤电、风电、太阳能发电的装机容量所占比重较低，分别为 1.7%、1.9%、1.6%、0.01%。[1] 2006—2011 年，水电占装机容量比重下降了 5.6%，热电上升了 4.98%，核能保持稳定，风电增加较快，但占装机容量比重较低。

第一，装机容量大幅增加，年均增长量超过了 4000MW。2004—2012 年，装机容量由 90807MW 提高到 120609MW，增长 32.82%，其中，2004 年和 2006 年的装机容量增加的绝对值超过了 6000MW（见表 4-17）。就增长速度看，2004 年增长高达 8.2%，2010 年再次出现 5.74% 的增长

---

[1]　数据引自巴西矿产能源部报告《RESENHA ENERGéTICA BRASILEIRA – Exercício de 2012》。

高峰。

第二，巴西电源结构高度依赖水电，其次是热电。2011 年，水电和热电的装机容量分别为 82459MW、31243MW，分别占当年装机容量的 70.40%、26.67%（见表 4 - 18）。巴西电源结构变化的最大特点是，水电占装机容量比重下降，而热电有所上升。2006—2011 年，水电占装机容量比重下降了 5.6%，而热电却上升了 4.98%。核能保持稳定，占装机容量的 1.7% 左右。尽管风电增加较快，但占装机容量的比重微乎其微。

第三，因经济发展水平差异，装机容量主要集中在东南部、南部。2011 年，东南部和南部的装机容量为 40889MW、28268MW，分别占装机容量的 34.9% 和 24.1%，而北部、东北部和中西部装机容量相对较低（见表 4 - 19）。水电的装机容量主要分布在东南部和南部，2011 年，两个地区分别占到了 29.9% 和 28.5%，而热电的装机容量主要分布在东南部和东北部，两个地区分别占到了 45.5% 和 18.8%（见表 4 - 20）。

表 4 - 17 　　　　　　　　　巴西装机容量及增长 　　　　　　　单位：MW

年份	2004	2005	2006	2007	2008	2009	2010	2011	2012
装机容量	90807	92866	96294	100352	102610	106301	112400	117135	120609
比上年增长	6871	2187	3429	4058	2257	3691	6099	4735	3475
增长率 %	8.20	2.4	3.69	4.21	2.25	3.60	5.74	4.21	2.97

资料来源：ANEEL, Informações Gerenciais 2012, p. 7. http://www.aneel.gov.br/area.cfm?idArea=531。

（二）电力市场供求状况

1. 电力生产

2012 年，巴西国内电力供应 592.8 TWh（国内发电 552.50TWh、进口 40.25 TWh），比 2011 年增长 4.4%；其中，国内水电、天然气和生物质发电量分别为 415.34TWh、46.76TWh、35.30TWh，分别占当年发电量的 70.1%、7.9%、6.0%。[①] 2012 年，巴西可再生能源发电占发电量的 83.7%，远远高出世界平均水平 19.7%。2010—2012 年，巴西可再生电源比重下降，而不可再生电源比重上升，且电力对外依存度呈下降趋势。

———

① 数据引自巴西矿产能源部报告《RESENHA ENERGéTICA BRASILEIRA － Exercício de 2012》。

表 4 - 18　巴西的电源结构及装机容量

单位：MW

年份	水电			热电			风电			核能		合计		
	SP	APE	合计	SP	APE	合计	SP	APE	合计	SP	APE	SP	APE	合计
2006	71767	1666	73433	14285	6672	20957	235	2	237	2007		88294	8340	96634
2007	73622	3249	76871	14270	7055	21325	245	2	247	2007		90144	10306	100450
2008	74546	3324	77870	15291	8526	23817	413	2	414	2007		92257	11852	104108
2009	75501	3790	79291	15611	8704	24315	600	2	602	2007		93720	12496	106215
2010	77318	3385	80703	17548	12141	29689	926	2	928	2007		97728	15528	113327
2011	78023	4436	82459	17774	13469	31243	1425		1425	2007		99230	17905	117135

注：SP 指公共服务发电公司和独立发电公司；APE 指自用发电企业。

资料来源：巴西能源矿产部数据，http://www.mme.gov.br/spe/menu/publicacoes.html。

表 4 - 19　2011 年电力装机容量地区分布

单位：MW

地区	水电			热电			风电			核能	合计		
	SP	APE	合计	SP	APE	合计	SP	APE	合计	SP	SP	APE	合计
北部	11369	144	11513	3612	402	4015					15011	558	15569
东北部	11074	294	11369	3821	2054	5875	852		852		15780	2351	18131
东南部	22583	2046	24629	6040	8171	14211	28		28	2007	30678	10211	40889
南部	21923	1608	23531	3055	1194	4249	544		544		25475	2793	28268
中西部	11073	344	11417	1245	1649	2894					12286	1992	14278
合计	78023	4436	82459	17774	13469	31243	1425		1425	2007	99230	17905	117135

注：SP 指公共服务发电企业和独立发电商；APE 指自用发电企业。

资料来源：巴西能源矿产部数据，http://www.mme.gov.br/spe/menu/publicacoes.html。

表4-20

2011 年装机容量各地区占比

单位:%

地区	水电			热电			风电			核能	合计		
	SP	APE	合计	SP	APE	合计	SP	APE	合计	SP	SP	APE	合计
北部	14.6	3.2	14.0	20.3	3.0	12.9	0.0		0.0		15.1	3.1	13.3
东北部	14.2	6.6	13.8	21.5	15.2	18.8	59.8		59.8	0.0	15.9	13.1	15.5
东南部	28.9	46.1	29.9	34.0	60.7	45.5	2.0		2.0	100.0	30.9	57.0	34.9
南部	28.1	36.2	28.5	17.2	8.9	13.6	38.2		38.2	0.0	25.7	15.6	24.1
中西部	14.2	7.8	13.8	7.0	12.2	9.3	0.0		0.0	0.0	12.4	11.1	12.2
合计	100.0	100.0	100.0	100.0	100.0	100.0	100.0		100.0	100.0	100.0	100.0	100.0

资料来源：巴西能源矿产部数据，http：//www.mme.gov.br/spe/menu/publicacoes.html。

第一，可再生电源发电比重下降，而不可再生电源发电比重上升。2010—2012 年，可再生电源所占比重由 89.2% 下降到了 86.8%，其中，水电所占比重下降了 2.8%，而非可再生电源所占比重由 10.8% 提高到了 13.2%，其中，天然气发电提高了 1.5%，石油和煤炭发电也有所提高（见表 4 - 21）。

第二，公共服务发电占主导地位。2011 年，公共服务发电量 449857GWh，占巴西发电总量的 88.92%（见表 4 - 22）。2003—2011 年，巴西公共服务发电增长 36.62%；其中，水电、天然气、风电发电增长较快。2011 年，水电公共服务发电量 406640GWh，占公共服务发电总量的 90.39%。天然气发电是公共服务发电的第二大电源，2011 年，天然气发电量为 15235GWh，占公共服务发电的 3.39%。

第三，巴西自用发电发展较快。2003—2011 年发电量由 35057GWh 提高到 77126GWh，增长一倍多。就电源类型看，自用发电主要是天然气发电和甘蔗渣发电，2011 年，两大电源发电分别为 11007GWh 和 22273GWh，分别是 2003 年两大电源各自发电量的 3 倍（见表 4 - 23）。

表 4 -21　　　　　　　　　　巴西发电量　　　　　　　　单位：GWh

年份	2010	2011	2012
联网	476353	493791	512737
非联网	11563	12106	10918
合计	487916	505897	523655
发电电源结构	%		
可再生电源	89.2	91.6	86.8
水电	88.8	91.2	86.0
生物	0.1	0.1	0.2
风电	0.3	0.4	0.6
不可再生电源	10.8	8.4	13.2
天然气	5.3	2.7	6.8
石油	0.7	0.7	1.3
煤炭	1.3	1.1	1.5
核电	3.0	3.2	3.1
其他	0.5	0.7	0.5

资料来源：ANEEL，Informações Gerenciais 2012，p. 5. http://www. aneel. gov. br/area. cfm? idArea =531。

表 4-22 巴西公共服务发电量 单位：GWh

年份	2003	2004	2005	2006	2007	2008	2009	2010	2011
发电总量	329282	349539	363248	377644	397956	412012	409150	442803	449857
天然气	9073	14681	13898	13049	10622	23338	8125	25832	15235
风电	61	61	93	237	608	1183	1446	2248	2971
煤炭	5251	6344	6107	6524	5829	6206	5214	6062	0
生物质	0	0	0	152	0	129	0	61	88
柴油	5640	6868	6630	5484	5009	7166	5910	7437	7277
燃料油	1625	1390	1613	2684	4281	5737	3828	4041	1987
核能	13358	11611	9855	13754	12350	13969	12957	14523	15659
水电	294274	308584	325053	335761	359256	354285	371670	382599	406640

资料来源：巴西能源矿产部数据，http：//www. mme. gov. br/spe/menu/publicacoes. html。

表 4-23 巴西自用（Auto-Producer）发电量 单位：GWh

年份	2003	2004	2005	2006	2007	2008	2009	2010	2011
发电总量	35057	37913	39782	41692	47337	50874	57008	72995	77126
天然气	4037	4583	4914	5209	5074	5440	5207	10643	11007
甘蔗渣	6795	6967	7661	8357	11095	12139	14057	22364	22273
其他种类	24225	26363	27207	28126	31168	33295	37744	39988	24225

资料来源：巴西能源矿产部数据，http：//www. mme. gov. br/spe/menu/publicacoes. html。

2. 电力消费

2012 年，巴西电力消费 498.40TWh，比 2011 年增长 3.8%；其中，工业、居民、商业和公共部门、其他部门的电力消费分别为 209.62TWh、117.65TWh、119.73TWh、51.4TWh，所占比重分别为 42.1%、23.6%、24.0% 和 10.3%。[①] 2003—2011 年，能源、居民和商业部门用电增长较快，而工业用电增长平稳；工业用电占电力消费比重下降幅度较大，而能源、商业用电所占比重上升，公共部门和农业电力消费所占比重变化不大。

因 2003—2011 年是巴西新一轮快速增长周期，电力消费保持了高速增长，且电力消费的行业分布结构和地区结构也出现了显著变化。

① 数据引自巴西矿产能源部报告《RESENHA ENERGéTICA BRASILEIRA - Exercício de 2012》。

第一，能源、居民和商业部门用电增长较快，而工业用电增长平稳。2011 年，巴西用电总量481323GWh，其中，工业、居民和商业用电分别为209659GWh、113221GWh 和74072GWh（见表4-24）。2003—2011 年，用电总量增长40.65%，其中，能源行业耗电增加近一倍多，而商业、居民、工业和公共部门用电分别增长53.12%、48.70%、30.45% 和28.54%。

第二，工业用电占电力消费比重下降幅度较大，而能源、商业用电所占比重上升。2011 年，工业、居民、商业和公共部门用电占电力消费比重分别为43.56%、23.52%、15.39% 和7.93%。2003—2011 年，工业用电占电力消费比重下降了3.4%，而商业、居民和能源行业用电占电力消费比重分别上升了1.25%、1.27% 和1.52%（见表4-25）。此外，公共部门和农业部门用电所占比重变化不大。

第三，居民用电的区域分布出现显著变化，南部地区居民用电所占比重下降，而北部地区居民用电上升较快。2011 年，南部和东南部居民用电分别为17740GWh 和59349GWh，分别占总居民用电的15.8% 和53%（见表4-26 和表4-27）。巴西东北部、北部经济开发、农业发展，电力消费增长较快，在整个消费比重中上升。2001—2011 年，东北部、北部居民用电占全国居民用电的比重分别提高了3.2%、0.4%，而东南部、南部居民用电比重却分别下降了2.7%、1.5%（见表4-27）。

表4-24　　　　　　　巴西用电总量及行业分布　　　　　　单位：GWh

年份	2003	2004	2005	2006	2007	2008	2009	2010	2011
电力消费总量	342213	359945	375193	389950	412130	428250	426029	464700	481323
行业消费 能源	12009	13199	13534	14572	17269	18395	18756	26837	24190
居民	76143	78577	83193	85810	90881	95585	101779	108457	113221
商业	48375	50082	53492	55222	58535	62495	64329	69718	74072
公共部门	29707	30092	32731	33049	33718	34553	36693	36979	38184
农业	14283	14895	15685	16417	17536	18397	16600	17696	20298
交通运输	980	1039	1188	1462	1575	1607	1591	1662	1700
工业	160716	172061	175370	183418	192616	197218	186280	203350	209659

资料来源：巴西能源矿产部数据，http://www.mme.gov.br/spe/menu/publicacoes.html。

表 4 - 25　　　　　　　　　巴西各行业电力消费所占比重　　　　　单位:%

年份	2003	2004	2005	2006	2007	2008	2009	2010	2011
能源	3.51	3.67	3.61	3.74	4.19	4.29	4.40	5.78	5.03
居民	22.25	21.83	22.17	22.01	22.05	22.32	23.89	23.34	23.52
商业	14.14	13.91	14.26	14.16	14.20	14.59	15.09	15.00	15.39
公共部门	8.68	8.36	8.72	8.47	8.18	8.07	8.61	7.96	7.93
农业	4.17	4.14	4.18	4.21	4.25	4.29	3.89	3.81	4.21
交通运输	0.28	0.29	0.32	0.38	0.38	0.38	0.37	0.36	0.35
工业	46.96	47.80	46.74	47.03	46.74	46.05	43.72	43.76	43.56
合计	100.0	100.0	100.0	100.0	100.0	100.0	100.0	100.0	100.0

资料来源:巴西能源矿产部数据, http: //www. mme. gov. br/spe/menu/publicacoes. html。

表 4 - 26　　　　　　　　　巴西居民用电量　　　　　单位：GWh

年份	2001	2002	2003	2004	2005	2006	2007	2008	2009	2010	2011
北部	3733	3824	3956	4054	4132	4394	4685	5036	5342	5923	6194
东北部	10901	10866	11859	12417	13480	13980	14843	16515	17999	19284	20163
东南部	40972	39875	41743	42990	45490	46866	49522	51479	54504	56680	59349
南部	12747	12743	12963	13215	13908	14069	14984	15454	16354	17121	17740
中西部	5268	5353	5623	5901	6183	6501	6848	7100	7581	8206	8525
合计	73621	72661	76144	78577	83193	85810	90881	95585	101779	107215	111971

资料来源:巴西能源矿产部数据, http: //www. mme. gov. br/spe/menu/publicacoes. html。

表 4 - 27　　　　　　　　　巴西居民用电量的地域分布　　　　　单位:%

年份	2001	2002	2003	2004	2005	2006	2007	2008	2009	2010	2011
北部	5.1	5.3	5.2	5.2	5.0	5.1	5.2	5.3	5.2	5.5	5.5
东北部	14.8	15.0	15.6	15.8	16.2	16.3	16.3	17.3	17.7	18.0	18.0
东南部	55.7	54.9	54.8	54.7	54.7	54.6	54.5	53.9	53.6	52.9	53.0
南部	17.3	17.5	17.0	16.8	16.7	16.4	16.5	16.2	16.1	16.0	15.8
中西部	7.2	7.4	7.4	7.5	7.4	7.6	7.5	7.4	7.4	7.7	7.6
合计	100.0	100.0	100.0	100.0	100.0	100.0	100.0	100.0	100.0	100.0	100.0

资料来源:巴西能源矿产部数据, http: //www. mme. gov. br/spe/menu/publicacoes. html。

（三）电网发展情况

巴西的电网系统主要由两大互联网构成，即南部—东南—中西部电网和东北部电网，此外还有不少孤立小电网。国家电力调度中心（ONS）负责管理、运营和协调电网系统，且多家公司参与电网经营。

1. 巴西电网发展现状

截至2012年12月，巴西共有电网10.67万公里，比2011年增长2.7%；其中，230 kV电网4.81万公里，占总电网45.1%；500kV电网3.56万公里，占33.4%；345kV电网1.02万公里，占9.6%；440kV电网0.67万公里，占6.3%；600kV电网3201公里，占3.0%；750kV电网2774.2公里，占2.6%。[①]

截至2012年底，巴西共有输电企业68家。巴西电网的特点是，由于巴西电力80%依赖水电，巴西电网规模较大的原因是水电站与电力用户相距遥远。巴西国家电力公司拥有电网5.9万公里，主要是高压基础电网。

表4-28　　　　　　　　　巴西电网年度增长　　　　　　　单位：公里

年份	1998—2006	2007	2008	2009	2010	2011	2012
年度增长	2570.3	995.4	3098.4	3012.5	2524.0	2672.0	1635.8

注：2008—2006年为期间年度平均值，http：//www.aneel.gov.br/area.cfm? idArea=531。

资料来源：ANEEL, Informações Gerenciais 2012，p.15。

第一，巴西电网管理的政府职能分工。从政府对电网的管理职能看，国家能源研究公司（EPE）负责电网建设规划、技术和安全标准研究等；国家电力监管局（ANEEL）负责电网建设及运营招标、输电和配电价格等；电力调度中心（ONS）负责监管、协调联网的发电和输电系统、评估电网招标的技术合规性检查、研究新电厂与电网实现互联、明确电网未来发展重点等。参加招标的电力公司必须满足相应的技术和经济条件。

巴西电网建设具有政府规划和市场竞争两大特点。巴西电网规划重点

[①] 数据引自巴西矿产能源部报告《RESENHA ENERGéTICA BRASILEIRA – Exercício de 2012》。

之一是实现远距离的可再生电源发电的联网工程。

第二,巴西电网的三个发展阶段。据估算,截至2013年,巴西电网总规模将达到12.3万公里。巴西电网东西长3000公里,南北长3500公里,最大电网长约1万公里(见表4-29)。

巴西的电网发展经历了三个不同阶段:1995—1998年,在传统的电力管理模式下,巴西电网发展缓慢,年均增长仅0.96%;1999—2010年,根据1998年通过的第9648号法律和2004年通过的10848法律,巴西确立了当前的电力管理模式,电网发展速度较快,年均增长3.7%;2011—2013年是巴西电网高速发展时期,年均增长约7.1%。

第三,巴西电网的产权关系。就电网产权关系看,属于混合所有制,存在国有、私人和外资及混合等几种产权关系,约80多家公司从事电网业务,但是,巴西电网及输电业务仍由巴西国有公司所主导。

第四,巴西电网建设、运营招标。巴西电网招标机制是在国家电力监管局组织下,通过市场公开竞标选择符合技术及经济标准的电网项目"建设、运营和所有"(BOO)公司。输电中标公司电网特许经营权是30年,确保期间运营收入最低,并由竞标确定。

私人和外国资本可参加竞标,但为了提高中标率,近年来外资公司通常与巴西电力公司(Eletrobras)的下属公司合作参加竞标。参加电网竞标的公司也需要持有环保许可证,通常由电网特许运营商申请获得,但当前出现的问题是申请环保许可过程复杂,且时间漫长,导致电网投入运行拖延。

第五,电网定价和成本分担。国家电监局每年评估电网总成本,并确定输电成本。基础电网在既定年份所要求达到的总收入为所有输电设施当年运行的固定报酬之和,并由发电商支付。新发电公司前十年采用既定的输电价格。

2. 巴西电网存在的问题

20世纪90年代末巴西开始开放输电市场,并吸引了大量外国投资者。巴西电力行业改革之后,输电市场对私有资本越来越有吸引力,并促进了电网的快速发展。但是,巴西的电网对确保电力供应安全、供应稳定性、降低电价等诸多方面还存在不少问题。2002—2012年,巴西多次发生大面积停电事故,其中部分原因与电网投资不足、技术更新滞后有关。

表 4 - 29　1995—2013 年巴西电网规模

单位：千公里

年份	1995	1996	1997	1998	1999	2000	2001	2002	2004	2005	2006	2007	2008	2009	2010	2011	2012	2013
增长量	—	0.9	0.6	0.9	3.1	2.0	0.9	2.5	2.5	3.1	3.2	1.1	3.1	4.1	5.1	3.2	14.7	5.1
总量	61.6	62.5	63.1	64.0	67.1	69.1	70.0	72.5	80.0	83.1	86.3	87.4	90.5	94.6	99.6	102.8	117.5	122.5

资料来源：巴西电力调度中心（ONS），数据进行了四舍五入处理。

第一，输电、配电成本较高。巴西的电源高度依赖水电，水电站主要位于巴西北部和东北部，而主要用电地区是经济较为发达的南部和东南部。由于水电电源与用电区相距遥远，造成了电网建设、运营成本较高。据评估，巴西高压输电、配电成本每年约 50 亿美元。

第二，输电成本分担机制需要完善。发电商的电网成本分为两部分：一部分是电网接入成本，另一部分是电网使用成本。根据巴西电监局的法规，电网竞标时允许更多的发电商接入输电系统，且扩大可再生电源电厂接入，由此给发电商带来了更多的不确定性，因为发电商各自相互独立，一旦有发电商退出发电，将会增加整个电网的运营成本。

第三，电网定价机制影响了发电市场的发展。巴西电网管理的制度安排使得发电环节产生竞争，并鼓励签署长期电力购买合同。但是，由于水电对输电、配电系统形成的巨大成本使得巴西整个电网成本管理更加复杂。因电网定价机制的不完善，造成电价未能充分合理反映发电、输电以及配电各个环节的成本，对发电市场的竞争程度带来了不利影响。

第四，电力管理体制不完善造成电网投入不足。巴西现行电网特许经营机制中，电网运营公司收入上限是政府在招标时就已确定。巴西现有电网硬件基础设施老旧，断电基本无法避免。巴西电力管理体制不完善和政府投入不力导致输电和配电系统普遍缺乏必要维护和断电预防措施。输电网络技术革新和设备换代步伐滞后，造成电损率居高不下。

第五，尽管输电市场竞争日益激烈，但仍处于国有垄断之下。因经济保持快速增长，巴西输电市场竞争日益激烈，国有输电公司被迫降低成本，并与私有公司合作参加电网竞标。1999—2007 年，私人投资超过了国有资本投资，且私有公司在电网项目招标的中标率高于国有输电公司。

因技术条件、管理模式不同等因素，巴西国有和私有输电公司的成本结构有较大差异。私有公司的经营期较短，且必须进行大量投资，结果融资成本要高于国有公司。而巴西国有输电公司不仅拥有较好的输电基础设施，且得到了政府的融资支持。相比之下，私有公司对成本的控制要优于国有公司，主要原因是国有公司的行政成本、劳工成本较高，且输电设备资产的维护费用较高。

第六，环保成为电网建设、运营的突出问题。发电商竞标时需要提供环保许可证，从事电网建设、运营的公司尽管也需要环保许可证，但是一般由电网的特许运营商向巴西政府申请获得。当前出现的问题是申请环保许可过程复杂，且时间漫长，导致电网投入运行拖延。

六　电价形成机制及电价水平

（一）新电力市场模式

2001 年 4 月，巴西经历了电力危机之后，提出了包括电价改革和建立新电力市场的改革建议。2004 年，巴西建立了新电力模式，明确了电力购买和销售的商业交易、合同机制。新电力市场由合同市场和短期现货市场构成，以合同市场为主，现货市场是对合同市场的补充。[①]合同市场又由受管制合同市场（ACR）和自由合同市场（ACL）构成。

1. 受管制合同市场（ACR）

受管制合同市场是由发电公司、配电公司、电力用户（居民、商业、政府、农村和工业用户等）市场主体构成的电力交易市场，是巴西电力市场的主要组成部分。该合同市场的目标是为大的电力用户确保合理的电价水平，具有以下几个特点：

第一，受管制的电力用户没有直接购电权，必须通过受管制合同市场完成电力购买交易。年度用电超过 500GWh 的电力用户必须参与管制市场合同。

第二，全部配电公司必须参与受管制合同市场；在受管制合同市场内，受管制用户没有直接购电选择权，由当地的配电公司供电。但是，规模较小的配电公司可自主选择是否参与。

受管制市场合同约束的配电公司不能参与电力自由合同市场（ACL）。发电公司可以在自由合同市场（ACL）和受管制合同市场（ACR）之间自主选择出售所生产的电力。

第三，参与受管制合同市场的配电公司全部电力需求必须从电力市场（POOL）购买，参与受管制合同市场的发电公司通过竞标，按中标电价和电量把电力卖给电力市场（POOL），电力市场按平均价把电力卖给配

---

① 李英：《巴西电力工业和电价改革及对我国的启示》，《电力技术经济》2006 年第 6 期。

电公司，配电公司按政府制定的销售电价规则，把电卖给其所属的终端电力用户。

第四，受管制合同市场每年竞标1次，中标的发电厂与电力市场（POOL）的交易合同期限一般为5—10年。

第五，若受管制用户满足一定条件，可转变为自由电力用户。受管制用户需要提前通知为其供电的配电公司，提前通知期限一般为1—5年，需要根据电力用户的电力需求而定。

2. 自由合同市场（ACL）

自由电力用户包括行业大型用户如企业、食品、钢铁等，可以与发电公司、电力销售商或电力进出口公司就电力买卖条件、价格、数量等条件通过谈判、协商等方式签署电力交易合同。

考虑到价格、成本以及供应条件，自由合同市场的优势是为传统的电力用户提供了选择电力供应合同的主动权。自由合同中的买卖电量需要在电力市场注册。自由合同以两年为界，分为短期合同和长期合同两种。

应强调的是，为确保发电行业的竞争力，发电公司包括公共发电企业、独立发电企业、自用发电企业和电力销售公司可以在这两种合同模式下销售其电力，并在电力交易中心（CCEE）登记备案。

3. 现货市场

现货市场也称为短期市场，是市场中全部实际发电量（或用电量）与全部合同电量的差额。[①]

（二）巴西电力交易拍卖机制

巴西能源矿产部制定电力招标指导原则，国家电监局（ANEEL）负责制定招标合同条款。参与竞标的发电公司向国家能源研究公司（EPE）提交技术方案，最后由国家能源研究公司决定该公司是否可以参与竞标。

国家电监局（ANEEL）负责电力竞标拍卖，并由电力交易中心（CCEE）具体负责实施，竞标的目的是确定最低电价。在能源矿产部的协调下，国家能源研究公司首先确定最低发电成本，从而确认发电和上网的总成本。中标公司与配电公司或电力交易中心（CCEE）签署合同。电

---

① 李英：《巴西电力工业和电价改革及对我国的启示》，《电力技术经济》2006年第6期。

力竞标拍卖机制主要是鼓励发电公司之间竞争，中标的发电公司将按最低价格，向配电公司供应所承诺的电量。

（三）电力交易分歧解决机制

电力交易中心（CCEE）根据电力交易中的规则、程序等解决电力买卖合同中的分歧。

配电公司有电力购买选择权，其中一个重要选择是购买被称为"配额发电量"（Distributed Generation），特点是由规模较小的发电公司生产与当地配电网相连的电量。由于这类发电厂距离配电公司较近，配电公司倾向于选择购买这类电力的优势是能够节约输电成本和配电损耗。

此外，配电公司也可以购买可再生电源的发电量，如风电、小水电、生物质热电等。但是，首先必须在"替代工业激励计划"（Proinfa）第一阶段签署合同。这项计划的目的是鼓励可再生能源发电进入"国家电网系统"（SIN）。

（四）巴西的电价形成机制

巴西的电价形成机制较为复杂，主要是由电力交易模式来确定的。从电价形成的各个环节看，可细分为发电市场价、输配电价和用户电价。

根据不同的电力交易模式，发电市场价分为受管制合同市场价格、自由合同市场价格和现货市场价格。

1. 受管制合同市场价格

每年国家电监局组织安排电力招标，电力交易中心（CCEE）负责具体实施。首先确定市场购电量和购电价，主要是根据配电公司申报电力需求，由电力交易中心（CCEE）组织多轮次竞标，直到满足全部市场购电量需求，然后，以加权平均价格按各配电公司申报的电量出售给配电公司。

受管制合同市场电价形成机制的特点是由电力交易中心（CCEE）实施多轮次竞标，报价最低的发电公司中标，并按报价结算购电量、按市场平均价向配电公司售电，而最终形成发电市场价格。

这种竞标成价的方式能够确保受管制的电力用户可以获得较为公平合理的电价水平，而且有利于限制发电公司对市场的垄断，鼓励发电公司公平竞争和引导不同的电源投资。

2. 自由合同市场价格

根据电力交易自由合同市场的制度安排，自由电力用户与发电公司、电力销售公司或电力进口公司等就购电量、电价及其他条件等通过谈判协商、讨价还价而决定。自由合同市场模式的发电价格形成机制的最大特点是，价格由电力供应方与自由电力用户直接谈判形成。

3. 现货市场价格

现货电力市场价格是由电力交易中心（CCEE）采用优化模型，以短期边际成本理论为基础计算确定的。[①] 根据短期边际成本理论，以费用最小为原则，计算确定每个时段的现货市场价格，用于实际电量与合同电量差异的结算。

巴西电力系统以水电为主，但为了实现水火电相互配合、统一调度，以发挥系统最大效益，巴西采用优化模型方法系统调度水火电的优化运行。

电力交易中心（CCEE）计算现货市场价格时，所采用的数据与电力调度中心（ONS）在确定系统优化运行方式时采用的数据基本一致，主要包括水电厂的蓄水位、来水及设备可用情况等，火电厂的技术参数、燃料价格及燃耗等。[②]

（五）巴西电价水平变化

与其他拉美国家相比，巴西电价水平较高，被巴西政府认为是影响该国经济竞争力的重要因素。影响巴西电价的因素较多，因地区和电力用户性质不同，电价水平存在差异。

第一，巴西电价增长较快，居民用电价格高于工业用电。2011 年，工业用电和居民用电价格分别为 180 美元/MWh 和 257.8 美元/MWh（见表 4 - 30）。2002—2011 年，工业用电和居民用电价格分别上涨了343.45% 和 182.68%，其中，2005—2007 年和 2009—2010 年是巴西电价水平连续攀高的重要时间段。

第二，因地区和电力用户不同，电价水平存在差异。从不同地区的电价比较看，2012 年，巴西全国平均电价水平是 299.34 雷亚尔/MWh，其中，北部平均电价为 328.27 雷亚尔/MWh，居全国各地区之首，而南部平均电价为 278.09 雷亚尔/MWh，为全国最低。

---

① 李英：《巴西电力工业和电价改革及对我国的启示》，《电力技术经济》2006 年第 6 期。
② 同上。

表4-30　　　　　　　　巴西电价水平变化　　　　单位：美元/MWh

年份	2002	2003	2004	2005	2006	2007	2008	2009	2010	2011
工业用电	40.6	46.4	58.4	76.1	94.7	141.4	144.5	141.8	164.9	180.0
居民用电	91.2	100.5	118.2	119.8	135.2	209.4	210.2	200.8	233.4	257.8

注：电价为年度全国平均价格。

资料来源：巴西能源矿产部数据。

　　从全国不同电力用户的电价水平看，2012年，公共照明、政府部门和工业部门电价水平较高，分别为338.63雷亚尔/MWh、335.29雷亚尔/MWh、324.39雷亚尔/MWh；而渔业、商业和服务业的电价水平较低，分别为168.68雷亚尔/MWh、188.85雷亚尔/MWh；农村用电、公共服务和农业灌溉的电价水平居于中等水平（见表4-31）。

表4-31　　　　　2012年巴西不同电力用户和地区的平均电价水平

单位：雷亚尔/MWh

电力用户	全国	中东部	东北部	北部	东南部	南部
居民	314.15	337.29	338.42	355.92	305.91	297.21
工业	324.39	380.61	350.48	301.34	330.69	294.43
商业、服务业	188.85	201.56	198.96	201.44	187.38	168.69
农村	262.67	244.68	253.12	288.84	264.88	263.07
政府部门	335.29	332.96	356.60	373.54	323.00	315.92
公共照明	338.63	367.88	332.40	348.23	341.45	319.60
公共服务	224.12	250.14	236.78	261.67	222.13	207.15
渔业	168.68	312.76	154.23	293.16	195.99	155.19
农业灌溉	223.97	227.93	223.30	243.37	220.88	225.72
公共服务电力牵引	257.69	0	273.66	0	254.54	271.54
平均	299.34	314.97	299.37	328.27	302.38	278.09

　　资料来源：ANEEL, Informações Gerenciais 2012, p. 50. http://www.aneel.gov.br/area.cfm?idArea=531。

第三，以不同燃料的相对价格比较而言，工业电价保持上涨，而居民电价略有下降。2002—2011 年，工业电价与燃料油价格之比系数由 2.6 上升到了 3.4，2008 年因金融危机影响，该系数曾大幅下降（见表 4 - 32）。2002—2005 年，居民电价与液化天然气价格之比系数呈现上升趋势，但 2007—2011 年，该系数又出现大幅回落，表明以天然气的相对价格为参照，居民电价变化不大。

表 4 - 32　　　　　　　　　巴西电价相对比较

年份	2002	2003	2004	2005	2006	2007	2008	2009	2010	2011
工业电价/燃料油	2.6	2.3	2.6	3.3	3.5	3.6	3.2	3.6	3.3	3.4
居民电价/液化天然气	2.0	1.9	2.1	2.4	2.3	2.1	2.1	2.0	1.8	1.9

资料来源：巴西能源矿产部数据库。

第四，配电公司不同，居民电价水平存在差异。巴西电价调整频繁，调整周期较短。表 4 - 33 显示了居民用电价格较高的配电公司及价格水平一览表。2012 年 4 月 19 日至 2013 年 4 月 18 日，UHENPAL 公司的平均电价是 0.46079 雷亚尔/kWh，为居民用电最高价格水平。RGE 公司的平均电价是 0.42253 雷亚尔/kWh，两家公司电价水平相差 0.03826 雷亚尔/kWh。

表 4 - 33　　　　　　居民用电较高的电价水平　　　　　　单位：雷亚尔/kWh

配电公司名称	平均电价	电价有效期
UHENPAL 公司	0.46079	2012 年 4 月 19 日至 2013 年 4 月 18 日
ELETROACRE 公司	0.45201	2012 年 11 月 30 日至 2013 年 11 月 29 日
CEMAR 公司	0.44649	2012 年 8 月 28 日至 2013 年 8 月 27 日
EMG 公司	0.44525	2012 年 6 月 18 日至 2013 年 6 月 17 日
CEPISA 公司	0.44258	2012 年 8 月 28 日至 2013 年 8 月 27 日
ENERSUL 公司	0.44088	2012 年 4 月 8 日至 2013 年 4 月 7 日
CPFL MOCOCA 公司	0.42706	2012 年 2 月 3 日至 2013 年 2 月 2 日
AMPLA 公司	0.42701	2012 年 3 月 15 日至 2013 年 3 月 14 日
CEMAT 公司	0.42359	2012 年 4 月 8 日至 2013 年 4 月 7 日
RGE 公司	0.42253	2012 年 6 月 19 日至 2013 年 6 月 18 日

资料来源：ANEEL, Informações Gerenciais 2012, p. 49. http：//www. aneel. gov. br/area. cfm? idArea = 531。

七 巴西电力发展规划、分析与预测

(一) 巴西电力发展规划特点

20 世纪七十年代，巴西遭遇能源危机之后，开始立足本国能源资源优势，大力发展可再生能源，特别是乙醇和水电。与其他拉美国家相比，巴西的电力规划具有以下几个显著特点：

第一，立足本国资源优势，强调电力的可持续、绿色发展。巴西电力发展目标是提高经济竞争力，并与减排相联系，大力发展水电、风电等可再生能源电源，天然气发电也是巴西未来发展重点之一。巴西电力发展规划考虑的重要因素包括经济增长、环境保护、资源约束、技术条件和社会参与等多个方面。

第二，电力发展规划具有系统性、战略性，并适时动态调整。电力规划不仅体现在巴西国家发展的大战略规划之中，而且还有详细的行业发展规划，具有滚动式特点，确保了对电力需求预测、投资项目规划等内容适时做出动态调整。为满足经济高速发展产生的能源、电力需求，巴西制定了 2030 年能源发展规划、十年能源发展规划。目前，十年能源发展规划已更新到 2021 年。

第三，设有具体的国家能源、电力发展规划研究机构。巴西国家能源研究公司专门负责研究、制定能源、电力发展规划。巴西矿产能源部每年都要制定《能源十年发展规划》(PDE)，该规划由国家能源公司 (EPE) 负责制定，确定未来十年能源产业发展的目标和重点项目。[①] 巴西 "国家能源委员会" (CNPE) 提出能源发展具体的方向、原则，巴西能源矿产部的能源规划和发展秘书处、天然气和再生能源局、国家石油公司、国家电力公司等也参与能源规划的制定。

(二) 巴西电力行业投资规模预测

自 2007 以来，巴西联邦政府已制定 2007—2010 年和 2011—2014 年两轮 "加速增长计划" (PAC)，其中能源、电力等领域为国家发展战略性基础设施项目。

---

① http：//www.brasil.gov.br/energia－en/planning/ten－year－plan－for－energy－expansion－pde.

根据该计划，2007—2010 年，发电和输电投资约 165.8 亿美元；2011—2014 年，发电、输电等初步投资规划 2600 亿美元。[①] 2011—2014 年，巴西联邦政府计划发电项目投资 1137 亿雷亚尔，此后将追加投资 229 亿雷亚尔，总投资约 1366 亿雷亚尔。[②]

（三）巴西电力需求预测

第一，电力总需求将保持稳定增长，但年均增长趋缓。根据巴西矿产能源部制定的《能源十年规划：2021》，以经济增长不同情境预测，巴西电力总需求将保持稳定增长，而电力需求年均增长趋缓，且电力需求的收入弹性也将略有下降。据测算，2021 年，巴西电力需求将达 773.8TWh，比 2016 年增长 25.01%（见表 4 - 34）。2011—2021 年，巴西电力需求年均增长 4.9%，低于 2011—2016 年的电力需求 5.2% 增长速度。就电力需求的收入弹性看，将由 2011—2016 年的 1.18 下降到 2016—2021 年的 0.91，而 2011—2021 年，电力需求收入弹性仍将保持在 1.04。

表 4 - 34　　　　　　　　　电力需求收入弹性

年份	电力需求（TWh）	GDP（十亿雷亚尔）	耗电强度（kWh/雷亚尔）
2012	500.1	3956	0.126
2016	619.0	4717	0.131
2021	773.8	6021	0.129
期间年均变化			弹性
2011—2016	5.2%	4.4%	1.18
2016—2021	4.6%	5.0%	0.91
2011—2021	4.9%	4.7	1.04

注：GDP 以 2010 年价格计算，该表数据包括自用发电。

资料来源：Ministério de Minas e Energia, Plano Decenal de Expansão de Energia 2021, p. 39。

第二，工业部门的电力需求仍占主导地位，但商业用电需求增长较快。从不同部门的电力总需求预测看，工业部门的电力需求仍占主导地

[①] Miriam Belchior, Brazil: Investment Opportunities, Ministry of Planning, Budget and Management.

[②] http://www.brasil.gov.br/energia - en/power - sector/generation.

位，其次是居民用电和商业用电，2012 年，三部门分别占到了电力需求的 40.63%、26.48%、19.64%（见表 4－35）。与 2012 年相比，2021 年工业、商业和居民的电力需求分别增长了 38.68%、66.53%、48.36%。从电力需求年均增幅看，工业与居民电力需求相对稳定，且略有下降，而商业部门电力需求保持高速增长。2011—2021 年，商业部门电力需求年均增长高达 5.8%。

表 4－35　　　　　　　　巴西不同行业电力需求预测　　　　　　单位：GWh

年份	居民	工业	商业	其他	合计
2012	117088	192206	77388	62985	449668
2016	140053	225262	96617	72609	534541
2021	173706	266546	128876	86962	656090
年均增长	单位:%				
2011—2016	4.6	4.2	5.6	2.6	4.3
2016—2021	4.4	3.4	5.9	3.7	4.2
2011—2021	4.5	3.8	5.8	3.1	4.2

注：该表数据不包括自用发电。

资料来源：Ministério de Minas e Energia, Plano Decenal de Expansão de Energia 2021, p.39。

第三，电力需求地区分布不平衡，东南部仍是电力的主需求区，而东北部电力需求将保持快速增长。从不同地区的电力需求预测来看，巴西东南部和南部地区是电力需求较大的地区，但东北部地区和北部地区的电力需求增幅较大。2021 年，东南部、南部、东北部和北部分别占电力需求的 60.16%、16.21%、14.49%、8.80%；2012—2021 年，这四个地区电力需求增长分别为 30.81%、41.8%、52.80%、45.05%（见表 4－36）。

从电力需求的年均增长来看，2011—2021 年，巴西北部和东北部将分别保持年均 6.8% 和 4.7% 的增速。以联网和非联网电力需求衡量，2012—2021 年，联网电力需求增长 32.40%，而非联网电力需求将下降 70.52%；2011—2021 年，联网电力需求年均增长 4.4%，而非联网年均电力需求将下降 11.0%。

表 4 - 36 巴西不同地区联网电力需求预测 单位：GWh

年份	地区联网				联网合计	独立电网	合计
	北部	东北部	东南部	南部			
2012	31720	62230	273074	74988	442012	7656	449668
2016	47128	74843	323414	87392	532777	1764	534541
2021	57725	95087	394688	106333	653833	2257	656090
期间变化	单位：%						
2011—2016	9.5	4.6	4.3	3.3	4.6	-24.5	4.3
2016—2021	4.1	4.9	4.1	4.0	4.2	5.1	4.2
2011—2021	6.8	4.7	4.2	3.6	4.4	-11.0	4.2

注：该表数据不包括自用发电。

资料来源：Ministério de Minas e Energia, Plano Decenal de Expansão de Energia 2021, p. 39。

（四）巴西发电规划

巴西的电源以水电为主，水电装机容量占到总装机容量的80%以上。因电力建设投资不足和经济的快速发展，巴西的电力供应多年来一直难以满足需求。据巴西发电规划，未来将提高天然气和煤炭发电量，而控制水电发展规模。

据巴西最新规划《能源十年发展：2021》，2011—2021年发电装机容量由116.5GW提高到182.4GW。[①] 据巴西制定的《国家能源规划：2030》，扩大可再生能源的发电能力，重点发展水电、风电，以满足未来电力需求。

据初步测算，2005—2030年，水电占发电量的比重由84.31%下降到64.68%，天然气发电由4.53%提高到15.15%，煤炭发电由0.68%提高到7.58。截至2030年，风电、核电和生物质发电都略有提高，但占发电总量比重较低，巴西的发电仍然依靠水电、天然气和煤炭。

第一，水电仍是巴西电力发展的重点，但占总发电量比重将有所下降。在巴西的电力发展计划中，优先发展水电的策略仍将继续坚持。巴西正积极推动贝罗蒙特（Belo Monte）、吉拉乌（Jirau）、圣安托尼奥（Santo Antonio）等多个大型水电站（Belo Monte）建设，一旦建成将大大提高巴西的水电供应能力。

2005—2030年，巴西水电装机容量将由68.6GW提高到156.3GW，

---

① Ministério de Minas e Energia, Plano Decenal de Expansão de Energia 2021, p. 5. http://www.epe.gov.br/PDEE/Forms/EPEEstudo.aspx.

增幅高达 127.84%（见表 4 - 37）。2005—2015 年是巴西水电高速发展时期，装机容量将增加 44.32%。2020—2025 年，巴西水电装机容量年均增长将高达 4300MW。

第二，可再生能源电源发电量将保持较快增长。就巴西再生能源发电而言，2005—2030 年，装机容量将由 1415MW 提高到 20883，增长近 14 倍（见表 4 - 38）[1]。除大型水电外，中小型水电也是巴西电力发展的重点。2005—2030 年，中小型水电装机容量将由 1330 MW 提高到 8330MW。2030 年，风电和生物质发电的装机容量分别达到 4682 MW 和 6571MW，分别占到再生能源发电的 22.42% 和 31.47%。

然而，巴西的风电发展面临一些制约性因素。例如，风电成本较高，而上网电价又较低，同时风电设备造价也较高。

表 4 - 37　　　　　　　　巴西水电发电规划

年份	2005	2015	2020	2025	2030
装机容量（GW）	68.6	99.0	116.1	137.4	156.3
增长量（GW）		30.4	17.1	21.3	18.9
年平均增长量（MW）		3050	3400	4300	3800

资料来源：Mauricio Tolmasquim, Plano Nacional de Energia 2030, Empresa de Pesquisa Energética - EPE, Brasília, 2007, p. 23。

表 4 - 38　　　　　　　巴西可再生能源发电规划　　　　单位：MW

年份	2005	2015	2020	2025	2030	2005—2030 年增长
中小型水电（PCH）	1330	2330	3330	5330	8330	7000
风电	29	1382	2282	3482	4682	4653
生物质	56	1821	2971	4521	6571	6515
其他	0	0	200	650	1300	1300
合计	1415	5533	8783	13983	20883	19468
增长量		4118	3250	5200	6900	
年度平均增长量		410	650	1040	1380	780

资料来源：Mauricio Tolmasquim, Plano Nacional de Energia 2030, Empresa de Pesquisa Energética - EPE, Brasília, 2007, p. 23。

----

[1] 大型水电不包括在内。

第三，天然气和煤炭发电在巴西电源结构中所占比重将大大提高。就巴西热电发展规划看，2005—2030 年，热电装机容量将由 16900MW 提高到 39800，增长约 135.5%（见表 4-39）。天然气和煤炭发电是巴西热电发展的重点，2030 年两者的装机容量分别为 21000MW 和 6000MW，分别占当年热电装机容量的 52.76% 和 15.08%。

核电在巴西电力发展规划中不是重点。目前，巴西建有安哥拉 1 号和 2 号核发电厂，安哥拉 3 号发电厂正在进行建设。巴西政府曾计划 2030 年前再建设 4 座核电站，但考虑到日本因地震出现的核泄漏，巴西矿产能源部表示，2021 年之前巴西将不会再新建核电站。

表 4-39 巴西不可再生能源发电规划 单位：MW

年份	2005	2015	2020	2025	2030	2005—2030 年增长
天然气	8700	13000	14000	15500	21000	123000
核能	2000	3300	4300	5300	7300	5300
煤炭	1400	2500	3000	4000	6000	4600
其他热电	4800	5500	5500	5500	5500	700
合计	16900	24300	26800	30300	39800	22900
增长量		7400	2500	3500	9500	
年度平均增长量		740	500	700	1900	920

资料来源：Mauricio Tolmasquim, Plano Nacional de Energia 2030, Empresa de Pesquisa Energética - EPE, Brasília, 2007, p. 23。

八 巴西电力投资风险

巴西政治局势稳定，发展潜力巨大，经济及电力需求增长较快。巴西电力行业投资前景广阔，且对外开放格局已经形成，外资已全方位参与电力行业各环节。巴西的电力产业市场竞争机制基本形成，但巴西国有电力公司仍处于垄断地位，外资公司进入巴西市场一般与巴西国有公司合作参与电力投资项目的招标。鉴于巴西未来经济增长的电力需求以及在电力发展方面所受到的资本、技术制约，巴西将会继续吸引外资参与巴西的电力行业。

中国与巴西电力合作正处于机遇期，在电网建设和运营、机电设备、电力工程、电网技术及管理等领域存在合作潜力，而且中巴电力合作也能够推动中国与整个南美地区的电力合作。但是，巴西投资环境复杂，据世界银行商业环境排名，2012年，巴西居全球第128位，且2011—2013年位次呈下降趋势，以下风险因素值得关注。

第一，巴西政局稳定，政治风险较小，但不能忽视与电力行业相关的不同利益集团对电力产业政策的影响。巴西政府对电力产业的发展具有主导地位，无论是对行业发展的监管职能，还是通过国有电力体制都会对电力产业发展施加重大影响。与电力产业发展相关的利益集团是影响巴西电力行业投资环境的重要政治因素。

巴西议会内不同政党、联邦政府与州政府之间的关系、不同层级政府之间以及电力行业内部不同企业之间就不同电源开发、就业、税收等围绕电力产业发展的投入和利益分配等会产生纷争，并影响政策走向。此外，巴西行政效率较低，行政程序烦琐复杂。

第二，宏观经济走势不甚明朗，保持稳定高速增长压力较大。2012年，巴西经济突然放低，未来巴西经济增长面临不少挑战。经济增长前景、通货膨胀、汇率波动等是影响电力行业投资的重大经济因素。特别是巴西多年本币高估严重，一旦出现贬值，将会对外国电力投资企业的盈利水平产生影响，汇率风险不容忽视。巴西利率较高，企业的融资成本一直居高不下；近年来的大规模基础建设项目进度滞后。

第三，电力行业竞争激烈，存在政策变化风险。巴西电力行业开放是政策主流，但巴西国有电力公司仍处于垄断地位，市场竞争日益激烈。就电力行业政策变化分析，电价调整频繁，且对输电、配电企业的盈利水平有严格上限控制。与此同时，电力建设的各类技术标准、国产化率、税收等政策也是巴西电力行业投资必须考虑的风险因素。此外，电力行业的知识产权纠纷也是风险因素之一。

第四，社会风险因素多样，难以回避。巴西劳工势力强大，为要求提高待遇水平，时常发生劳工纠纷事件，而且政府对劳工保护严格，法定最低工资标准调整频繁。因电力行业的特殊性，电力建设项目涉及当地各社会层面和社会群体的利益相关方较多，加之巴西是民主、多元化社会，外国公司都须与之妥善处理关系，否则会对企业经营造成不利影响。

第五，自然环境因素复杂，不可抗力风险因素不容忽视。巴西电力高度依赖水电，受到降雨量的气候变化影响，而且水电远离负荷中心，依赖长距离输电。因此，水电开发、电网建设等面临的自然地理环境因素不容忽视，特别是恶劣天气所形成的不可抗力风险。

第六，环保标准严格，建立了严格的社会环境影响评估机制。巴西对电力建设项目建立了严格的环境、社会影响评估机制，建设项目都需要获得官方的环境许可证。与此同时，巴西环保组织众多，对电力建设项目高度关注。例如，巴西原著居民一直在抗议贝罗蒙特水电站建设。贝罗蒙特水电项目进展缓慢，主要阻力就来自环保人士和原著印第安人。

第七，巴西跨国电力合作也存在地缘政治风险因素。巴西与巴拉圭就伊泰普水电站合作尽管进展顺利，但合作分歧一直存在，其中包括电力出口、输电、电价等诸多方面。此外，为缓减电力供应紧张压力，巴西与阿根廷和玻利维亚也在积极探讨水电合作，未来双边政治关系都是影响两国电力合作的重要因素。

主要参考文献

[1] 李英：《巴西电力工业和电价改革及对我国的启示》，《电力技术经济》2006年第6期。

[2] 国家电监会市场监管部：《巴西电力市场化改革概述》，《中国电力报》2006年8月30日。

[3] 张勇：《浅析巴西的电力体制改革》，《拉丁美洲研究》2004年第6期。

[4] Agência Nacional de Energia Elétrica, Informações Gerenciais 2012, Brasília, Centro de Documentação de Agência Nacional de Energia Elétrica, 2012.

[5] Jerson Kelman, Relatório, ANEEL 10 anos, Brasília, Centro de Documentação de Agência Nacional de Energia Elétrica, 2008.

[6] Nelson Jose Hubner Moreira, Ouvidoria Setorial em Números 2012, Brasília, Centro de Documentação de Agência Nacional de Energia

Elétrica, Abril de 2012.

[7] Nelson Jose Hubner Moreira, Por dentro da conta pública de energia : informação de utilidade, Brasília, Centro de Documentação de Agência Nacional de Energia Elétrica 2011.

[8] André Pepitone da Nóbrega, Relatório ANEEL 2011, Brasília, Centro de Documentação de Agência Nacional de Energia Elétrica, 2012.

[9] Mauricio Tolmasquim, Plano Nacional de Energia 2030, Brasília, Empresa de Pesquisa Energética, Brasília, 2007.

[10] BP, Statistical Review of World Energy, June 2012.

[11] U. S. Energy Information Administration, Country Analysis Briefs: Brazil, Feb 2012.

[12] Cecília Magalhães Francisco, Connecting renewable power plant to the brazilian transmission power system, Minerva Papers, The George Washington University, Washington D. C. , 2012.

[13] Leonardo Mendonça Oliveira de Queiroz, Assessing the overall performance of brazilian electric distribution companies, Minerva Papers, The George Washington University, Washington D. C. , 2012.

[14] Vitor Correia Lima Franca, Challenges for the optimal uses of wind power in Brazil, Minerva Papers, The George Washington University, Washington D. C. , 2011.

[15] Mateus Machado Neves, Difficulties in expanding hydropower generation in Brazil. Minerva Papers, The George Washington University, Washington D. C. , 2009.

[16] André Luiz Tiburtino da Silva, Transmission lines and substations auctions for the expansion of the National Interconnected System in Brazil. Minerva Papers, The George Washington University, Washington D. C. , 2009.

[17] Rodrigo Abijaodi Lopes de Vasconcellos, Brazilian regulatory agencies: future perspectives and the challenges of balancing autonomy and control. Minerva Papers, The George Washington University, Washington D. C. , 2009.

[18] Eduardo Serrato, Electricity transmission sector in Brazil: analysis of the

auctions' results and the public and private firms' costs. Minerva Papers, The George Washington University, Washington D. C. , 2008.

（孙洪波执笔）

第五章　南非电力市场研究

一　国家基本情况与宏观经济形势

（一）国家基本情况

1. 地理

南非共和国地处南半球，位于非洲大陆的最南端，陆地面积122万平方公里，人口数量5177万人（2011年）。南非大部分地区属亚热带和热带草原气候，东部沿海为亚热带湿润气候，南部沿海为地中海式气候。地貌特征上，南、东、西三面之边缘地区为沿海低地，北面有重山环抱。

2. 行政区划

南非全国分为9个省，分别是：东开普省（Eastern Cape Province）、奥兰治自由邦（Free State Province）（Orange Free State）、豪登省（Gauteng Province）、夸祖鲁—纳塔尔省（KwaZulu - Natal Province）、普马兰加省（Mpumalanga Province）、林波波省（Limpopo Province）、北开普省（Northern Cape Province）、西北省（North West Province）和西开普省（Western Cape Province）。各省有立法、任免公务人员的权力，负责本省经济、财政和税收等事务。同时存在三个首都：行政首都是比勒陀利亚（Pretoria，现已更名为茨瓦内 Tshwane），是南非中央政府所在地；立法首都是开普敦（Cape Town），是南非国会所在地，也是全国第二大城市和重要港口；司法首都是布隆方丹（Bloemfontein），为全国司法机构的所在地。

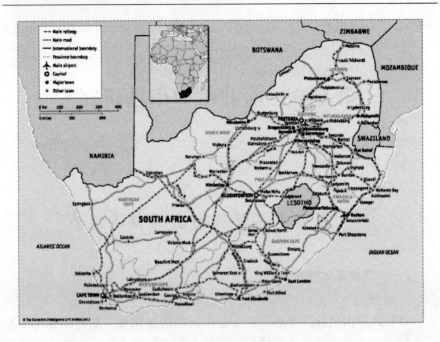

图 5 - 1　南非行政区划图

3. 政治体制

1993 年 11 月 18 日，南非多党谈判通过临时宪法草案，于 1994 年 4 月 27 日正式生效。这是南非历史上第一部体现种族平等的宪法。1996 年 5 月 8 日，制宪议会通过新宪法草案，新宪法于 1997 年开始分阶段实施。新宪法保留了临时宪法中权利法案、三权分立系统、联邦制政府管理体制和现行司法体系的重大制宪原则和内容。宪法法院为解释宪法的最高司法机构；最高法院为除宪法事务外的最高司法机构；国家检察总局向司法部长负责，检察机关对应每个高等法院设置；各级检察机关向各级法院提起公诉。立法机构由国民议会和地方议院组成。议会分为国民议会和省级事务全国委员会，国民议会共设 400 个议席，200 个席位通过全国大选产生，另 200 个席位由省级选举产生。政府分为中央、省和地方三级，任期 5 年，实行总统内阁制，总统由选民选举产生，内阁首相兼任副总统，由总统任命国民议会多数党领袖产生，对总统负责，其他不超过 27 名部长亦由总统任命。总统任期不得超过两任。当前南非的执政党是南非非洲人国民大会（African National Kongress of South Africa），简称非国大，是南非的主要执政党。非国大主张建立统一、民主和种族平等的新南非，领导了南非反种族主义斗争。其他主要政党包括民主联盟（Demokratic Alliance）、人民大会党（Kongress of the People）等。

4. 自然资源

南非矿产资源丰富，黄金、铂族金属、锰、钒、铬、硅铝酸盐、蛭石、锆、钛、氟石等资源储量均居世界前列。黄金、铂族金属、锰、钒、铬、硅铝酸盐的储量居世界第一位，蛭石、锆、钛、氟石居第二位，磷酸盐、锑居第四位，铀、铅居第五位，煤、锌居第八位，铁矿石居第九位，铜居第十四位。钻石、石棉、铜、钒、铀以及煤、铁、钛、云母、铅等的蕴藏量也极为丰富。

（二）宏观经济形势

1. 经济增长与产业结构

南非是 G20 成员国中唯一的非洲国家，是非洲联盟重要成员国。2011 年南非的国内生产总值达到 4 千亿美元（按 2000 年美元不变价格计算达到 1900 亿美元），约占非洲生产总值的 1/4。南非经济在近十年取得了令人瞩目的发展。

2000 年以来，南非经历了较快速的经济增长，特别是 2004—2007年，南非的经济发展迅速，GDP 年均增速 5% 以上，2008 年增速明显放缓，受金融危机影响，2009 年经济出现负增长。2010 年起，南非开始走出国际金融危机影响，经济呈现止跌回升态势。

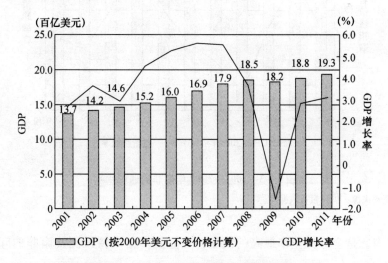

图 5 - 2　2001—2011 年南非的经济增长

资料来源：世界银行数据库。

制造业、采矿业、旅游业等产业是南非的重要产业。2010 年，南非农业产值 595.43 亿兰特，占 GDP 比重为 2.5%，蔗糖、玉米和水果是南非主要出口的农产品。工业产值占 GDP 比重为 30.8%。制造业是南非经济的支柱产业，主要行业包括钢铁、金属制品、化工、运输设备、机器制造、食品加工、纺织、服装等。南非矿藏丰富，采矿业占有重要地位。建筑业是近年来南非发展较快的行业，2002—2010 年，建筑业年均增长率为 8.7%。第三产业中旅游业是南非外汇收入来源的重要部门，南非旅游资源丰富，设施完善，旅游业是政府非常重视的行业。①

2. 通货膨胀与就业水平

2000 年以来，南非的通货膨胀呈现周期性波动特征。在 2002 年南非的通货膨胀率达到 9.2%，之后得到了控制，在 2004 年下降到 1.4%；随后通胀率又逐年攀升，2008 年通货膨胀超过了 10%，之后又重新进入了下降阶段，2011 年回到 5%。

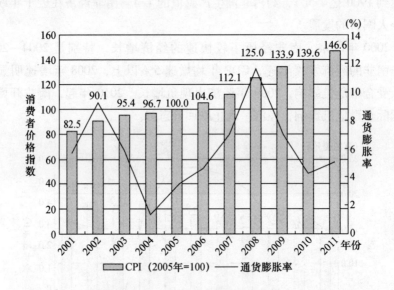

图 5－3　2001—2011 年南非的通胀水平

资料来源：世界银行数据库。

南非是全球失业率最高的国家，失业是多年来持续困扰南非的问题。

---

① 参见《世界经济年鉴（2011—2012）》。

长期以来，南非的失业率都居高不下，近十年来，失业水平一直都在22%以上，高的时候达到27%。2010年以来保持在24%—25%的区间。这种状况难以在短期内改变。

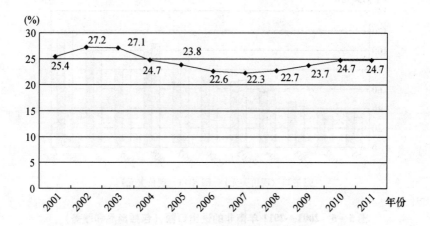

图5-4　2001—2011年南非的失业率

资料来源：世界银行数据库。

3. 贸易投资

（1）贸易。中国、美国、日本、德国是南非重要的贸易对象，各种矿产品和贵重金属是南非的主要出口产品。2003年之前，南非的出口额大于进口额，呈贸易顺差，2004年以后转变为贸易逆差。2008年以前，南非的贸易规模一直保持较快增长势头，受金融危机影响，2009年有所下降，但很快又恢复到危机前水平。2011年，南非商品和服务进口额1201亿美元，出口额1177亿美元，进出口基本平衡。其中，商品进口997亿美元，贸易对象前三位分别是中国（142亿美元）、德国（107亿美元）、美国（79.5亿美元）；商品出口930亿美元，贸易对象前三位分别是中国（124亿美元）、美国（83.6亿美元）、日本（76.6亿美元）。

（2）投资。南非每年的FDI流入并不稳定，高的年份达到50亿美元以上，低的年份在10亿美元左右。联合国贸发大会的《2012世界投资报告》显示，2011年南非FDI流入量为58亿美元，占本国固定投资总额比重为7.5%，与2010年12亿美元相比，增幅达380%。其中，最重要的两笔FDI投资为零售业巨头沃尔玛并购南非马斯玛特连锁超市（投资额

24 亿美元）和中国金川公司并购南非美特瑞克斯公司（投资额 13 亿美元）。①

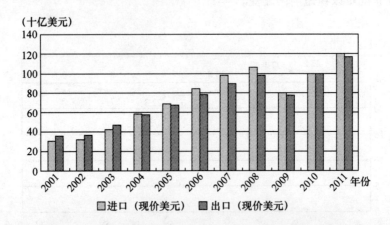

图 5 - 5 2001—2011 年南非的进出口额（包括商品和服务）

资料来源：世界银行数据库。

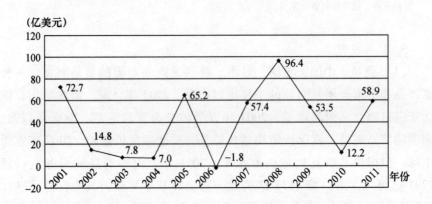

图 5 - 6 2001—2011 年南非的 FDI 流入量

资料来源：世界银行数据库。

（3）南非与中国的贸易投资关系。中国在近年来已成为南非第一大贸易伙伴，同时南非也是中国在非洲最大的贸易伙伴。据中国海关统计，2010 年中国和南非双边贸易总额为 256 亿美元，同比增长 59.5%。

---

① http：//www. mofcom. gov. cn/aarticle/i/dxfw/gzzd/201208/20120808284691. html.

其中，中国对南非出口 108 亿美元，同比增长 46.7%，自南非进口 148 亿美元，同比增长 70.4%，中国逆差 40 亿美元。2011 年中国与南非双边贸易总额为 295.1 亿美元，同比增长 32.7%，其中，中国对南非出口 133.7 亿美元，同比增长 23.7%；自南非进口 161.4 亿美元，同比增长 41.3%，中国逆差 27.7 亿美元。

中国与南非也保持着良好的投资合作关系，中国在南非的投资呈增长态势。据中国商务部统计，2010 年，中国公司在南非完成承包工程营业额 3.7 亿美元，完成劳务合作合同金额 216 万美元；经中国商务部批准或备案，中国在南非的非金融类对外直接投资额为 4398 万美元，南非对华投资项目 32 个，实际使用外资金额 6647 万美元。2011 年中国公司在南非完成承包工程营业额 4.5 亿美元；中国公司累计派出各类劳务人员 861 人；经中国商务部批准或备案，中国在南非的非金融类对外直接投资额为 6004 万美元，南非对华投资项目 17 个，实际使用金额 1323 万美元。①

　　4. 汇率

　　南非使用的货币名称为"兰特"（Rand）。2000 年以来，兰特最低水平为每美元 10.5 兰特（2002 年），最高为每美元 6.4 兰特（2005 年）。2007 年以来在 7—9 之间波动，近来呈现一定的下跌趋势。由于南非的

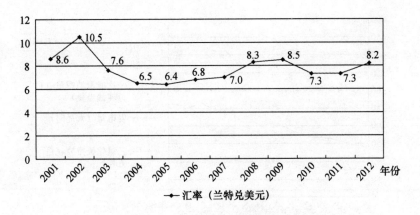

图 5-7　南非的汇率（兰特兑美元）

资料来源：世界银行数据库。

_____

① 数据引自商务部《国别贸易投资环境报告 2011》、《国别贸易投资环境报告 2012》。

复苏脚步较缓，使得兰特在走弱，有较重的下跌压力，汇率为 1 美元 = 8.86 兰特（2013 年 2 月）。

（三）能源资源和能源结构

南非自身拥有丰富的煤炭资源，但贫油乏气。2011 年，南非的煤炭探明储量为 301 亿吨，占全世界的比例为 3.5%。尽管在南非的陆地国土上被证实缺乏油气资源，但南非拥有漫长的海岸线。为此，近些年南非政府频频与外国石油公司进行合作，试图在南非近海找到具备大规模开发价值的油气资源。同时，南非的能源公司把更大注意力放在了对外寻找资源上，已在西非的尼日利亚、加蓬、赤道几内亚、纳米比亚，以及北非的苏丹、埃及等多个国家和地区获得了多个油气勘探开发区块。

2011 年南非的一次能源消费量是 1.26 亿吨油当量，占世界的 1%；发电 263 太瓦时，占世界的 1.2%；化石能源消费产生的二氧化碳排放为 4.57 亿吨，占世界的 1.3%。南非的一次能源消费结构中，煤炭和石油占了绝大部分，其中，煤炭占 73.5%，是南非主要的能源消费品种，第二位是石油，占比为 20.7%。长期以来，南非的能源消费和电力生产呈稳步增长趋势。从 2001 年到 2011 年十年间，南非的能源消费增长了 26.2%，年均增长 2.4%；发电量增长了 25%，年均增长 2.3%。

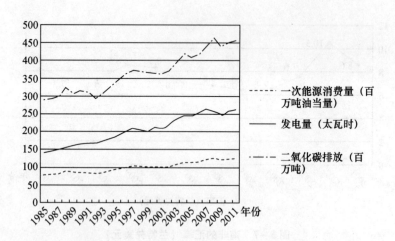

图 5-8　1985—2011 年南非的能源消费量、发电量与能源消费的碳排放

资料来源：BP 能源统计 2012。

二　电力管理与投资政策

（一）能源及电力管理部门

南非电力管理机构主要包括南非能源部（DOE）和南非国家能源监管局（National Energy Regulator of South Africa，NERSA）。南非能源部成立于2009年，主要职责是确保能源安全，推进能源多样化和普遍服务，颁布能源政策指南，鼓励投资，促进能源企业的公司治理等。南非国家能源监管局是2005年11月成立的，前身是国家电力管理委员会（National Electricity Regulator，NER），主要职责是按照政府的法律、政策、标准和国际管理来规范能源行业，推动南非电力及能源的可持续发展。

1. 南非能源部（DOE）

南非能源部的任务是管理和改革能源部门，目的是保证提供安全、可持续、可承受的能源供给，所提出的未来设想是到2025年在能源结构中有30%的清洁能源。

南非能源部的主要工作包括以下几个方面：

（1）保障能源供给安全，有效管理需求；

（2）建立和完善有效率的、竞争性的、反应快速的能源基础设施网络；

（3）改进能源管理；

（4）改革能源部门，实现高效率和多样化；

（5）保护环境资产和自然资源，继续推进清洁能源技术；

（6）应对气候变化的影响；

（7）进行企业管理，促进有效服务。

其中，主要和电力相关的工作体现在政策制定方面，以及国家电气化项目，旧有基础设施的修复和新的线路、变电站的建设。南非能源部的组织结构如图5-9所示。

2. 南非国家能源监管局（NERSA）

NERSA负责管理石油和天然气的价格，目标是减少能源领域的垄断，促进竞争，推动经济增长。电力监管也是NERSA管理职能的一部分。在电力监管方面，NERSA的主要职能划分为四个部门，包括许可及合规部、定价和价格部、电力基础设施规划部、规制改革部，分别肩负着不同的职能。

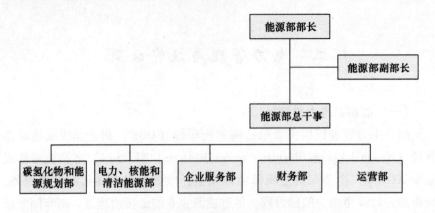

图 5-9 南非能源部组织结构

资料来源：《南非能源部年度报告 2011/2012》。

许可及合规部主要负责发电、输电、配电，电力进出口，以及电力交易者的许可等事宜。定价和价格部主要负责为电力供应行业设定价格指导、价格方法，评估价格申请，设定定价体系。电力基础设施规划部主要负责制定国家未来电力规划，推进替代能源发电技术，推进需求侧管理和能源效率提高。规制改革部主要负责为电力工业设计制度体系，进行电力工业的研究。

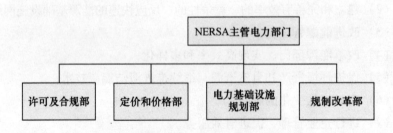

图 5-10 NERSA 电力管理的部门设置

资料来源：根据 NERSA 网站信息整理。

（二）电力政策

南非的电力政策主要体现在《电力法》《能源政策白皮书》《国家能源监管法》《电力监管法》《电力定价政策》等一系列法规和政策文件中。

南非的《电力法》于 1922 年发布。在 20 世纪 80 年代，南非两次修订《电力法》（1985 年和 1987 年）。1998 年 12 月，南非政府发布了《能源政策白皮书》。2000 年以来，南非又通过了一系列重要的法律法规，包括《国家能源监管法》，修订《电力监管法》《电力定价政策》等，确立了南非电力政策的基本框架。[①]

另外，由于非洲大陆还有很多贫困人口，分散在农村贫民区，多数人口仍不能享受基本的电力服务，这也是长期困扰着非洲大陆的问题。虽然南非的情况好于非洲平均水平，但这一问题也仍然存在。所以，推进农业、农村、离网居民的电气化，让贫困人口能够享受基本的电力服务，也是南非电力政策着力推进的一方面内容。经过多年的发展，南非家庭的电气化程度得到了很大提高，2010 年，南非居民的电气化程度接近75%。

近年来，南非发布的电力政策主要包括以下几方面：

1. 电力法案与政策

（1）法案。2000 年以来，南非发布的与电力相关的法案包括2004 年的《国家能源监管法》（National Energy Regulator Act）及其修订案（2011年），2006 年的《电力监管法》（Electricity Regulation Act）及其修订案（2007 年，2011 年）。《国家能源监管法》的主要目标是成立南非国家能源监管局，法案明确了监管局的建立、机制、构成等问题。《电力监管法》的目标是：建立电力供给行业的监管框架；使国家能源监管局成为电力管理体系的管理者和执行者；提供发电、输电、配电、电力交易和电力进出口登记和许可的规范形式。

（2）电力政策。2000 年以来，南非发布的电力相关政策主要包括2003 年的《免费基本电力政策》（Free Basic Electricity Policy），2007 年的《免费基本替代能源政策》（Free Basic Alternative Energy Policy），2008 年的《电力定价政策》（Electricity Pricing Policy）等。

《免费基本电力政策》的目的是促进免费基本电力服务的推行。由于电气化项目的推广，政府注意力转向电力的可承受性。2000 年，政府提出为贫困家庭提供免费基本服务，水、公共卫生和能源都被列为基本服务，该政策主要目标是支撑贫困家庭的能源（特别是电力）供给。《免费基本替代能源政策》的背景与《免费基本电力政策》是相似的，旨在支持贫困家庭的基本电力需求。由于一些地区电网覆盖有限，所以通过使用替代能源来满足贫困家庭的基本需求。《电力定价政策》主要是为了应对

---

① 南非能源部网站，http://www.energy.gov.za/files/policies_frame.html。

电力行业发展中遇到的容量短缺、投资渠道不畅、维护和更新缓慢等问题。该政策明确了电力供给各个环节的定价原则和方法。

2. 电气化指导政策

近年来，南非的电气化指导政策包括 2010 年的《农业居民电气化政策指导》（Policy Guidelines for the Electrification of Farm Dweller Houses），《学校、医院电气化政策指导》（Schools and Clinics Electrification Policy Guidelines），2011 年的《非正式居民区电气化政策指导》（Policy Guidelines for the Electrification of unproclaimed areas），2012 年的《离网家庭电气化政策指导》（Non – Grid Households Electrification Policy Guidelines）以及《综合国家电气化计划配套政策》（Suite of Supply Policy Guidelines for the Integrated National Electrification Programme）。这些政策针对不同类型用户用电的获取方式，费用和补贴的形式，申请方式等做出了概要性的指导意见。

（三）投资政策

1. 管理制度

南非没有单独的投资法，投资事务由各个部门分别立法，进行管理。与投资管理相关的法律主要包括 2008 年修订的《公司法》，2009 年修订的《税收法》，2002 年修订的《劳工关系法》，1998 年的《竞争法》。此外还包括《出口信贷与外国投资、再保险法》、《贷款协定法》、《外汇管制特赦及税收修正法》、《金融机构投资基金法》及《环境管理法》。南非贸易工业部是管理投资的主要政府部门，各省商会、协会均设有负责投资促进的有关机构。其他投资管理部门还包括：南非税务总署、南非国家经济发展和劳工委员会、地区工业发展委员会等。南非投资银行是中央银行，负责制定和执行货币政策，调节货币供应，监管其他金融机构，维持金融市场的稳定。

除军工和银行业外，南非在市场准入方面对外国投资者没有特殊限制，外国投资者可以和本国公民一样，自行委托律师到南非贸工部下设的公司注册处注册公司。但任何企业生产和经营的产品都必须得到南非标准局的认可，并且在环保等方面达到政府规定的标准。外国商业银行如在南非开设办事处或者分行，必须先取得南非储备银行的批准，如达到储备银行规定的资本金要求，一般都会得到批准。除了金融机构，任何外国公司可以在南非设立分支机构。

2. 优惠措施

南非的投资优惠政策重点是鼓励对制造业和旅游业的投资。一般性的投资优惠政策以及与能源、环保、基础设施建设相关的政策主要包括：

（1）中小型企业发展计划（Smalland Medium Enterprise Development Program）。该计划规定制造业、农业以及农产品加工业、水产业、生物技术、旅游、信息通讯、环保和文化等行业的中小企业，如其固定资产投资符合一定条件，可以按固定资产投资额的一定比例获得现金补贴。

（2）技能支持计划（Skills Support Program）。该计划是为了鼓励企业加大职工培训方面的投入，引进南非所需要的各种技能，凡在南非经营的当地和外籍公司，其职工培训费用可获得部分补贴。南非"战略性工业投资计划"和"中小型企业发展计划"所覆盖的所有行业中的企业均可申请，培训补贴只用于新建项目或现有项目的扩建工程，并且培训计划必须获得批准。

（3）外国投资补贴（Foreign Investment Grant）。对南部非洲关税同盟和南部非洲发展共同体以外的外国投资者，南非政府给予相当于机器设备价值15%，每个项目不超过300万兰特的现金补贴，用于将机器从海外运抵南非。这不是一项独立的优惠政策，而要与"中小型企业发展计划"结合起来使用。市场饱和的行业，如电视机行业、烟草业和塑料行业，不再享受此政策。

（4）工业创新扶持计划（Support Program for Industrial Innovation）。该计划规定，南非政府对企业重要的技术（工艺）创新、新产品开发给予资助与扶持，但研制的新工艺、新产品必须有较好的市场前景。

（5）战略性工业投资计划（Strategic Industrial Project）。该计划是对南非特定的工业资产进行投资的企业，在缴纳所得税时，可以从应纳税所得中首先扣除上述工业资产的投资额。

（6）关键性基础设施计划（The Critical Infrastructure Programme）。南非政府对于符合下列要求之一的，经主管部门批准对投资项目起到关键作用和具有战略意义的关键性经济基础设施，给予项目所在地政府或投资者最多相当于建设成本50%的建设补贴：①提高项目的环保水平；②符合南非国家、地区和当地经济工业发展政策以及土地使用规划；③促使项目创造更多直接或间接的就业机会；④加强生产商和消费者之间的联系；⑤为中小型企业发展提供更多机会。

（7）促进工业发展计划（Boost Industrial Development Plan）。2011 年 10 月，南非财政部为促进工业发展、扶持企业、增加就业特推出了 250 亿兰特的"一揽子"资助计划。该资助计划将在未来六年内促进经济结构调整、实现包容性增长。

（8）增加就业计划。南非政府已经宣布 2011 年是"创造就业之年"，将通过重要的经济转型和包容性增长战略实现就业计划，并采取设立就业基金、对投资者实施税收优惠政策等措施增加就业。政府制定将提供总额为 200 亿兰特的税收优惠或减税政策，以促进制造业领域的投资、扩建和升级。享受该优惠政策的新项目最小投资额必须为 2 亿兰特，扩建和升级项目投资额必须在 3000 万兰特以上。计划在未来 10 年内将创造 500 万个就业岗位，使失业率降至 15%。

（9）投资绿色经济激励计划。2011 年 11 月 28 日，联合国气候变化大会在南非德班召开。在德班峰会的召开期间，南非政府宣布将出台一系列鼓励措施，包括对环保和绿色经济企业的政策倾斜和税收优惠。此外，对于污染严重的企业和过度开采稀缺资源的企业，将征收惩罚性税收。强调绿色经济的重要性，促进经济转型。

3. 投资壁垒

（1）"平衡计分卡"对外国公司机密信息有负面影响。南非政府为了保护国内黑人的权益，在 2007 年 2 月公布的《南非黑人经济授权法案》中规定了强制性的"平衡计分卡"的计分规则。计分标准包括资产权益、所有权比例等七个类别，并计算总分。总分越高，说明企业更好地扩大了黑人参与经济活动的程度。企业如果要与政府进行交易，则必须严格遵守"平衡计分卡"的规定，并且总分较高的企业享受优先采购权。这些强制性指标对外国公司的正常运营产生了一定的影响，同时该制度的实施可能造成企业机密信息的外泄，对企业可能有负面的影响。

（2）生产许可程序繁杂和投资限制。南非企业如需向外国公司申请生产许可，必须先向南非的贸易工业部进行申请。贸易工业部或南非储备银行下属的外汇管理局将对申请进行审批，整个申请过程可能需要 3 个月的时间。申请者的资格须按照一系列的标准进行评判，包括战略意义、经济贡献度和项目本土意愿等。贸易工业部负责审批版权许可的申请，其他许可协议都须提交南非储备银行审批。中方希望南非政府能够简化相关的审批程序，提高效率。南非虽然一直在推进投资自由化的进程，但是在外商投资领域仍旧有两个限制：①投资银行和保险公司有当地最低股本要求；②非南非公民经营或者控股超过75%（包括75%）的企业是受限制的。另外，如果要在南非设立外资银行的分支机构，必须要雇用一定比例的当地居民，才能获得银行营业执照。外国公司必须先在南非注册登记为"外国公司"后，才可将不动产登记在其名下。

（3）签证政策。南非2011年紧缩了移民政策，在申请工作签证时有较多的限制，在一定程度上会影响投资企业人员的来往。

三　电力市场发展

（一）发展与改革过程

南非电力工业从诞生发展至今经历了漫长的过程，现在南非的电力工业结构是垂直一体化的，正处在深入推动发电环节和电网环节的公平开放的改革之中。

南非电力工业自1879年诞生，受淘金业的刺激，南非电力发展较早。1910年南非统一。1922年，南非发布《电力法》。依据该法，南非成立了电力供应委员会（ESCOM），同时成立电力控制理事会（ECB）对电力行业进行管制。1948年，ESCOM收购了最大的私有电力公司（VFP），至此，除了小部分的工矿企业自备电厂和属于市政所有的小电厂，ESCOM控制了几乎全部的发电量和高压输电网络。

20世纪70年代的石油危机，使得南非经济对电力依赖程度加深，南非的电力需求出现前所未有的快速增长，南非电力也得以超常规模发展。1983年，南非全国发电机组订单达到2226万千瓦，超过了当时全部在运行的装机容量，其后，南非经历了二十多年的容量冗余，基本上没有新增装机。

1994年，南非成立独立的国家电力管制机构（NER）。并随后两度修改《电力法》，新《电力法》要求除了500千瓦以下的自用发电装机外，其余发电机组和公司必须取得许可证。新《电力法》规定，独立的国家电力管制机构的职责包括：颁发或吊销发电商、输电商和配电商的许可证，审查许可证持有者是否达到许可证的要求；管制电价水平和电价结构；管制供电服务质量和服务标准；收集信息；裁决电力企业之间及电力企业与用户之间的争议；批准或否决与电力供应项目有关的征地或其他财产征收申请；向能源矿产部提出各项政策建议。

1998 年，南非政府发布《能源政策白皮书》，标志着南非电力市场化改革的启动。《白皮书》设定了电力工业的目标为：正视贫困阶层的能源需求，促进社会公平；向工矿业提供低价优质的电力供应，提升南非经济效率和竞争力；有效利用自然资源。《白皮书》同样强调了改善能源工业治理架构和以多样化保证能源安全的目标；并进一步强调了电力工业的全面改革，包括赋予电力消费者选择权、在发电领域引入竞争、输电系统的无歧视开放、鼓励私有资本的进入等。

2000 年，南非国有企业部发布"加快国有企业重组的政策框架"报告。该报告提出将 Eskom 进行集团化重组，其发电、输电和配电业务在集团内拆分为多个实体；在引入私有资本进入发电领域之前，将发电环节拆分成几个公司以促进内部竞争。输电环节仍保持其国有特性，但朝着独立公司的方向进行改革。

2001 年，南非内阁批准了一个"可控自由化"进程的电力改革建议，其要点包括：Eskom 保留占市场份额 70% 以下的发电容量，其余部分进入私有化程序，其中的 10% 定向出售给黑人经济所有；建立独立的国有输电公司，负责系统运营和市场运营功能；在新的发电投资进入之前，这一输电公司暂时作为 Eskom 集团的国有全资子公司；建立多层次电力市场，电力交易包括双边交易、竞价中心和平衡市场；建立能确保独立发电商参与的，以及确保能源多元化的电力管制框架。

2002 年，能源矿产部、国有企业部、NER 和 Eskom 等共同签订了一个协议，就下一步的改革步骤达成了共识，成立由国有企业部牵头的电力重组委员会，责成 Eskom 将发电环节改组为多个子公司开展内部竞争，建立独立的输电公司，并将内部电力库改组为独立市场运营公司。

2005 年，NER 发布地区配电机构的管制框架，包括许可证草案、零售电价指南、批发电价指南、批发交易规则框架和交叉补贴政策等。其批发电价系统 WEPS 分三个阶段实施：第一阶段在 Eskom 内部实施，供电环节向发电环节批发；第二阶段由 Eskom 供电的年用电量在 10 亿千瓦时以上的大用户向发电环节批发；第三阶段由市政供电的大用户向发电环节批发。

2006 年，NER 演变为国家能源监管局（NERSA），其职能从电力监管扩展到能源监管，监管范围从电力工业扩展到管道天然气和管道石油。随后南非出现了电力短缺。2009 年，南非能源部（DOE）成立。2010 年，南非发布了《综合资源计划（2010）》草案；Eskom 内部建立独立系统与市场运营机构（ISMO），加大吸引私人电源投资的力度，深入推动发电环节和电网环节的公平开放。目前，南非仍处在电力市场化改革进程中。

表 5-1 南非电力市场发展与改革进程

时间	主要事件
1879 年	南非电力工业诞生
1922 年	南非发布《电力法》
1948 年	ESCOM 收购了最大的私有电力公司（VFP）
20 世纪 70 年代至 80 年代初	南非电力大规模发展，达到了容量冗余
1985—1987 年	两次修订《电力法》。成立 Eskom，取代 ESCOM。Eskom 成立了一个由大用户、市政供电公司和政府代表组成的电力委员会，Eskom 的专业管理机构向电力委员会报告工作
1994 年	南非成立独立的国家电力管制机构（NER）
1998 年底	南非政府发布《能源政策白皮书》，电力市场化改革启动
2000 年	南非国有企业部发布"加快国有企业重组的政策框架"报告，该报告提出将 Eskom 进行集团化重组
2001 年	南非内阁批准"可控自由化"进程的电力改革建议
2002 年	能源矿产部、国有企业部、NER 和 Eskom 等签订协议，对改革达成共识
2005 年	NER 发布地区配电机构的管制框架，包括许可证草案、零售电价指南、批发电价指南、批发交易规则框架和交叉补贴政策等
2006 年	NER 演变为国家能源监管局（NERSA），其职能从电力监管扩展到能源监管，监管范围从电力工业扩展到管道天然气和管道石油
2007—2008 年	南非出现电力短缺
2009 年	南非能源部（DOE）成立
2010 年	Eskom 内部建立独立系统与市场运营机构（ISMO）

（二）电力市场现状

1. 电源结构

南非的装机容量约 40000 MW，大部分是燃煤的火电厂，备用容量在近年快速下降，大约在 8% 左右；南非的备用容量仍然偏低（备用容量裕度 15% 被视为正常）。[①] 2012 年南非的发电量中，煤电与核电占到 95% 以

[①] 南非政府制定的《电力定价政策》（Electricity Pricing Policy）（2008 年）。

上，煤电是主要部分，核电也有一定比重，其他能源发电比重较低，主要发电厂是东北部煤矿附近的坑口电站。

表 5 - 2　　　　　　　　　　　　　南非发电量　　　　　　　　　单位：GWh

	2012 年	2011 年	2012 年百分比（%）	2011 年百分比（%）
煤电	218212	220219	90. 4	92. 0
核电	13502	12099	5. 6	5. 1
水电	1904	1960	0. 8	0. 8
抽水蓄能	2962	2953	1. 2	1. 2
燃气发电	709	197	0. 3	0. 1
风电	2	2	0. 0	0. 0
独立发电厂	4107	1833	1. 7	0. 8
合计	241398	239263	100	100

资料来源：Eskom 年报。

南非现有的发电站主要为 Eskom 公司所有。Eskom 公司现有 22 个运行的发电站，容量 40635 MW，占南非全国的 92.6%；非 Eskom 公司发电容量共 3260 MW，占 7.4%。

在 Eskom 公司的 22 个发电站中，最老的发电站 Komati 于 1961 年投入使用，中间一度停用，后又恢复使用，Camden 和 Grootvlei 在最近几年恢复使用。在 22 个发电站中，2 个是抽水蓄能电站（Drakensberg 和 Palmiet）；4 个燃气轮机电站；1 个核电站 Koeberg 作为基荷电站（见表 5 - 3）。

表 5 - 3　　　　　　　　　　　南非现有电站容量

电站/所属	容量（MW）	占比（%）
Eskom	40635	92. 6
Camden	1520	3. 5
Grootvlei	372	0. 8
Komati	202	0. 5
Arnot	2280	5. 2
Hendrina	1870	4. 3

续表

电站/所属	容量（MW）	占比（%）
Kriel	2850	6.5
Duvha	3450	7.9
Matla	3450	7.9
Kendal	3840	8.7
Lethabo	3558	8.1
Matimba	3690	8.4
Tutuka	3510	8.0
Majuba	3843	8.8
Koeberg	1800	4.1
Gariep	360	0.8
VanderKloof	240	0.5
Drakensberg	1000	2.3
Palmiet	400	0.9
Acacia and Port Rex	342	0.8
Ankerlig and Gourikwa	2058	4.7
Non – Eskom	3260	7.4
TOTAL	43895	100

资料来源：《综合资源规划（2010）》。

2. 发电和输配电结构

南非的电力工业结构是垂直一体化的，南非的电力终端需求中，Eskom公司发电占96%（包括进口5%），地方政府发电企业占1%，其他占3%。Eskom公司拥有唯一的输电许可，负责全部电力的输送。配电由Eskom公司、地方政府以及其他有资格的分配者共同负责。配售电环节是由Eskom公司和地方配售电企业共同构成。

南非输电系统以400 kV和275 kV为主，2009年400 kV和275 kV电压等级的架空线路长度分别达到16336 km和7390 km，750 kV架空线路长度为1153 km，533 kV直流输电架空线路为1053 km，22 kV以下架空线路长度为297783 km。近年来，南非电力输送中损耗约为每年20000 GWh以上，损耗率为8%—10%。

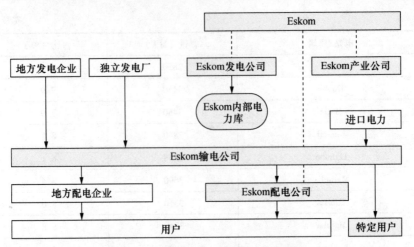

图 5 - 11 南非发电、输电、配电结构

图 5 - 12 南非的电网

资料来源：Eskom 公司网站。

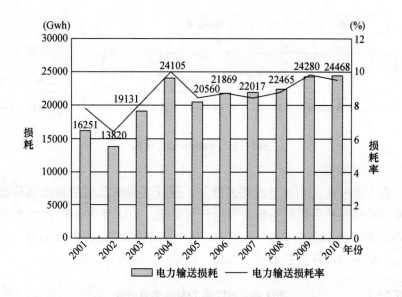

图5－13　南非2001—2010年电力输送损耗

资料来源：世界银行数据库。

专栏5－1

Eskom 公司

南非的发电是由 Eskom 公司主导的。在 2003 年，南非内阁批准了私营部门参与电力工业，私营部门通过竞争性投标的过程参与发电，并决定未来的发电容量划分为 Eskom 占 70%，独立发电厂占 30%。实际上目前 Eskom 公司的发电量占到 95% 以上。

Eskom 公司是南非国有的公用事业单位，同时也拥有和运营国家电网。Eskom 拥有并控制全国的高压输电网，同时也控制了大部分的配电和售电，其余部分由两百多个市政配电公司控制。

Eskom 公司的架构包括三个模块，分别是线性功能（Line functions，包括发电、输电、配电、集团客户服务功能）、服务功能和战略功能。线性功能负责业务运行，关注创造价值。服务功能维护公司资产，为日常标准化服务提供专业意见，对业务的机制进行优化。战略功能促进企业发展，为集团提供战略支持。

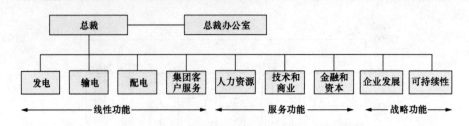

图 5 – 14　Eskom 公司结构

3. 用电结构

由于 Eskom 公司发电占绝大部分，所以 Eskom 公司的售电结构能够基本反映南非社会用电结构。根据公司年报，2011 年 Eskom 售电 224446 GWh，2012 年基本与 2011 年持平，售电 224785 GWh，市政用电、工业用电、矿业用电分别占 41%、26%、15%，合计占到 80% 以上。

表 5 – 4　　　　　2011 年、2012 年 Eskom 售电结构　　　　单位：GWh

	2012 年	2011 年	2012 年比例（%）	用电量同比增长（%）
市政	92141	91564	41.0	0.6
居民	10521	10539	4.7	– 0.2
商业	9270	9020	4.1	2.8
工业	58632	59611	26.1	– 1.6
采矿	32617	32630	14.5	0.0
农业	5139	4919	2.3	4.5
铁路	3270	2867	1.5	14.1
国际	13195	13296	5.9	– 0.8
合计	224785	224446	100	0.2

资料来源：Eskom 年报。

4. 电力进出口

南非的电力进出口近年来呈增长趋势，出口增长速度快于进口，是非洲重要的电力出口国。2003 年以后电力出口一直大于进口。2001 年南非电力进口 9248 GWh，出口 8520 GWh，净进口 728 GWh；而到了 2011 年，南非电力进口 13901 GWh，出口 16975 GWh，净出口 3074 GWh，这十年间进口增长了 50.3%，出口增长了 99.2%。南非供应非洲三分之二的电力，主要通过 400kV 和 220kV 交流向纳米比亚、博茨瓦纳、津巴布韦、莫桑比克、莱索托、斯威士兰等国家供电，是南部非洲电力联盟的重要成员国。

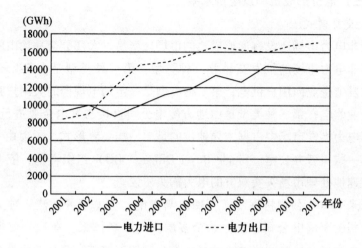

图 5 - 15　南非 2001—2011 年电力贸易

资料来源：南非能源部（DOE）网站。

专栏 5 -2

南部非洲电力联盟

　　南部非洲电力联盟（Southern African Power Pool, SAPP）是非洲的第一个正式的国家间电网，创建的宗旨是为成员国提供可靠、经济的电力供应。南部非洲电力联盟共有博茨瓦纳、莫桑比克、马拉维、安哥拉、南非、莱索托、纳米比亚、民主刚果、斯威士兰、坦桑尼亚、赞比亚、津巴布韦 12 个成员方。除马拉维、安哥拉和坦桑尼亚外，其余 9 个国家实现了电网互联，形成南部非洲电网，互联线路电压等级有 400 kV、275 kV、220 kV 和 132 kV。南部非洲电力联盟的主要目标包括：协调电力系统的计划和运行，降低成本；增进南部非洲发展共同体（SADC）的相互联系，增强电力供应的可靠性；协调成员国公用事业的关系，促进跨境电力交易等。当前主要的问题包括：缺乏提供电力的基础设施；缺乏基础设施的维护；提供新投资的资金有限；发电能力不足等。

（三）电价形成机制及电价水平

1. 交易模式

南非电力市场还没有形成成熟的市场化交易，大部分交易均由政府制定。南非电力市场的批发交易分三种类型：第一种类型是由 Eskom 利用拥有的发电企业向用户供电；第二种类型是一定用电规模的大用户直接从发电企业购电；第三种类型是由地方配电公司直接与发电企业进行交易。在南非电力批发市场中占据主导地位的是单一购买者形式，主要由 Eskom 公司单一购买者办公室（Single Buyer Office，SBO）组织实施，依据法律法规快速地处理市场买卖双方的电力购买协议。

未来 Eskom 公司将逐步实行输电与发电、售电业务的法人独立，组建子公司国家输电公司，建立一个多层次的市场体系。在这一市场体系下，各个交易主体之间将通过签订各类合同的方式进行交易。交易合同分为四种类型，分别是接入合同、系统使用合同、运营合同和辅助服务合同。Eskom 公司内部的发电业务与辅助服务业务将通过签约的形式与国家输电公司进行交易。

2. 电价形成机制

Eskom 公司在南非电力市场中占主导地位，也影响着电价的形成。作为受管制的国有公司，Eskom 的收益水平和南非的电价水平都是通过 MYPD 过程由南非国家能源监管局（NERSA）来决定的。MYPD（multi – year price determination，多年价格决定）方法是从 2006 年起引入的，是一种基于服务成本的核算方法。① 目前第 2 个 MYPD 周期（2010 年 4 月 1 日至 2013 年 3 月 31 日）已经结束，进入了第 3 个 MYPD 周期。该价格决定过程的机制是：Eskom 提交申请，NERSA 研究 Eskom 的申请，确保公用事业能够有效率运行并且对于消费者是公平的，同时在形成决定前还要征求利益相关者和公众的意见。

在刚过去的 MYPD2 周期内，计划的电价增长是：2010/2011 年度平均电价增长 24.8%，2011/2012 年度平均电价增长 25.8%，2012/2013 年度平均电价增长 25.9%。实际上，为了减少负面影响，在 Eskom 的要求和 NERSA 的修订后，2012/2013 年度增长下调到 16%。虽然在过去的几年里，电价上涨在南非民众中面临着较大阻力，但涨价仍将是延续的趋势。2012 年下半年，Eskom 递交 MYPD3 申请，关于电价主要做以下打

---

① 本部分内容参考《Eskom 综合报告 2012》。

算：要继续向反映成本的电价转变，要以资产重置的实际价值为基础，并且要以更长的时期来考虑。Eskom 提议将 3 年期周期改为 5 年期，这样可以使用户对价格上涨有更好的规划，也可以让借贷方对未来现金流预见有更强的确定性，确保实现反映成本的价格。

3. 电价水平

（1）平均电价水平。历史上，南非经历了长时间的低电价时期。从南非的平均电价变化可以看出，在 2006 年之前，南非的电价增长幅度小，趋势平缓。2006 年的平均电价是 1981 年的 7.5 倍，而同期物价水平（CPI）变化为 10.7 倍（详细数据见附表 5－3）。2006 年之后，电价开始迅速上涨。2009 年的平均电价是 59.76 分/千瓦时，比 2006 年增长了50%，而同期 CPI 增长了 28%。

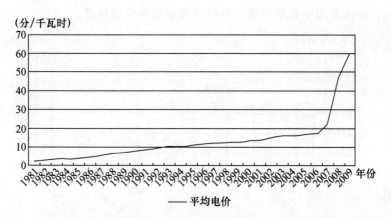

图 5－16　南非 1981—2009 年的平均电价（名义价格）

注：1 兰特 = 100 分。

资料来源：*South African Energy Price Report* 2010。

长期的低电价促进了南非的经济发展，也遗留下较多问题。制造业和矿业是南非的支柱产业，也是耗电大户，低电价使南非的制造业和矿业得到大力发展。在这两个产业的带动下，南非的经济也在 20 世纪 90 年代中期开始经历了持续的增长。而在 20 世纪 70—80 年代南非电力大发展后，由于容量冗余，南非很长时期少有新增容量。同时，南非的电价上涨较慢，通货膨胀率较高，所以在近十几年来南非电力发展面临的局面是：维护成本不足，供电故障频发；供电能力渐趋不足，2008 年出现全国范围停电。在这样的背景下，价格调整是南非采取的应对措施之一。电价调整从 2006 年开始，逐年有较大幅度上升。

当前（2012/2013 年度）南非的平均电价是 61 分/千瓦时，电价处在新一轮调价周期中。根据 MYPD3，下一个 5 年时期（至 2017/2018 年度）电价将要年均增长 16%，这考虑了运营成本、能源成本、折旧、资产回报、容量扩张等因素，增长部分中 13% 用于支持 Eskom 发展所需要，3% 支持独立发电厂的引入。届时平均电价将从 2012/2013 年度的 61 分/千瓦时增长到 2017/2018 年度的 128 分/千瓦时（名义价格），增长幅度 110%。[①]

（2）各部门差别电价。南非实行各部门差别电价，最高电价是农村和农业部门，最低是工业部门，差别达到 4 倍。从 2009 年的情况来看，工业和 Eskom 的采矿用电价格最低，国际交易的电价、大客户以及居民（家庭和街道用电）用电价格也较低，低于当年的平均电价 59.76 分/千瓦时，而商业用电价格较高，农村和农业用电价格最高。

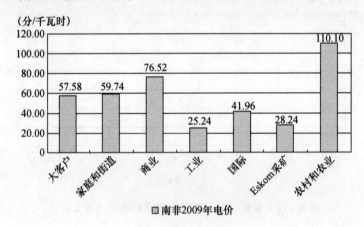

图 5 – 17　2009 年南非各部门用电价格

注：1 兰特 = 100 分。

资料来源：*South African Energy Price Report* 2010。

四　电力发展规划与预测

（一）电力发展规划

南非未来一段时期的电力发展规划主要体现在《综合资源规划

---

① 参考 Eskom 公司的 MYPD3 申请文件。

（2010）》中，该规划对南非未来 20 年（2010—2030 年）的电力发展进行了部署，主要目的是为经济社会发展提供足够的电力供应，并逐渐改变电力供应结构，最大限度减少温室气体排放。根据该规划，南非未来 20 年电力发展方面有以下重点工作和项目安排：

·继续推进 Eskom 的承诺建设项目，包括 Grootvlei 和 Komati 电站的恢复使用，Medupi（4332 MW），Kusile（4338 MW）和 Ingula（1332 MW）电站的建设。

·建设 Sere 电站（100 MW 风电站）。

·可再生能源发电购买计划的第一阶段，这是与 NERSA 的可再生能源上网电价计划相联系的，总计 1025 MW，来自于风电，集中式太阳能发电，垃圾填埋气发电和小水电。

·中期电力购买计划的第一阶段 390 MW。

·能源部的 1020 MW 开式循环燃气轮机（OCGT）独立发电厂。

·开始于 2023 年的核电战略，到 2030 年至少贡献 9.6 GW。

·开始于 2014 年的可再生能源上网电价计划之外的风电项目，至少 3.8GW。

·开始于 2016 年的可再生能源上网电价计划之外的太阳能发电项目，400 MW 以上；不包括太阳能热水项目，太阳能热水包含在需求侧管理项目里。

·开始于 2020 年的可再生能源项目，包括所有可供选择的可再生能源，有风能、集中式太阳能发电、太阳能光伏发电、垃圾填埋气发电以及水电，总共 7.2 GW。

·2020 年至 2023 年期间进口水电增加 3349 MW。

·2019 年至 2021 年期间依靠进口 LNG 为燃料的联合循环燃气轮机（CCGT）容量增加 1896 MW。

·自建电厂或热电联产 1253 MW。

·2027 年至 2030 年期间新增燃煤发电 5 GW（除 Medupi 和 Kusile 外），可用传统燃料或清洁煤技术，可以是 Eskom 公司或独立发电厂。需要考虑气候变化目标。

·Eskom 的需求侧管理计划。

（二）电力发展预测

《综合资源规划（2010）》对未来 20 年南非电力发展进行了规划和预

测，提出了以煤为基础的电力工业向低碳工业的转变。预测采用情景分析的方法，在对分析环境进行了技术假定的前提下，根据重点项目建设时间、排放限制、碳税等条件的不同又区分了 17 种情景，其中，修订平衡情景是推荐的结论情景。

1. 电力需求预测

根据预测，南非的电力需求未来呈现逐年增长态势，容量建设也会在未来 20 年逐年平稳推进。在适中估计下，20 年间将增长 75% 左右，到 2030 年时，所需的容量将达到 67.8 GW。保守的估计是 20 年间的电力需求将增长 43%，上限的估计是 20 年间的电力需求将翻一番。

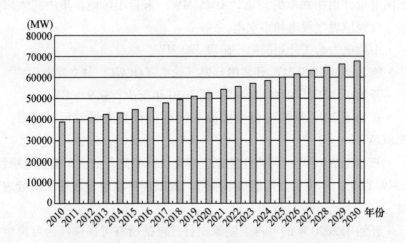

图 5 - 18　修订平衡情景下按适中水平估计的年最大需求
资料来源：《综合资源规划（2010）》。

2. 容量建设规划

根据需求预测，南非未来 20 年的电力需求将会持续增长，相应地，容量也要保持增长，需要建设新的发电容量，使可靠备用容量裕度会保持在 15% 上下。根据《综合资源规划（2010）》所做的具体项目规划，2010—2030 年间每年都会有新增发电容量。在 2020 年之前，主要是多种类型的发电厂的建设阶段，很少有电厂淘汰。2020 年之后，几乎每年都会淘汰一定量的发电厂，但总体上发电容量还是保持逐年增加；原因主要是由于可再生能源发电和核电的建设，开式循环燃气轮机（OCGT）发电厂的建设，以及进口水电的增加。按照规划，可靠备用容量裕度在2014年会达到20%以上，然后会呈下降趋势，在2022年以后稳定在15%左右。

3. 电源类型

根据《综合资源规划（2010）》的规划安排，到2030年，南非的发电容量虽然仍以燃煤为主，但会呈现出明显的多元、低碳的趋势。其中，燃煤发电会降至50%以下，燃气、核能、风力、太阳能发电分别占到10%左右，抽水蓄能、水力发电和其他类型发电合计占10%，这构成了南非未来电源的多元化类型。

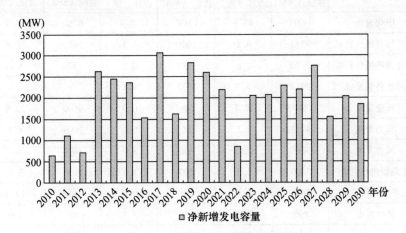

图 5 - 19　南非 2010—2030 年每年净新增发电容量

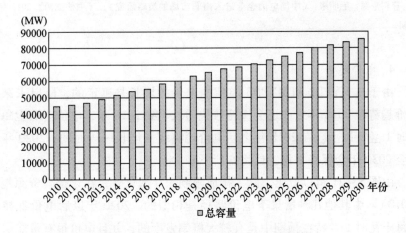

图 5 - 20　南非 2010—2030 年容量预测

资料来源：《综合资源规划（2010）》。

在新增的发电容量中，燃煤发电是主要部分，其中既有使用传统燃料的电厂，也有应用清洁煤技术的更为环保的电厂。计划中核能的贡献仍会加大，开式循环燃气轮机发电也将得到较大的发展。新能源当中的风力发电和光伏发电也是未来主要的发展方向。

表 5 – 5　　南非 2030 年电源类型及 2010—2030 年新增发电容量类型

类型	总发电容量		新增发电容量 （已承诺）		新增发电容量 （未承诺）	
	容量（MW）	占比（%）	装机（MW）	占比（%）	装机（MW）	占比（%）
燃煤发电	41071	45.9	10133	72.4	6250	14.7
开式循环燃气轮机	7330	8.2	1020	7.3	3910	9.2
联合循环燃气轮机	2370	2.6	0	0.0	2370	5.6
抽水蓄能发电	2912	3.3	1332	9.5	0	0.0
核能发电	11400	12.7	0	0.0	9600	22.6
水力发电	4759	5.3	50	0.4	2609	6.1
风力发电	9200	10.3	800	5.7	8400	19.7
太阳能集热发电	1200	1.3	200	1.4	1000	2.4
太阳能光伏发电	8400	9.4	0	0.0	8400	19.7
其他发电	890	1.0	465	3.3	0	0.0
总　计	89532	100	14000	100	42539	100

资料来源：毛明来：《中国电力企业进入南非市场的策略研究》，《中外能源》2012 年第 11 期。

4. 电价趋势

由于在 MYPD2 和 MYPD3 周期内电价的增长是确定的，所以未来的电价趋势在 2018 年之前还会保持较快增长。到 2018 年，电价会涨至每千瓦时 1 兰特以上。在 2018 年之后电价还将缓慢增长一段时间；2020 年之后至 2030 年会保持平稳，或将有所下降。

由图 5 – 21 可以看出，除了排放限制 3.0 情景外，在《综合资源规划（2010）》中其他几种情景下电价路径是相似的。2020 年以后电价保持高于每千瓦时 1 兰特在预期中是有较大概率发生的，并且电价很有可能保持在 1—1.2 兰特/千瓦时的区间内。

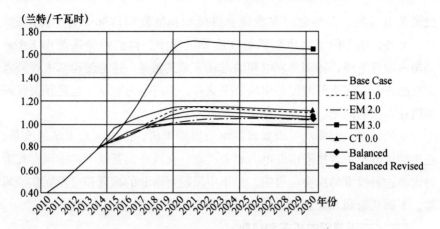

（兰特/千瓦时）

图 5 - 21 南非未来各种情景下可能的电价路径

资料来源：《综合资源规划（2010）》。

五 电力项目投资机遇与风险提示

（一）南非电力发展的主要问题

在全球能源格局变化，南非人口和经济增长的背景下，南非面临着能源供应的挑战，电力供应是其中重要的一个方面。虽然在过去几年中，受全球经济影响，南非经济增长放缓，使得电力供需矛盾有所缓解，但是预期未来经济增长复苏之后，矿业和工厂的需求还将增加，电力的备用容量还是偏低。解决的方法是增加容量，同时提高能源效率和需求侧管理，这需要有一个较长时期的过程。

在输配电方面，南非政府认为，面临的主要问题包括容量短缺和投资渠道不畅；投资、设施和服务共享，以及人民生活发展的割裂；电网不能充分维护，更新缓慢；对消费者存在不公正对待，相似消费者群体的价格待遇不同；不同地区的电气化发展有很大差异；免费基本电力的提供进展缓慢且不协调等。[①]

南非长期的低电价政策一定程度上促进了经济的发展，但由于需要维持电力发展，在财政上持续面临巨大挑战，同时也不利于吸引电力投资。近几年和未来一段时期，南非的电价会有较快的上涨，这对于吸引

---

① 参阅南非政府制定的《电力定价政策》（Electricity Pricing Policy）（2008 年）。

投资是有益的，但是也存在着资金目标和其他发展目标间的平衡问题。

另外，南非的电力市场仍处在改革进程中，目前市场还是由 Eskom 公司占主导地位，特别是发电和输电环节尤其明显，这会使得私人投资者存在顾虑。如何更好地促进市场公平交易，推进电力改革，也是相关管理部门在考虑的问题。

总的来看，南非政府需要解决电力供需矛盾，推进电力市场的改革，也接纳国外投资者投资南非电力相关产业。在这样的背景下，中国存在着对南非进行投资的机会与可能。对于中国投资南非的机遇和可能面临的风险，下面从宏观和企业两个层面进行分析。

（二）宏观层面的机遇和风险

1. 南非的国家风险

根据《世界各国风险指南（ICRG）》进行的评价，南非在 2012 年底的国家风险得分是 68.3 分（分数高对应风险低，满分为 100 分），属于中度风险国家，在 140 个进行评定的国家和地区中排第 70 位，也处于中间位置。在中国出口信用保险公司发布的《国家风险分析报告》中也有相似的判断，同样认为南非的国家风险处于中等水平，未来风险水平相对稳定。

总体上，南非经济企稳复苏，商业信心明显提升，通货膨胀相对温和，为经济持续复苏创造了相对良好的环境。不过基础设施不足，失业率居高不下，政府行政低效等因素仍在一段时间内阻碍南非经济增长。受南非经常账户赤字和资本市场较为开放等因素影响，兰特汇率容易受到国际短期投机资本冲击，汇率风险不容忽视。为应对危机，南非政府财政赤字迅速扩大，对此政府承诺将在未来几年大幅削减赤字，然而在当前国际经济增长脆弱、南非失业率较高的情况下，紧缩政策将对未来宏观经济产生负面影响。[①]

对于电力投资来说，有两个方面值得特别关注：

（1）政治与社会的稳定性。南非非洲人国民大会（African National Congress，ANC）在未来一段时期仍将是主导的政治力量。南非具有稳定的政治制度和已经建立起的民主，具备抵御风险的能力。但是高失业率，

---

① 《国家风险分析报告（2011）》，http://86cfw.cn/sy/hydt/201203/07/t20120307_516215.html。

收入上的不平等，缓慢的土地改革和服务提供不佳都是存在的隐患，有可能会引发一定程度的社会不安。

（2）通货膨胀与汇率波动。通货膨胀与汇率的不确定性将对投资收益构成影响。南非通货膨胀上升的压力主要来自于电价上涨以及工资上涨，将在一段时期内持续处于偏高水平。过去几年南非兰特兑美元有一定程度的波动，经历了一段先升值后贬值的波动。2013 年来，仍延续贬值趋势。由于南非持续的经常项目赤字，相对较高的通货膨胀率，以及政治上仍有一定的不确定性，兰特贬值趋势在未来还将继续。

2. 南非投资环境和产业政策

（1）有利因素。相对于其他非洲国家，南非基础设施完备、法律制度健全、银行体系完善，外汇管制比较宽松，投资鼓励政策明确，总体投资环境较好。

在产业政策层面南非政府近年来出台了一系列优惠政策，鼓励投资，包括外国投资补贴、关键性基础设施计划、促进工业发展计划、增加就业计划、投资绿色经济激励计划等、强调投资对就业、高技术产业、绿色产业的推动。

（2）不利因素。南非处于改革转型期，投资仍存在着一些不可忽视的风险：一是由于南非改革涉及如何维护多数黑人利益，对项目的有色人种参与比例提出要求，相当于要求外来投资应该包括一定的当地份额。二是南非近年来酝酿相关领域改革，涉及公司法、税制改革以及环境保护等多个方面，因而企业在经营上面临的立法风险不容忽视。三是南非的社会治安形势较差，抢劫、谋杀等恶性犯罪事件频发。四是潜在的罢工运动将增加在南非商业活动的成本。

3. 中国与南非关系

双边贸易合作关系良好。近年来，中南双边贸易增长较快，规模不断扩大。中国主要从南非进口矿产品，包括铁矿砂及其精矿、钻石、钢材等。南非主要从中国购买机电、电子、服装及辅料等产品。中南双方形成良好的贸易合作关系。

能源合作日益密切。中南已经发展成为全面战略伙伴，务实合作涵盖了能源、交通和农业等多个领域，并在中南双边委员会的框架下，设立了能源分委会，为两国加强能源领域的交流、促进企业开展实质性合作搭建了良好的平台。此外，2010 年国家开发银行与南非能源部签署了 200 亿美元能源合作协议，为中国电力企业进入南非创造了便利条件。

（三）企业层面的机遇和风险

1. 进入南非电力市场的机遇

根据对南非当前问题的剖析，进入南非电力市场的机遇主要体现在三个方面：

（1）电力短缺成为制约南非经济发展的重要因素，南非出现了严重的电力供不应求的情况，发展电力是南非的必然选择。同时，电力发展要考虑到结构调整和减排承诺，这使得新能源在未来电力发展中占有重要的比重。

（2）南非的政府投入不能满足电力总体规划。根据《综合资源规划》，不包括目前南非已经投资建设的项目，未来 20 年间至少还需要8600 亿兰特的投资，同时南非还要大力建设公共基础设施。南非当地资金有限，难以承担对大规模项目的投资，所以计划大力吸引外国投资和积极寻找外部资金，从而缓解南非电力建设资金投入不足的问题。

（3）南非政府正在对电力行业进行市场化改革。南非政府明确要求改组 Eskom 公司以提高企业的工作效率，将对 Eskom 公司发电、输电和配电业务进行分拆，除了输电业务以外的其他大部分业务将逐渐私有化。

以上的南非电力市场现状为投资南非电力建设提供了机遇。

2. 中国企业的优势

（1）中国电力企业规模不断壮大，已具备"走出去"的技术、管理和资金实力。在技术方面，发电和电网技术不断发展创新，特高压远距离大容量输电技术，百万千瓦级超临界火力发电机组技术均居世界领先地位。3MW 及以上的直驱永磁风电设备技术、光伏发电设备全产业链生产技术、700MW 水电机组技术与世界领先水平同步。电力设备的制造能力占全球主要份额。而且，随着电力企业不断走出国门，已经初步具备了海外运作的市场基础和经验，培养了一批高端人才。

（2）南非在电力发展方面与中国有诸多相似。南非跨区域、大电网的输电模式以及以火电为主的发电结构，都与中国有很大的相似性，这使得南非在技术上更愿意向中国靠拢。而且，中国电力系统自动化技术较西方发达国家的技术更适合南非的电力建设。此外，南非电力未来发展的特点与中国近些年大规模投资电力基本建设、优化能源结构非常相近。

（3）中国电力企业具有较大的成本优势。中国电力设备行业是优势产业，在设计、工程建设、设备制造、大件运输、运营、管理、技术、质量、价格、操作与服务方面比欧美国家更具优势。瑞银提供的数据显示，以出口价格计算，我国的发电设备比阿尔斯通、西门子、GE 便宜20%—30%。

（4）具有良好的金融支持。"金融先行"给予了中国企业信息和资金支持，目前，中国银行和中国建设银行在南非设立了分行，中国进出口银行和中非基金成立了代表处，中国工商银行入股南非标准银行 20% 并成立了代表处，国家开发银行也派驻了工作组。这些金融机构对南非已经有了较为深入的了解，可以在信息、资金和风险控制等多方面为中国企业提供支持，解决困扰企业"走出去"的融资难题，帮助企业更好地开拓南非市场，提高竞争力。另外，中国外汇储备充足，人民币正在国际化，这支撑了人民币的国际信用，提高了中国企业境外投资的实力。

3. 可能面临的风险和挑战

（1）中国电力企业在南非认知度低。由于南非与西方国家的历史渊源和长期合作，南非更易接受与西方国家合作。中国电力企业作为后来者在南非的业务开展处于探索阶段，尚未建立良好的品牌信誉度。

（2）对当地了解程度有待提高。中国电力企业对南非当地行政法规、贸易政策和投资环境等方面认知不够充分，缺乏知晓电力专业知识且具备国际商务谈判水准的高级复合型人才；对当地风俗习惯、宗教信仰以及环境、劳工保护等方面的熟悉了解程度不够，缺乏管理当地员工的经验，易在劳工权益和环境保护上付出较高代价。

（3）国际竞争对手具有相当规模且经验丰富。中国电力企业"走出去"虽然取得了一定的成绩，但与国际化成绩突出的主要国际同行（如新加坡能源公司、英国国家电网公司、法国电力公司等）相比全球化程度尚显落后，总体实力还有差距。主要表现在对国外投资经营风险识别能力差，缺乏了解目标国市场规则以及精通国际惯例、国际规则的国际化复合型人才，缺乏创立国际品牌及专利意识等。

主要参考文献

[1] 毛明来：《中国电力企业进入南非市场的策略研究》，《中外能源》

2012 年第 11 期。

[2] 萨莉·亨特:《电力竞争》,中国经济出版社 2004 年版。

[3] 沙苒、杨宝荣、邓锡广:《南非电力市场发展及中南电力合作》,《西亚非洲》2012 年第 6 期。

[4] 朱轩彤:《南非电力危机与中国—南非可再生能源合作》,《风能》2011 年第 4 期。

附　表

附表 5 - 1　　　　　　　南非家庭电气化程度（2010 年 3 月）

省份	家庭总数	未通电家庭数	未通电家庭百分比（%）	通电家庭数	通电家庭百分比（%）
东开普省（EASTERN CAPE）	1683420	647593	38.5	1035827	61.5
自由州省（FREE STATE）	834337	199625	23.9	634712	76.1
豪登省（GAUTENG）	3185858	779754	24.5	2406104	75.5
夸祖鲁—纳塔尔省（KWAZULU NATAL）	2439751	816354	33.5	1623397	66.5
普马兰加省（MPUMALANGA）	889958	227479	25.6	662479	74.4
北开普省（NORTHERN CAPE）	276265	49794	18.0	226471	82.0
林波波省（LIMPOPO）	1264792	322172	25.5	942620	74.5
西北省（NORTH WEST）	923954	195802	21.2	728152	78.8
西开普省（WESTERN CAPE）	1355952	202125	14.9	1153827	85.1
总计	12860165	3440699	25.1	9419466	74.9

资料来源:南非能源部,http://www.energy.gov.za/files/energyStats_ frame.html。

附表 5 - 2　　　　　　　　　　南非的电力贸易

年份	电力进口（GWh）	电力出口（GWh）
2001	9248	8520
2002	9875	8952
2003	8742	12139
2004	10030	14457
2005	11204	14889

续表

年份	电力进口（GWh）	电力出口（GWh）
2006	11788	15772
2007	13355	16503
2008	12580	16176
2009	14304	16061
2010	14203	16678
2011	13901	16975

资料来源：南非能源部（DOE）网站。

附表5-3　　　　　　南非1981—2009年的平均电价

年份	平均电价（名义价格，分/千瓦时）	CPI（2005年=100）
1981	2.28	9.74
1982	2.80	11.16
1983	3.36	12.54
1984	3.58	13.98
1985	4.12	16.26
1986	4.98	19.30
1987	5.75	22.41
1988	6.29	25.28
1989	6.90	29.00
1990	7.88	33.16
1991	8.47	38.24
1992	9.16	43.55
1993	10.14	47.78
1994	10.26	52.05
1995	11.15	56.57
1996	11.30	60.73
1997	11.85	65.95
1998	12.29	70.48
1999	12.44	74.14
2000	13.23	78.09
2001	13.76	82.55

续表

年份	平均电价（名义价格，分/千瓦时）	CPI（2005 年 = 100）
2002	14. 98	90. 11
2003	16. 05	95. 39
2004	16. 04	96. 71
2005	16. 55	100
2006	17. 05	104. 64
2007	22. 26	112. 07
2008	46. 62	125. 00
2009	59. 76	133. 91

注：1 兰特 = 100 分。

资料来源：《South African Energy Price Report 2010》。

附表 5 - 4　　南非 2010—2030 年电力需求预测（三种情景）

年份	最大需求：高（MW）	最大需求：低（MW）	最大需求：适中（MW）（修订的平衡情景）
2010	39216	38587	38885
2011	40629	39319	39956
2012	42027	40002	40995
2013	43839	41040	42416
2014	45255	41669	43436
2015	47124	42666	44865
2016	48479	43157	45786
2017	51090	44710	47870
2018	53276	45815	49516
2019	55573	46952	51233
2020	57649	47848	52719
2021	59885	48828	54326
2022	61932	49596	55734
2023	63955	50299	57097
2024	65870	50872	58340
2025	68458	51903	60150
2026	70866	52737	61770

续表

年份	最大需求：高（MW）	最大需求：低（MW）	最大需求：适中（MW） （修订的平衡情景）
2027	73320	53550	63404
2028	75606	54191	64867
2029	78066	54917	66460
2030	80272	55408	67809

资料来源：《综合资源规划（2010）》。

附表 5－5　　　　南非 2010—2030 年容量预测

年份	新增发电容量（MW）	总容量（MW）
2010	640	44535
2011	1112	45647
2012	703	46350
2013	2625	48975
2014	2447	51422
2015	2364	53786
2016	1532	55318
2017	3068	58386
2018	1623	60009
2019	2820	62829
2020	2594	65423
2021	2186	67609
2022	845	68454
2023	2054	70508
2024	2066	72574
2025	2285	74859
2026	2200	77059
2027	2755	79814
2028	1555	81369
2029	2027	83396
2030	1845	85241

资料来源：《综合资源规划（2010）》。

（裴庆冰执笔）

第六章　埃及电力市场研究

自 2011 年"1·25 事件"后，埃及政局动荡、社会分化、经济增长乏力，电力行业发展缓慢，政府频繁拉闸限电。2013 年 7 月 3 日，埃及军方单方面宣布总统穆尔西下台，使政治经济局势更加恶化。在政局动荡的背景下，财政收入被优先用来维持社会稳定、重建社会秩序等基本需求。埃及能源和食品补贴的巨额支出，导致政府财政赤字日益加重，限制了政府投资电力基础设施建设的能力。截至目前，埃及政府尚未公布第七个五年规划（2013—2017 年），这给埃及未来电力发展带来一定不确定性。但与其他非洲国家相比，无论是从技术上，还是从行业发展的规范程度上，埃及电力市场还是存在明显的竞争优势。本报告将主要就埃及电力市场结构、发展政策、定价机制以及未来发展规划等问题进行分析。

一　埃及国家概况与宏观经济形势

（一）国家概况

1. 地理、气候、行政区域与人口

埃及全称阿拉伯埃及共和国，简称埃及。埃及地理位置十分重要，位于欧亚非三洲交界处，既是联结三大洲陆路交通的枢纽，又占有沟通红海和地中海、连接大西洋与印度洋的国际航运水道——苏伊士运河。国土面积 100.15 万平方公里，沙漠占全国面积 95% 以上，海岸线长 2700 公里。官方语言为阿拉伯语，中上层通用英语。货币为埃镑，可自由对换。官方汇率 1 美元 = 7.13 埃镑（2014 年 12 月 31 日汇率）。宗教上，90% 的居民信奉伊斯兰教（绝大部分为逊尼派），9% 信奉基督教。共有 29 个省，首都开罗。政治上实行总统共和制，介于西方的总统制与议会制之间。2013

年 7 月 3 日至今，政权由临时政府掌管。

资源储备方面，天然气储量 2.2 万亿立方米，日产量为 1.8 亿立方米，已探明石油储量为 44 亿桶，整个石油开发潜力为 67.1 亿桶，约 10 亿吨。气候方面，全境干燥少雨，尼罗河三角洲和北部沿海地区属亚热带地中海型气候，其余地区属热带沙漠气候。地中海沿岸城市亚历山大年平均降雨量约 200 毫米，开罗以南地区全年降水量几乎为零。开罗是世界上著名的"不夜城"，居民习惯夜间活动。埃及气候特征和生活习惯提升了居民用电的比例。

埃及人口约 9100 万，是西亚北非地区人口最多的国家。近几年，人口呈爆炸性增长。2006 年埃及总人口只有 7650 万，在此后不到 6 年时间里增加 18%，净增约 1450 万人。据估计，2025 年前埃及人口将突破一亿。人口的迅速增长加大了居民的电力需求，给埃及电力市场带来机遇的同时，也给电力建设带来了巨大挑战。

图 6 - 1　埃及国家地理位置与国家区划

2. 政治制度

（1）埃及近代政体。1952 年以纳赛尔为首的"自由军官组织"发动政变，推翻法鲁克王朝，成立"革命指导委员会"，掌握国家政权。1953 年 6 月 18 日废除帝制，成立"埃及共和国"。1958 年 2 月，埃及与叙利亚合并，成立阿拉伯联合共和国。1961 年 9 月，叙利亚脱离阿拉伯联合共和国。1971 年 9 月，改国名为"阿拉伯埃及共和国"，建立了一个由"埃及永久宪法、人民议会、协商会议"组成的，由强有力的行政首脑主宰的两院制政治体系。

埃及永久宪法于 1971 年 9 月 11 日经公民投票通过。宪法规定埃及是

"以劳动人民力量联盟为基础的民主和社会主义制度的国家"。总统是国家元首兼武装部队最高统帅,由人民议会提名,公民投票选出,任期 6 年,有权任命副总统、总理及内阁部长,以及解散人民议会,在特殊时期可采取紧急措施;在人民议会(立法机关)闭会期间,还可通过颁布法令进行统治。1980 年 5 月 22 日经公民投票修改宪法,规定政治制度"建立在多党制基础上","总统可多次连选连任"。

人民议会是最高立法机关。议员由普选产生,任期 5 年。议会的主要职能是:提名总统候选人;主持制定和修改宪法;决定国家总政策;批准经济和社会发展计划及国家预算、决算,并对政府工作进行监督。

协商会议是萨达特总统于 1979 年提出建立并写入宪法的。1980 年 11 月 1 日,协商会议正式成立。根据宪法规定,协商会议是与人民议会并立存在但无立法权和监督权的咨询机构。每届任期六年,每三年改选一半委员,可连选连任。

(2)埃及"1·25 事件"以来的政治动荡。埃及"1·25 事件"。从 2011 年 1 月 25 日开始,埃及国内爆发一系列街头示威、游行、集会、骚乱、罢工等反政府活动,超过一百万人参与了此次抗议。示威者的诉求包括:①穆巴拉克下台;②军队结束戒严,终止紧急状态法;③获得自由和正义的权利;④组建一个非军事政府。

作为阿拉伯国家民主浪潮的一部分,埃及反政府民主示威有其大规模集中爆发的必然性。它是民众对长期不变的独裁政治、政府腐败、经济落后和社会不公平的"井喷式"回应。

一是政治因素:长期集权独裁,家族统治根深蒂固。据估计,穆巴拉克及其家人的资产净值约占埃及 GDP 的 18%—32%。除了穆巴拉克及其家人,埃及原政府的多名高官均涉嫌巨额贪腐。同时,几十年的专制之后,人民的基本言论自由和集会自由一直受到包括秘密警察、情报部门、武装部队在内的国家暴力统治机器的阻遏和压制。

二是经济因素:结构单一,抵御外界风险能力低。外汇收入主要依靠旅游、运河、油气、侨汇,抵御外界风险的能力不强。金融危机后,埃及经济没能完全走出危机的阴影,出口严重下滑,国外投资大幅减少,许多工程项目延误。

此次反政府浪潮的直接导火索是全球粮价飙升的传导效应,埃及国内物价飞涨,短时间内迅速加重了民众的生活负担,政府又无力采取有效措施平抑物价。埃及约 40% 的人口生活在每天不足 2 美元的贫困线下，近千万家庭不得不依靠政府发放的配给食品维持生活；中产阶级的财产及收入不稳定，经济权利无法得到法律保障。底层民众和中产阶级强烈要求共享经济社会发展成果，改善生活。

三是社会因素：失业率高，社会不稳定因素持续增加。在过去 26 年中，埃及人口由 1985 年的 5000 万快速增加到目前的约 9100 万，人口的平均年龄仅为 24 岁。尼罗河两岸 5% 的土地上聚居着全国 99% 的人口，使得就业机会更加抢手。最近 10 年，埃及官方失业率一直徘徊在 8%—11% 之间，90% 的失业者是 29 岁以下的青年人。

四是技术因素：新兴传媒发展迅速，为革命发生推波助澜。

宪法修正案。埃及 2011 年 3 月 19 日就宪法修正案举行了全民公决。最终收到 45% 的有效投票，其中 77% 选民投票赞同，23% 选民投票否决，宪法修正案获得通过。该修正案涉及与总统选举相关的 9 项条款，主要内容如下：①放宽总统的国籍以及出身；②删除原宪法对总统候选人的诸多要求；③限制总统任期为 4 年，最多连任两届；④总统选举过程由司法系统负责监督；⑤议会争议由最高法院裁决；⑥总统需在其任期开始六十天内任命副总统；⑦紧急状态法案须经议会大多数同意才能生效，有效期不得超过 6 个月，如果超过 6 个月，须全民公投表决；⑧删除总统拥有动用军队镇压恐怖分子和公民的权力；⑨新任议会须在 60 天内拟定新宪法。

议会选举。2011 年 11 月 28 日，埃及议会选举在军方的组织下有序开展。2012 年 2 月 28 日，埃及议会上院举行首次会议并选出议长。议会下院选举中，自由与正义党赢得 47% 的席位，光明党赢得 25% 席位，成为议会前两大政党。议会上院选举产生的席位中，自由与正义党获 59% 席位，光明党获 24% 席位。

新议会首要任务是选出制宪委员会，起草新宪法。由于在上下两院均居于多数地位，伊斯兰政党无疑主导着当时宪法原则的制定。

（3）新总统大选后的政治局势。2012 年 6 月 30 日，埃及历史上首位民选总统穆尔西宣誓就职。穆尔西在任期间，埃及政治局面陷入分裂。埃及两大阵营——伊斯兰势力与世俗自由势力在政治上逐渐形成了对峙局面，以穆兄会、萨拉菲派为主的伊斯兰势力虽然占有优势，但穆尔西的"扩权声明"的巨大失误，给了以全国拯救阵线为首的世俗自由派以绝佳反击机会,一举扩大了其在整个国家中的影响力,并通过在修宪及议会选举问题上的对抗使得埃及政局陷入僵局。穆尔西原计划于2013年4月22日举行新议会选举,由于被埃及行政法院判定议会选举法通过程序不合法,而被迫推迟。埃及人民议会是埃及拥有最高立法权的机构,议会选举迟迟不能完成,意味着埃及在政治上始终无法实现完整的组织体系,经济复苏计划更无从谈起,陷入了政治动荡和经济衰退交互影响的恶性循环。标准普尔于2013年5月9日将埃及的主权信用评级从"B"下调至垃圾级"C"级。

(4)穆尔西下台。由于不满穆尔西上台以来的执政表现,从2013年6月28日开始,以"全国拯救阵线"为主的反对派在亚历山大、开罗等地举行大规模游行示威活动,要求穆尔西下台并提前举行总统选举。穆尔西支持者也同时走上街头,声援穆尔西。7月3日,军方借助反对派的抗议活动,发动政变,软禁穆尔西,宣布废除现行宪法,由最高宪法法院院长任代总统,直到重新举行总统选举和议会选举。穆尔西被军方单方面宣布下台以来,穆斯林势力与军方和临时政府持续对峙,冲突不断。埃及最高选举委员会2014年6月3日宣布,前军方领导人塞西以96.91%的得票率赢得总统选举,埃及重回强权统治时代。

3. 经济制度

纳赛尔时代的埃及经济是高度集权化的经济体制。自20世纪70年代以来,大额的经济援助从美国、阿拉伯和欧洲等国涌入埃及。但低效的国营经济、臃肿的公共机构、庞大的军事投资导致了埃及通货膨胀、失业、严重的贸易赤字和沉重的公共债务,促使埃及开始从事经济体制改革。从20世纪90年代以来,在国际货币基金组织的帮助下,埃及逐步改变国家在管理和指导经济发展中的角色,从直接管理转向间接管理。2000年以来,埃及结构化改革的步伐逐步加速,包括财政、货币、国有企业私有化、商业立法、引进外资等方面均向市场经济体制转变,并实施了多轮经济刺激计划,使得外国投资不断增加,宏观经济也以每年5%左右的速度增长。但在经济增长的同时,贫富差距、人口增长、青年人失业率等问题却未得以有效控制。

4. 对外政策

(1)埃及外交政策。埃及长期奉行不结盟的外交政策。历史因素、军事力量、战略地理位置、外交经验、人口规模等因素使埃及在非洲、阿拉伯世界、伊斯兰世界具有非常重要的影响力。其中，阿盟总部设在首都开罗。

穆巴拉克在外交政策上延续同美国"战略伙伴"合作关系的同时，加强突出埃及的"阿拉伯属性"，着重开始改善同阿拉伯国家和伊斯兰国家的关系，在许多涉及阿拉伯世界的重大问题上坚持自己的立场和观点，外交方面较为务实，将埃及的经济发展和政治稳定作为外交政策的第一要务，实施全方位的"平衡外交"，除了维护和巩固埃及在阿拉伯世界固有的领导作用外，还加强了同大国，尤其是美国和欧洲各国之间的关系，积极加入现有的国际政治体系。

穆尔西政府上台之后，外交政策有所调整。在国内群众的诉求、重塑阿拉伯世界领导形象以及革命后埃及"本土化"意识兴起等几方面因素的影响下，埃及对中东和周边的以色列、伊朗、尼罗河流域国家等的外交政策调整以转向和改变为主，且调整幅度较大；对以美国为首的欧美大国，采取了延续基础上的调整；对包括中国在内的传统友好国家，则继续维持与深化与这些国家的关系（王泰等，2012）。[1]

目前穆尔西被军方政府推翻，临时政府接管政权且疲于应对国内政局，尚未明确阐述其外交政策。

（2）埃中关系。埃及是中东和非洲国家中最早与中国建立外交关系的国家。1999年4月，两国建立战略合作关系。2006年6月，双方签署两国深化战略合作关系的实施纲要。2006年11月，埃及总统穆巴拉克在出席中非合作论坛北京峰会后，对中国进行国事访问。双方发表了关于两国建交50周年的联合新闻公报。2008年12月，李克强副总理成功完成对埃及的正式访问。2009年11月，温家宝总理出席了在埃及沙姆沙伊赫召开的中非合作论坛第四届部长级会议。

在"1·25事件"发生以后，中方领导人表示高度关注。2012年8月28日，应中国国家主席胡锦涛邀请，埃及总统穆尔西对我国进行国事访问，分别同胡锦涛、吴邦国、温家宝、习近平进行了会谈。2013年3月27日，习近平主席在南非德班会见埃及总统穆尔西，双方一致同意进一步深化两国的战略伙伴关系。

---

[1]　王泰、王恋恋：《埃及过渡政府的外交政策之调整》，《阿拉伯世界研究》2012年第2期。

目前，两国间已结成友好省市 8 对：北京—开罗（1990 年 10 月）；上海—亚历山大（1992 年 5 月）；辽宁—伊斯梅利亚省（1995 年 11 月）；苏州—伊斯梅利亚市（1998 年 3 月）；海南—南西奈（2002 年 8 月）；安徽—达卡利亚（2003 年 9 月）；甘肃—吉萨（2004 年 7 月）；江西—卢克索（2010 年 9 月）。

中国与埃及两国早在 1955 年就签订了第一个政府间贸易协定，1994 年 4 月签署了《关于鼓励和相互保护投资协定》，1995 年 3 月签署了新的《中国与埃及经济贸易协定》，1997 年 8 月签署了《关于对所得避免双重征税和防止偷漏税协定》。2006 年 11 月，埃及承认中国完全市场经济地位。2009 年 11 月 7 日，签署了《中华人民共和国政府和阿拉伯埃及共和国政府经济技术合作协定》。中国与埃及的关系一直被誉为"南南合作的典范"。2014 年 12 月 23 日，中国国家主席与埃及总统举行会谈，两国元首共同决定，将中埃关系由此前的战略合作关系提升为全面战略伙伴关系。

（二）宏观经济状况

1. 整体宏观经济持续低迷

"1·25 事件"导致的政局动荡对埃及国民经济产生了巨大的负面影响，其中 2011—2012 财年，埃及实际 GDP 总量达到 2572 亿美元，实际 GDP 增长率为 2.2%。人均实际 GDP 增长率为 - 0.1%。2011—2012 财年，通货膨胀率仍处于较高水平，全年通胀率 7.6%，失业率 11.8%，就业问题仍是政府关注的重点。受埃及政局持续不稳的影响，埃及外汇储备急剧下跌，从 2011 年 1 月埃及革命时的 360 亿美元降至 2013 年 2 月底的 135 亿美元，不足两个月的进口额；埃镑持续贬值，从 2012 年底的 6.19 跌至目前的 6.96（2013 年 5 月 9 日），在 5 个月的时间内跌幅 12%，外汇市场有价无市，很多外国企业销售收入和利润无法换成美元，而美元汇出也从严审查，外汇在朝着控制的方向发展；通胀率、失业率大幅攀升，物价暴涨，民生哀怨；此外，油价、粮食等补贴的下降也多次引发了民众的不满，示威游行此起彼伏。2011 年埃及政局动荡以来，有超过 5000 家企业倒闭。

表6-1 埃及主要经济指标情况

主要指标	2007—2008 财年	2008—2009 财年	2009—2010 财年	2010—2011 财年	2011—2012 财年
按市场价格计算的 GDP（百万美元）	162688	189094	218889	235995	257262
按要素成本计算的 GDP（百万美元）	155385	180359	208728	225463	246091
人均 GDP（美元）	2186	2486	2814	2966	3126
按市场价格计算实际 GDP 增长率（%）	7.2	4.7	5.1	1.8	2.2
按要素成本计算实际 GDP 增长率（%）	7.2	4.7	5.1	1.9	2.2
人均实际 GDP 增长率	5	2.4	2.8	-0.6	-0.1
人口（百万）	75.2	76.9	78.7	80.4	82.3
人口增长率（%）	2.1	2.3	2.3	2.2	2.3
CPI	17.7	2.5	5	15.9	7.6
PPI	17.7	2.5	5	15.9	7.6
汇率（美元兑换埃镑汇率）	5.5	5.51	5.51	5.81	6

2. 巨额财政赤字限制了政府电力市场投资能力

从财政收入和支出来看，2011—2012 财年，埃及政府赤字额达 233 亿美元，处于高位。尤其是受国际粮食价格及国内维稳的需要，埃及不得不维持粮食和能源的补贴力度，严重限制了政府的投资能力。

表6-2 埃及财政收支情况表

主要指标	数值					
	2006—2007 财年	2007—2008 财年	2008—2009 财年	2009—2010 财年	2010—2011 财年	2011—2012 财年
中央财政收支平衡（亿美元）	-73	-111	-128	-173	-222	-233
中央财政收入（亿美元）	328	397	508	475	435	656
中央财政支出（亿美元）	401	508	636	648	657	889

资料来源：埃及财政部年报。

在埃及，政府财政投入是电力市场建设的主要资金来源，"1·25 事件"以来的巨额财政赤字限制了政府财政在电力市场上的投资能力，给埃及电力市场建设带来了巨大的不利影响。由于政局不稳，经济发展乏力，政府财政赤字严重，埃及政府只能将有限的财力用到关系到民生的食品、能源补贴及社会稳定上，无力在电力市场上提供更多的资金支持。

3. 埃及对国际援助具有较强的依赖性

美国是埃及最大的援助国，每年援助金额约 20 亿美元，其中约 13 亿美元用于军事援助。其他援助国还有卡特尔、沙特、德国、法国、日本、英国、意大利、中国等国家。埃及临时政府已于 2012 年初重启与 IMF 谈判，申请 48 亿美元的低息贷款。

埃及政府历来将国际金融机构低息或无息贷款作为政府基础设施投资的配套融资资金。在电力行业建设上，埃及主要依靠欧洲复兴银行、非洲开发银行、世界银行、日本国际协力银行（JBIC）等金融机构的低息资金支持。商业性贷款很难进入埃及电力市场，尤其是政府投资的电力项目。

4. 与我国的经贸关系发展良好

双方经贸关系发展良好，20 世纪 90 年代中期以来呈现快速增长态势。中国向埃及出口的产品主要有服装、纺织纱线、织物及制品、鞋类、箱包、通用工业机械设备及零件、电信及声讯产品等。中国从埃及进口的产品主要包括长绒棉、亚麻、大理石、钢铁、铝锭、石油及其他相关产品。其中，大理石占中国从埃进口总量的 50% 左右。截至 2011 年底，中国在埃中资企业数量达 1100 家，投资达 3.3 亿美元。2012 年中埃双边贸易额 95.45 亿美元，同比增长 8.4%。中国向埃出口 82.24 亿美元，同比增长 4.3%。受"1·25 事件"影响，从埃进口 13.21 亿美元，同比减少 12%。

表 6－3　　　　　　　　中国与埃及双边贸易统计　　　　　单位：亿美元

年份	中国出口		中国进口		顺（逆）差
	出口额	增长率（%）	进口额	增长率（%）	
2005	19.3	39.9	2.1	10.5	17.2
2006	29.8	54.4	2.2	4.8	27.6
2007	44.3	48.7	2.4	9.1	41.9
2008	58.1	31.1	4.3	78.6	53.8
2009	51.1	−7	7.5	75.4	43.6
2010	60.4	18.2	9.2	22.7	51.2

续表

年份	中国出口		中国进口		顺（逆）差
	出口额	增长率（%）	进口额	增长率（%）	
2011	78.8	30.5	15	63.04	63.8
2012	82.2	4.3	13.2	-12	69

资料来源：中国驻埃及经参处。

二　埃及电力市场改革与发展

（一）埃及能源、电力政策及管理体系

1. 能源政策

（1）能源发展规划。从埃及政府宏观发展规划上看，埃及政府在 2012—2022 年的十年发展计划中，将十年期发展分成三个阶段：一是社会恢复期（2012—2014 年），目标是恢复政治稳定、重建社会秩序、经济开始复苏（国民生产总值年均增长 3%—5%）；二是经济社会稳定期（2014—2019 年），目标是实现私营经济推动经济增长、本地资本推动投资增加、产业均衡发展；三是经济社会发展期（2019—2022 年），目标是社会稳定、民生改善、经济社会体制实现突破、形成均衡的产业格局。但由于政局不稳，埃及经济和社会发展尚未步入正轨，与 IMF 贷款谈判久拖未决，埃及政府尚未公布第七个五年规划（2013—2017 年），目前尚不能确定其未来整体能源发展目标。

（2）价格补贴政策。埃及政府每年在能源领域给予大量的价格补贴，其中 2011—2012 财年能源补贴预算约 955.35 亿埃镑。从表 6－4 中能够看到埃及补贴在政府总支出中的比重日益增加，2011—2012 财年达到最高的 28.66%，政府负担沉重。例如，埃及 92 号汽油价格为 1.85 埃镑/升（约人民币 1.65 元/升），远低于国际市场价格。根据埃及政府与 IMF 的谈判内容，为缓解埃及财政赤字，埃及政府需要逐步降低并取消能源的价格补贴。为此，2011 年底埃及内阁通过一项关于取消高耗能行业天然气补贴的法令，2012 年 1 月埃及政府宣布，为了缩减财政赤字，计划将对重工业领域的煤气费和电价上调 33%。从发展态势来看，后续能源补贴

改革范围将逐步从高能耗行业扩大到一般行业，陆续减少或取消对石油、柴油、电力等能源的补贴。

表 6 – 4 埃及历年补贴情况表 单位：百万埃镑

年份	2002/2003	2003/2004	2004/2005	2005/2006	2006/2007	2007/2008	2008/2009	2009/2010	2010/2011	2011/2012
政府总支出	127320	145988	161611	207811	222029	282290	351500	365987	401866	470992
补贴	6936	10348	13765	54245	53959	84205	93830	93570	111211	134963
粮食	5169	8189	11203	9407	9406	16445	21072	16819	32743	30282
油气	0	0	0	41778	40130	60249	62703	66524	67680	95535
其他	1767	2159	2562	3060	4423	7511	10055	10227	10788	9146
占比	5.45%	7.09%	8.52%	26.10%	24.30%	29.83%	26.69%	25.57%	27.67%	28.66%

资料来源：埃及财政部网站。

（3）石油天然气政策。埃及石油储量不足，天然气储量丰富。埃及探明石油储量约 44 亿桶，仅占世界总储量的 0.5%。尼罗河三角洲地带则被誉为世界顶级天然气盆地，已探明储量约 2.2 万亿立方米，预计储量约 3.4 万亿立方米。近期在尼罗河三角洲近海区域又发现了新的天然气田。在非洲，埃及石油产量 65 万桶/天，居第四位，消费量 73.6 万桶/天，居第一位，为石油净进口国。天然气年产量 635 亿立方米，居全球第十二位（2010 年），在非洲仅次于阿尔及利亚居第二位，消费量 474 亿立方米居第一位，液化天然气净出口 161 亿立方米排第三位，主要对象为以色列、约旦、叙利亚、黎巴嫩等。

历史上，埃及将液化天然气以长期不变价格的方式出口到欧美等地，并且一直以远低于市场价格的价格向以色列、约旦、叙利亚和黎巴嫩供气。2012 年以来，埃及多次发生油荒，预计 2016 年供需缺口将达到 1.16 亿吨，占总消费量的 33%，进而由此引起了频繁的拉闸限电，给日常生产生活带来了巨大不利影响。为此，埃及正在采取以下措施：①将国内部分燃油机组由石油机组改为天然气机组；②逐步提高天然气出口价格，控制天然气出口总量，按照 2011 年出口量，制定出口限额；③增加从伊朗、科威特等国的原油进口量，解决燃油缺口（伊朗 2012 年 3 月同意从 5 月份开始，向埃及出口 400 万桶原油）；④加大境内石油天然气的勘探力度；⑤加大新能源发电的比重。

2. 电力政策

埃及政府重视优先发展电力行业，除满足国内不断增长的需求外，还希望把埃及建设成环地中海区域的电力输出基地。埃及电力行业基本上由政府来控制，电网能够覆盖全国 94% 的人口。近年来该部门通过实施一系列的改革来增强竞争力。电力生产、运输和分配被区分开来，但仍由政府控制。电力投资由埃及电力控股公司代表埃及政府来实施。埃及的电力市场是单一买方市场。所有的发电企业只能把电卖给一家输电公司，输电公司把电转售给大客户和 8 个配电公司。虽然单一买方市场结构不利于电力生产商的竞争，但是这是实现电力自由竞争的一个重要中间阶段。埃及电力市场由两个子市场组成：一个是埃及统一电力系统，由埃及大部分居住区组成；另一个是单独的市场，主要指红海和西奈半岛的旅游胜地。埃及政府逐年加大对电力基础设施的投资力度，提高经营效益和服务水平，采取可再生能源技术，改进电力传输配送系统。同时，政府也鼓励私有企业参与 PPP 项目建设，改革电力定价系统，注意加强对埃及丰富的天然气资源的有效利用，防止能源的浪费和不当使用。

（1）电力发展规划。埃及电力规划（2012—2017 年）于 2011 年年初发布，但由于埃及随后发生政局变动导致政府更迭频繁，电力能源部正在调整电力投资计划。截至目前，尚未发布调整后的投资计划。埃及原计划于 2012 年至 2027 年间在电力基础设施领域投资 1100 亿美元，到 2027 年将发电能力增加到 5800 万千瓦。在传统热能发电居主导地位的情况下，加大对太阳能和风能等可再生能源的开发利用，至 2020 年实现可再生能源发电量占总发电量的 20%。

（2）鼓励私人部门投资电力领域。2010 年 5 月，为鼓励私营企业投资电力领域，内阁通过了鼓励私人部门参与的几项措施，包括：可再生能源装备免关税；实施项目需含环境、鸟类迁徙和土地等研究；项目用地应根据以下条件进行划拨，一是项目结束时由政府收回土地；二是 NREA 将返还投资者进行土地整理的相关费用，该笔费用为项目总投资的一部分；三是投资者可在项目投产营运后 3—5 年内，以分期付款的方式偿付土地费用。私人资本参与电厂期限较长（20 年），需要与埃及电力控股公司签署建造—经营—转让合同。埃及电力控股公司是发电企业的唯一电力购买者和输电公司，以及高压电力的唯一供应者，同时也负责现有合同管理。隶属于埃及电力控股公司的国家能源控制中心，负责对电厂和高压输变电系统的运营进行指导。埃及电力控股公司负责全国电力系统规划工作，通过电力购买协议来引导电力市场参与者。原则上来讲，第三方可以参与电网连接，但并不受到法律的保护。

（3）埃及重视提升电力设备的本地化率。埃及注重提升本地企业在电力项目中的贡献度。2011—2012 财年期间，埃及电力配送领域的本地化率已达到 100%，220kV 以下的电力运输设备已经能够实现国产，42%以上的传统热电站设备、30% 的风电场设备、50% 以上的太阳能发电站设备能够实现本土化生产。

（4）新能源发展政策。埃及发展新能源具有得天独厚的优势。一是红海沿岸苏伊士湾地区的风力资源非常丰富，风速达每秒 7—10 米。位于尼罗河东部和西部的两大沙漠地区都具备风力发电的条件，年平均风速达到每秒 7—8 米。二是埃及每平方米年度太阳辐射量达到 2.6 太瓦时，年均日照时间达到 4000 小时，太阳能资源丰富。为了充分利用上述资源，埃及政府提出了沙漠再生能源计划，将大力发展以太阳能和风能为主的再生能源。按照埃及 2008 年 2 月批准的新能源发展规划，到 2020 年 6 万兆瓦的发电需求中 20% 通过新能源发电来解决，其中风能发电达到 7200 兆瓦，占上网电量的 12%。在 2011—2016 年，新能源发电年均增长超过9%。为完成上述目标，政府对大约 2375 兆瓦（约占新能源总装机容量的33%）的政府投资类项目通过签订政府协议的方式提供资金支持；对4825 兆瓦（约占新能源总装机容量的 67%）的私人投资项目，需要向全球招标，通过 BOO 模式运作。

2009 年 7 月，为激励和支持风能发电，最高能源委员会通过以下几项政策：通过有竞争力的投标和双方协议，允许私人部门参与；通过签订长期（20—25 年）电力购买协议，降低项目风险；埃及政府将为电力购买协议项下的资金提供财政担保；除了部分用于经营和维护的支出用本地货币外，可再生能源的售价以外汇计算；投资者将从减排证书的销售中获利；可再生能源工程的投标评价标准将给予带有本地因素的参与者特殊待遇；由石油部、电力部、财政部和投资部共同组成委员会，筹备给风电项目划拨土地的提议。但在埃及新能源发电领域，政府一般会保证新能源上网量，但对上网电价并无实际电价补贴。

（5）核电政策。埃及政府拟在地中海海滨的 ELDabaa 地区建设埃及首座核电站，以解决电力供应紧缺的问题。该项目 2010 年已经正式进入立项阶段，并启动国际招标，来自各个国家的 5 家公司参与竞争，分别为美国（GE）、法国（Arevia）、韩国（Keppco）及来自俄罗斯和西班牙的另两家公司。该项目总投资 15 亿美元，总装机容量 120 万千瓦。2011年，由于埃及政治动荡，该项目被迫搁置。2012 年 1 月原总理詹祖里针对埃及电力供需矛盾突出的现象，重申项目重要性，呼吁群众理性支持项目建设。据了解，埃及政府拟以国家主权信用为本项目提供担保。

3. 电力管理机构及职能

埃及电力部门主要管理架构如图 6－2 所示。

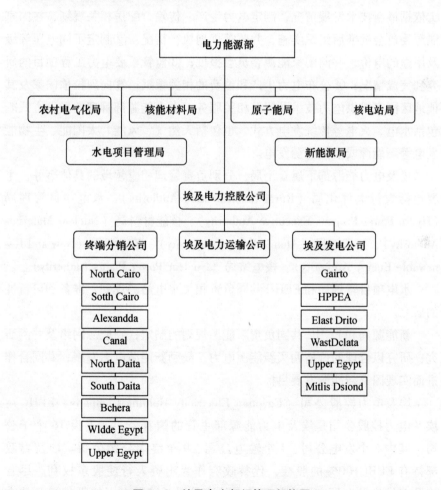

图 6－2　埃及电力部门管理架构图

资料来源：埃及电力部网站。

高级能源委员会（Supreme Energy Council）：在埃及，能源部门主要由石油部和电力能源部两个政府部门负责。其中石油部负责石油和天然气的上下游活动，电力能源部负责电力生产、传输和配送的管理。高级能源委员会为埃及能源管理的最高委员会，由埃及总理 2006 年签署法令成立。该委员会由总理直接领导，相关部长组成，主要负责监管能源行业政策，包括能源政策的制度框架、具体政策制定、相关投资项目以及能源定价等。

电力能源部（Ministry of Electricity and Energy）：埃及电力能源部成立于 1964 年，下设 6 个局、1 个电力控股公司（即 EEHC）。主要职责包括：①依据最新技术发展情况，制定电力生产、传输、配送相关规划，在国家能源委员会批准后组织实施，并监管规划执行情况；②制定不同电压等级及用途的电价，并向国家能源委员会报批；③监管重要电力工程项目的研究和完成情况；④公布电力生产和消费的相关数据；⑤向阿拉伯国家及其他地区国家提供电力技术顾问及相关服务。电力能源部管理的发电方式既包括水电、火电等传统发电方式，也包括天然气、风能、太阳能、生物能发电等新能源或清洁能源发电。

埃及电力能源部下属 6 个局，分别负责管理相应领域的具体事务，主要包括农村电气化局（Rural Electrification Authority）、水电项目管理局（Hydro Power Projects Executive Authority）、核能材料局（Nuclear Materials Authority）、原子能局（Atomic Energy Authority）、新能源局（New and Renewable Energy Authority）、核电站局（Nuclear Power Plants Authority）。

水电项目管理局和 EEHC 共同负责相关水电站的规划、准备和可行性的研究。

新能源局和 EEHC 共同负责新能源规划的制定；新能源网络及并网研究；研究以合理的价格购买新能源电力，鼓励新能源电力发展；共同合作进而实现国家新能源发展目标。

埃及电力控股公司（Egyptian Electricity Holding Company，EEHC）：埃及电力控股公司是埃及电力能源部主管的国有公司，下设 16 个子公司，其中 6 个发电公司、1 个输电公司、9 个终端分销公司。埃及财政部持有 EEHC100% 的股权，代替政府作为出资人行使股东权利。尽管埃及就推进发电厂和用户的双边合约交易以及确保电网的无歧视开放方面有过长时间的政策讨论，但截至目前，EEHC 仍然是埃及国内唯一的

电力购买人。包括私有电厂业主在内的所有发电厂必须将发电销售给
EEHC，由其进行终端的销售。一般情况下，埃及电力部长担任 EEHC
的董事长。

　　发电市场：埃及主要发电公司为埃及 EEHC 下属的 6 个发电公司。政
府也鼓励通过 BOOT 的方式建设私营发电厂，但通过该模式建立的发电厂
在埃及总量较小，主要有 Sidi Krir 3&4、Suez Gulf North West、Port Said
East 等发电厂。另外还有部分非并网的小型发电厂。

表6－5	EEHC 所属发电厂	
发电厂	所辖区域	总部驻地
开罗发电公司 （Cairo）	大开罗，十月六号城和特本，阿勒旺周边	开罗
东三角洲发电公司 （East Delta）	多美特，伊斯玛利亚，塞得港，苏伊士，南西奈，北西奈和红海省	伊斯玛利亚
中三角洲发电公司 （Middle Delta）	克拉比亚（除大开罗扩展区），穆罕默德城，布哈拉省克姆罕马德部分，达卡亚省	达卡亚
西三角洲发电公司 （West Delta）	亚历山大马特鲁和百合亚省（除穆罕默德城和克姆罕马德）	亚历山大
上埃及发电公司 （Upper Egypt）	吉萨（除大开罗扩展区），埃尔莎和阿勒旺省埃提菲赫周边区域，法尤姆，贝尼苏夫，民内亚，艾斯尤斯，新河谷，索哈杰，基纳和阿斯旺省	吉萨
水利发电公司 （Hydro Power）	全国水利发电厂	阿斯旺

资料来源：EEHC 年报。

　　输电市场：埃及电力运输公司（Egyptian Electricity Transmission Cor-
poration，EETC）是市场上唯一的电力运输企业，所有的中高压及特高压
电力的运输必须经过 EETC 传输，具有垄断地位。

　　配送市场：埃及电网覆盖全国人口的 99%，全国所有的城镇以及大
部分农村都已通电，通电的城镇达 6131 个，通电村庄达 31000 个。目前，
配电网络主要有 EEHC 下属的 9 家企业按照区域予以划分。埃及拟将配电
网络进行私有化股份制改造，将部分股份推向市场，但目前尚无实质
进展。

表 6 - 6 埃及配电公司基本情况

公司名称	管辖区域	所在地	资本金（万埃镑）
北开罗配电公司	北部和东部开罗地区，新开罗，开罗省奥布老市，汉凯，卡鲁亚省的秀伯拉，卡哈玛和堪那特地区	开罗	17369
南开罗配电公司	南部和西部开罗地区和吉萨省	开罗	25349
亚历山大配电公司	亚历山人省，亚历山大卡搂 66 至马特鲁公路	亚历山大	19544
运河配电公司	伊斯玛利亚，塞得港，苏伊士，夏奇拉，北西奈，南西奈和红海省	伊斯玛利亚	25224
北三角洲配电公司	达卡亚，达米埃特和卡福沙伊赫省	达卡亚（Dakahlya）	21360
南三角洲配电公司	卡鲁亚（除大开罗地区），姆努菲亚（除去萨达特市和哈特马地区），噶比亚省	噶比亚（Gharbia）	22277
EL Behera 配电公司	百合亚，马特鲁，亚历山大超级 K66 公路到马特鲁公路，姆努菲亚省，萨达特市和哈特巴地区	百合亚（EL Behera）	13200
中部埃及配电公司	贝尼苏夫，法尤姆，民内亚，艾斯尤斯和新河谷省	民内亚（Minia）	17689
上埃及配电公司	索哈杰，基纳，阿斯旺和卢克索省	阿斯旺	12994

资料来源：作者整理。

（二）电力市场改革与发展

电力的市场化改革主要有三个基本环节，一是市场准入的公平开放，二是市场经营条件的有序放开，三是市场的监督和管理。埃及的电力市场改革根据渐进性的原则，按照发电、输电、配电等产业环节进行相应的纵向和横向的改革，通过适当引入市场竞争来推动电力行业整体效率的改善和项目建设进度的提升。同时，埃及电力体系的改革也不同程度地涉及电力管理机构的变动和创设。从整体上看，埃及电力体制改革是与其整个社会经济体制相适应的缓慢的渐进式改革。其重要的改革进程见表 6 - 7。

表 6-7　　　　　　　　　埃及电力市场改革大事记

序号	年份	事件
1	1961	在电力生产和配送领域引入私营企业
2	1962	在电力生产、运输和配送领域全部国有化，成立三个监管机构，包括电力生产局、电力配送局、电力项目管理局
3	1965	成立电力管理总局取代电力生产局、电力配送局和电力项目执行局
4	1976	成立电力局，垄断所有的电力项目
5	1978	在电力局的监管下成立了7个区域性的电力配送公司
6	1983	成立电力配送局，用以监管电力配送企业，独立于电力局之外
7	1998	发电企业归属于电力局。电力运输企业被7个区域性的电力配送公司兼并；每个区域的电力生产和配送由区域性监管机构执行。电力局负责电力的传输和7个区域的电力生产和配送
8	2000	电力生产企业从电力配送企业中分离出来。因此，出现4个热能发电企业，1家水力发电企业，7家电力配送企业，1家电力传输企业；这些企业隶属于埃及电力控股公司（EEHC）
9	2002	7家电力配送公司中的三角洲电力配送公司拆分为北三角洲和南三角洲两个配送公司
10	2004	8家配送公司中的开罗配送公司拆分为北开罗和南开罗配送公司。三角洲电力生产公司被拆分为三家公司，也就是东三角洲、中部三角洲和西部三角洲三家公司

资料来源：埃及电力部网站。

（三）电力发展现状

近年来，尤其是 2007—2008 财年至 2011—2012 财年期间（第六个五年计划期间），埃及电力行业取得了较大的发展。高峰负荷从 19738MW 提高到 25705MW；发电量从 125TWh 增加到 157TWh；电力用户从 2380 万增加到 2810 万；人均电力消费从 1650KWh 增加到 1910KWh；热能发电能耗从 217.3gm/KWh 降低到 209gm/KWh；网络损耗从 11.24% 下降到 10.79%；发电厂开工率达到 84.4%；邻国电网互联互通得以增强；建设了客户服务中心，服务效率和服务水平不断提高；技术水平明显提升。

1. 发电市场

2012 年 6 月 30 日，埃及总装机容量达到 29074MW，同比增加 7.5%。从发电总量看，总发电量逐年递增，2011—2012 财年总发电量 157406GW，较 2007—2008 财年的 125129GW 增长 25%。

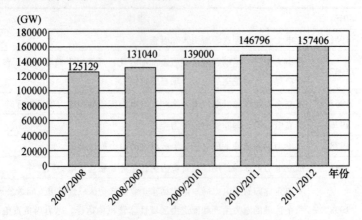

图 6 - 3　埃及总发电量增长情况

资料来源：作者整理。

从装机容量看，国有企业牢牢控制着整个发电市场。其中，上埃及发电公司占 11.9%，西三角洲发电公司占 18.6%，中三角洲发电公司占 16.4%，东三角洲发电公司占 12.7%，开罗发电公司占 21.3%，水力发电公司占 9.6%，新能源发电占 2.4%，私营电厂发电仅占 7.0%。6 家国有公司 2012 年 6 月底装机容量以及 2011—2012 财年发电站运行数据详见附表 6 - 1、附表 6 - 2。

从安装机组来看，蒸汽机组占比最大为 43.6%，燃气机组占比 9.7%，联合循环机组占比 34.7%，水利发电机组占比 9.6%，新能源发电占比 2.4%。不同类型机组占比情况见表 6 - 8。

表 6 -8		不同类型发电量情况表	单位：GWh
类型		2010—2011 财年	2011—2012 财年
蒸汽机组	国有企业	56502	57718
	私营部门	13309	12855
燃气机组		3795	10238
联合循环机组		58203	61405
热能机组合计		131809	142216
水力发电		13046	12934

续表

类型		2010—2011 财年	2011—2012 财年
新能源	风电	1485	1525
	太阳能/热能	219.4	479
入网发电		145559	157154
非并网		209	223
独立发电厂上网		27.3	29
合计		146796	157406

资料来源：EEHC 年报。

从燃料上看，埃及发电以天然气为主要燃料，占化石能源发电燃料消耗的 84.3%。86.5%的发电用天然气已连接到国家天然气网。

表 6 - 9　　　　　　　　　按照种类分的燃料消耗情况

种类	单位	2010—2011 财年	2011—2012 财年
重油	千吨	5302	4605
天然气	百万立方米	25894	29210
轻油	千吨	3.3	3.5
特殊轻油	千吨	81.7	59.2
合计	千吨	27430	29728

资料来源：EEHC 年报。

非并网发电：埃及境内共有 34 个非并网的主要以柴油和天然气为原料的热力发电以及在 Hurghada 的一个 5MW 风力发电厂。具体情况见表 6 - 10。

表 6 - 10　　　　　埃及 2011—2012 财年非并网发电情况

企业	电站数量	装机容量	发电量（GWh）	
			总量	净值
East Delta P. C.	1	22.4	0.26	0.156
Canal D. C.	21	155.76	176.4	173.78
El - Behera D. C.	5	15.64	25.20	23.15

续表

企业	电站数量	装机容量	发电量（GWh）	
			总量	净值
MiddleEgypt D. C.	6	41.28	21.24	20.40
Upper Egypt D. C.	1	2.7	0.02	0.02
合计	34	238	223	218

资料来源：EEHC 年报。

水力发电：埃及水力发电能力近年来持续增加，但由于水力发电主要依靠尼罗河水，后续发展潜力一般。埃及最早的水力发电站是建设于 1960 年的 Aswan 第一水电站，随后 1967 年建成 High Dam 水电站，1985 年建成 Aswan 第二水电站，1993 年建成 Esna 水电站，2008 年建成 Naga Hamady 水电站。

表 6 - 11	水利发电情况	单位：GWh
水电站	2010—2011 财年	2011—2012 财年
High Dam	9000	8920
Aswan Dam1	1461	1498
Aswan Dam2	1632	1567
Esna	495	499
Naga Hamady	458	450
合计	13046	12934

资料来源：EEHC 年报。

新能源发电：新能源发电（风电、太阳能）近年来持续增长，但占比依然较小（仅占 2.4%），距埃及政府 20% 的新能源占比的目标还很遥远。

2. 输电市场

埃及输电公司（EETC）是埃及电力市场超高压和高压输电的独家垄断者，总部位于开罗纳赛尔城。截至 2011—2012 财年，埃及高压及超高压线路总长度 43630 千米，其中以 220kV 和 66kV 居多，占比分别为 39%、43%。输电电压等级包括 500kV、400kV、220kV、132kV、66kV、33kV 等。

上埃及地区采用220kV和132kV系统，下埃及地区采用220kV系统，两地区由500kV线路沿着尼罗河南北方向连接。埃及各电压变压能力分别为500kV（9015MVA）、220kV（36428MVA）、132kV（3457MVA）、66kV（41217MVA）、33kV（1746MVA）。

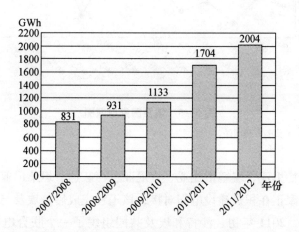

图6－4　新能源发电历年增长情况

资料来源：作者整理。

表6－12　　　　　　　　　　埃及输电线路长度　　　　　　　　单位：km

区域	550kV	400kV	220kV	132kV	66kV	33kV
Cario	212	—	1342	—	2873	
Canal	409	33	5334		3465	
Delta	—			1575	3283	—
Alexandria & West Delta	408	—	3446	—	3980	—
Middle Egypt	885		2443	1175	2498	1246
Upper Egypt	756	—	2880	1309	2675	1407
合计	2670	33	17020	2484	18774	2653

资料来源：埃及电力部网站。

埃及电网与其他国家电网已经实现了互联。埃及政府重视优先发展电力行业，除满足国内不断增长的需求外，还希望把埃及建设成环地中海区域的电力输出基地。埃及在1999年12月新建了一座通往利比亚的电网，2002年埃及实现了与约旦、叙利亚和土耳其的电网互联。埃及与包括布

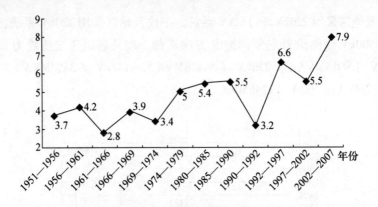

图6-5 埃及国家电网图

资料来源：埃及电力部网站。

隆迪、厄立特里亚、埃塞俄比亚、肯尼亚、卢旺达、坦桑尼亚和乌干达在内的非洲国家正在积极建设电网对接，该工程完成后，埃及与乌干达将共用一个电网。2011年初，沙特和埃及共同组织了一个联合电网项目的国际招标，拟投资15亿美元，建设两国间3000兆瓦直流输变电项目。受埃及政局影响，项目开工时间待定。

表6-13 埃及国际电网互联情况

内容	埃及/利比亚	埃及/约旦		
互联电压（kV）	220	400		
互联国家	利比亚	约旦	叙利亚	黎巴嫩
购买电量（GWh）	100	1277	220	82
销售电量（GWh）	64	36	2	—

资料来源：作者整理。

3. 配送市场

埃及电力配送市场主要由9家国有配电公司负责，其具体指标见附表6-3。从客户情况看，目前共有2806.49万个客户，其中南开罗配电公司客户数最多，为470.46万人，EL Behera客户数量最少，为180.72万人。从客户类别看居民用户数量最多，占比70.6%，其余商业用户4.9%、工业用户占2%、政府和公共实体占0.8%、农业用户0.3%等，如图6-7所示。

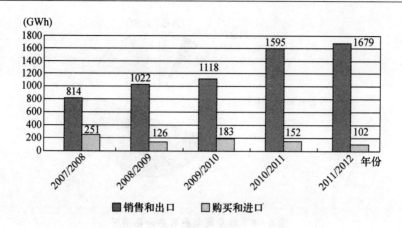

图6-6　埃及国家电网电量进出口情况

资料来源：作者整理。

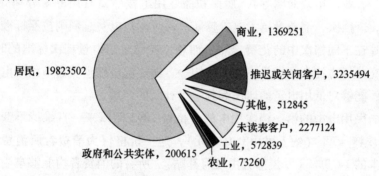

图6-7　埃及电力客户分布情况

资料来源：EEHC 网站。

从各个行业用电情况来看，居民用电占总用电量的 50.7%，占绝大多数，工业用电和商业用电却分别只占到 19.3% 和 3.4%，表明埃及工业化程度还相对较低。政府和公共实体部门用电量占 16.4%，占比较高。见图6-8。

（四）电力定价机制与电价水平

1. 电价政策与电价设计

埃及电价主要依据电压等级和消费用途来设计，具体标准如下：

（1）电压等级：电价根据供给电压的水平。依据发电成本、网络投资、网络运营、网络损耗等因素计算不同电压等级的成本。

（2）电力消费用途：电价根据用电的用途有所不同（如工业、居民、

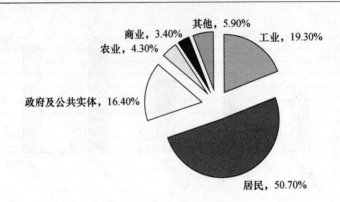

图 6 - 8　埃及用电量客户分布情况

资料来源：EEHC 网站。

商业、农业、市政照明等）。居民和商业用电按照每月用电量分别分成 6 个和 5 个档次，消费量越大电价越高。每月用户电费总额则按照标准，分别核算在不同档次中的花费，然后加总。在设定用电量档次标准的时候，总是充分考虑社会的意见，这一结构一方面能够鼓励消费者节约用电，另一方面能够对低用电量的居民起到一个补贴的作用。

居民用电中的第一档次用电的价格自 1993 年以来一直维持不变，为 0. 05 埃镑/kWh（约人民币 0. 045 元），这一价格仅为消费者所消费的电力成本的 14. 9%（亏损部分由政府补贴）。所有的消费者均能够享受到在这一消费区间中的低价福利。每年政府在电价中支付大量的财政补贴。居民用电中的补贴用电量一直到 1650 千瓦/月，超过 99% 的居民用电能够享受到电价补贴，补贴的数量也根据居民用电的从少到多而逐步减少，用电量越少，补贴力度越大。2011—2012 财年，单独居民用电领域的补贴就达到 105 亿埃镑。

另一项用电补贴主要提供给农业用电领域，用来鼓励大学毕业生从事土地开垦相关的项目，补贴额为电价成本的 35% 。

2. 电价水平及相关问题

从 2007 年以来，政府决定改革能源价格体系，通过提高天然气价格和售电价格的方式逐步降低应用到工业领域，尤其是高耗能的重工业领域的财政补贴额度。将重工业分为 3 个部分，并增加用电高峰期的用电价格。这一新的工业用电价格体系从 2012 年 1 月 1 日开始实施，其具体不同部分的新的电价如表 6 - 14 所示。

表 6 –14　　　　　　　　　　　埃及工业用电价格

行业类别		能源价格（埃镑/kWh）	
		低峰	高峰
第一部分：（高耗能行业）钢铁、水泥、化肥、铝制品、铜制品、化工	超高压	0.277	0.415
	高压	0.300	0.45
	中压	0.358	0.537
第二部分：玻璃、陶瓷	超高压	0.252	
	高压	0.286	
	中压	0.327	
第三部分：第一、二部分之外的行业	超高压	0.154	
	高压	0.186	
	中压	0.255	

依据 2011 年总理第 37/11/11/4 号法令，自 2012 年 1 月 1 日起开始执行

　　目前埃及上网电价和终端销售电价并不能完全反映发电、输电成本，尤其是终端销售电价低于国际水平。埃及政府每年对电力行业进行大量补贴（2009—2010 财年为 49.9 亿埃镑）。

表 6 –15　　　　　　　　　　　埃及电价一览表

用户类型	类别	电价（埃镑/kWh）
超高压用户电价	Kima 公司	0.047
	Metro – Ramsis 公司	0.068
	Somed 公司	0.273
	其他客户	0.129
高压用户电价	Metro – Toura 公司	0.1134
	其他客户	0.157
中低压用户电价	大于 500kW——基本电价（埃镑/kW/月）	0.095
	大于 500kW——电度电价（Pt/kWh）	0.214
	500kW 以下——农业	0.112
	500kW 以下——其他	0.25
居民电价	月用电 50kWh 以下	0.05
	51—200	0.11
	201—350	0.16

用户类型	类别	电价（埃镑/kWh）
居民电价	351—650	0.24
	651—1000	0.39
	1000kWh 以上	0.48
商业电价	月用电 100kWh 以下	0.24
	101—250	0.36
	251—600	0.46
	601—1000	0.58
	1000kWh 以上	0.60
公共照明		0.412

资料来源：EEHC 年报，该价格自 2008 年 1 月 1 日起开始实施。

（五）电力发展规划

1. 未来规划

埃及计划在 2010—2027 年间在电力基础设施领域投资 1100 亿美元，发电能力增加到 58GW。传统的热能发电在未来几年中将依然占据主导地位，其中大部分再建电站为燃气电站。埃及电力规划（2012—2017 年）于 2011 年年初发布，但由于埃及随后发生政局变动导致政府更迭频繁，电力能源部正在调整电力投资计划。截至目前，尚未发布调整后的投资计划。

热电项目：第七个五年计划包括建设 12400MW 的热电站项目，其中 6900MW 将会由 EEHC 来建设、拥有和运营（BOO）。包括北 GIZA 3 期以及 Banha 共 3000MW 的联合循环发电厂，在苏伊士、南赫尔湾、Safaga 或其他地方建设发电能力 3900MW 的蒸汽机组。第七个五年计划全部的电力建设预计投资将会达到 770 亿埃镑，EEHC 将负责筹集 430 亿埃镑，其余 340 亿埃镑将会从私营部门筹集资金。私营部门将会被邀请参加 3 个巨大的总装机容量达到 5500MW 的联合循环发电站，包括 3 × 750、2 × 650、3 × 650 共 3 个大型发电站。项目清单见表 6 - 16。

表 6 - 16　　　　　　　　埃及第七个五年计划主要项目清单

名称	投资方	性质	类型	融资方
苏伊士 1 × 650MW 亚临界发电厂	东德尔塔电力生产公司	国有	热电	非洲开发银行
吉萨 2 × 750 MW 联合循环发电厂	开罗电力生产公司	国有	热电	欧洲投资银行 + 阿拉伯基金
本哈 1 × 750 MW 联合循环发电厂	中德尔塔电力生产公司	国有	热电	
南赫尔湾 2 × 650 MW 超临界发电厂	上埃及电力生产公司	国有	热电	世界银行 + 非洲开发银行
Safaga 2 × 650MW 超临界发电厂	东德尔塔电力生产公司	国有	热电	
Oyoun Moussa2 期 2 × 650MW 超临界发电厂	东德尔塔电力生产公司	国有	热电	
北吉萨 2 期 3 × 750 MW 联合循环发电厂	开罗电力生产公司	国有	热电	
西开罗 2 × 650MW 超临界发电厂	开罗电力生产公司	国有	热电	
Zeit 湾风电场		国有	风电	JICA
苏伊士湾风电场 2 期		国有	风电	KFW + 欧洲投资银行
苏伊士湾风电场 3 期		国有	风电	西班牙政府
苏伊士湾风电场 4 期		国有	风电	Masdaar of Abu Dhabi
西尼罗（上埃及）风电场		国有	风电	JICA
Komombo 2 × 120MW		国有	太阳能	世界银行
EL Dabaa 2 × 600MW		国有	核能	
Kena 2 × 650MW 超临界发电厂		私有	热电	
EL Ayat 2 × 650MW 超临界发电厂		私有	热电	
苏伊士湾 ItalGen120MW 风电场		私有	风电	
苏伊士湾 2 阶段 IPP500MW 风电场		私有	风电	

资料来源：作者整理。

水电项目：埃及水电管理局和 EEHC 正在研究 Assiut Barrage 水电站的规划，该电站装机容量为 32MW，预计将于 2017 年建成。

新能源项目：2007 年 4 月 10 日埃及能源委员会通过决议，规划到 2020 年新能源发电量（水力、风能、太阳能）占到全部发电量的 20%。其中，水电占比 6%，风电占比 12%，其他新能源（主要为太阳能发电）占比

2%。按照这一规划，2020 年风力发电装机容量将会达到 7200MW。为了达成这一目标，埃及政府鼓励私营企业通过 BOO 的方式参与风电项目建设。新能源局将选择有经验和实力的电力设备生产商、风电制造商、发电企业等通过竞标的方式参与在苏伊士湾和尼罗河东西岸的风电项目建设，总期限为 20—25 年。目前，埃及政府已经划拨了 7647 平方公里国有土地用来进行风电项目建设。预计通过这种竞标的方式能够增加 2500MW 风力发电能力。

依据 2012—2017 年 5 年电力发展规划，需要建设 2 个集中式太阳能电站，总装机容量 100MW；4 个光伏发电站，总装机容量 20MW。

2. 规划执行情况

热电项目：按照第六个五年规划（2007—2012），政府需增加 3000MW 的联合循环发电机组（EL Atf，Sidi Krir，EL Nubaria，Kuriemat 电站项目），4000MW 的蒸汽机组（EL Tebein，Cairo West，Abu Kir，El Sokhna 项目）。为了满足夏天用电需求，埃及新建了 3 个电站来提高电力供给能力。

在吸引私营企业参与方面，埃及已经有 3 个私营蒸汽电站投入运营（均是 2×341MW），包括 Sidi Krir 3&4、Suez Gulf、Port Said。

水力发电项目：目前已经建成 5 个水力发电站，2011—2012 财年水力发电占总发电量的 8.2%。

太阳能发电：2011 年 6 月第一个太阳能热能电站投入商业运营，电站总装机容量 140MW，其中太阳能发电装机容量 20MW。该项目由世界环境机构（Global Environment Facility）和日本国际协力机构（JICA）提供融资支持。

三 埃及电力市场存在的问题及建议

（一）埃及电力市场存在的问题

1. 电力市场化程度较低

虽然埃及电力生产、传输和分配环节是分离的，但均由埃及政府控制，市场竞争程度低。电力投资主要由政府部门主导，私营资本生存空间较小，尤其是传统的天然气和热能发电领域，政府处于绝对垄断地位。埃及电力控股公司代表国家负责管理电力活动。国有发电厂主要由开罗电力公司、东部三角洲电力公司、西部三角洲电力公司、上埃及电力公司、水电公司和 NREA 公司所控制。电力传输由埃及电力输变电公司负责,埃及电力分配则主要由国有的北开罗配电公司、南开罗配电公司、亚历山大配电公司、北三角洲配电公司、南三角洲配电公司、巴哈瑞亚配电公司、运河配电公司、中埃及配电公司和上埃及配电公司负责。国有发电、输电、配电企业无融资决定权,具体融资事项需要由 EEHC 统一决定。

另外,目前埃及上网电价和终端销售电价并不能完全反映发电、输电成本,尤其是终端销售电价低于国际水平。埃及终端电力价格低,行业亏损严重,电力企业依靠政府补贴才得以正常运营。

2. 电力供应出现短缺现象,并呈现日益严重的趋势

近年来埃及电力供应出现短缺现象,并呈日益严重的趋势。2010 年 6月到 10 月期间,埃及大部分地区持续高温,很多地方的最高气温都超过了40℃,从而造成电力消耗过大,包括开罗在内的许多城市出现多次停电现象,引起埃及民众的愤怒和抗议。2012 年上半年,埃及拉闸限电的情况更为普遍和严重,给居民生活、工业生产、吸引外资等活动带来了更大的不利影响。埃及国民担忧 2013 年夏季将出现持续供电中断的现象,导致近期埃及发电机需求量增加,中国出口到埃及发电机的价格增长 60%。

电力供应出现紧张的原因主要是由于居民用电的快速增长以及埃及境内燃料紧缺。居民用电占总用电量的 50.7%,占绝大多数。近几年埃及人口呈爆炸性增长。2006 年埃及总人口还只有 7650 万,在此后不到 6 年时间里猛增 18% 以上,净增约 1450 万人,目前已经 9100 多万人,在西亚北非地区居第一位。2025 年前,这一数字将突破一亿。人口的迅速增长加大了国民对电力供给的需求,给埃及电力建设带来了巨大挑战。根据有关统计显示,2006 年埃及只有 70 万台民用空调,但 2010 年民用空调数量已增加至300 万台。据估计,埃及人口在未来仍将出现大幅增加,电力消费将从 2011年的 125.6 太瓦时增长到 2016 年的 159.5 太瓦时。2011—2016 年,电力需求年均增长率预计为 4.59%,2016—2021 年这一增长率将达到 4.92%。另外,埃及已经从石油净出口国转变为净进口国,天然气出口减少了燃料来源,并且天然气也存在逐步转变为净进口国的趋势。燃料资源的减少及财政赤字的加重也影响到存量发电机组的使用率,影响电力供给。

3. 政府财政压力大,规划项目进度难以保证

(1) 政府增加额外产能压力大。虽然电力传输和配电损耗的减少有利于增加电力供应,但是随着电力需求的迅速增长,如不增加额外产能,

埃及电力将会面临严重短缺。为减小埃及电力供需缺口，按照埃及政府规划，预计到 2027 年，政府总计向电力部门投入资金将高达 1000 亿—1200 亿美元，年发电总量将达到目前的 3 倍。其中，计划在 2020 年新能源和可再生能源装机容量再新增约 6700MW。增加电力供给、满足用电需求将是今后一个阶段埃及电力发展的主要任务。但由于政府的巨额财政赤字，埃及政府在电力项目投资上捉襟见肘，这将会给未来埃及电力规划的执行带来较大的不确定性。

（2）电价补贴压力大。埃及政府不仅对天然气、汽油等燃料进行补贴，也对居民的电价进行补贴。居民用电中的第一档次用电的价格自 1993 年以来一直维持不变，仅仅为 0.05 埃镑/kWh（约人民币 0.045 元），这一价格仅为消费者所消费的电力成本的 14.9%。每年政府在电价中支付大量的财政补贴，超过 99% 的居民用电能够享受到电价补贴。2011—2012 财年，单独居民用电领域的补贴就达到 105 亿埃镑。这给政府带来了巨大的负担，也限制了政府进行电力产业投资的能力。目前 IMF 正与埃及就 48 亿美元贷款事宜进行谈判，逐渐取消电价等能源补贴就是 IMF 贷款合同签订的前提条件。

4. 国际资金以低息、援助资金为主

埃及是世界上重要的援助受援国，电力行业是接受援助和低息或无息贷款的传统行业。埃及电力项目的融资过分依赖于 IMF、欧洲复兴银行、非洲开发银行、日本国际协力机构、欧洲投资银行等金融机构的低息或无息援助贷款（长期贷款利率一般低于 Libor + 200bp），远低于我国商业银行贷款利率。如日本国际协力机构（JICA）支持的 Zafarana 风电场项目，利率 0.75%，期限 40 年，宽限期 10 年。电力能源部排斥可持续发展的商业运作模式，缺乏与商业性金融机构合作的主动性。

另外，在贷款模式上，埃及电力项目建设通常先确定资金来源（包括银行贷款），然后再进行项目招标。在个别情况下，会要求投标方带资建设相关项目。这就对银行提出了更高的要求，一方面需要能够较早地介入项目，另一方面需要对项目的风险在项目前期有一个较好的判断。

因此，通过由埃及电力部、EEHC 或其下属国有企业为借款人，由国内金融机构提供贷款支持的方式参与到埃及电力项目建设中的盈利空间较小。

5. 中国电力设备信用度相对较低

埃及电力行业所用的设备多从欧美发达国家进口，对中国制造的电力设备信任程度不高，市场有待培育。另外，埃及电站及相关项目招标文件中，一般对投标人存量项目国际化运营经验有着严格的要求。而由于中国设备制造企业"走出去"时间较短，经常面临经验不足，无法满足投标文件要求的窘况。

（二）投融资建议

1. 整合我国援助资金、低息、无息贷款、商业贷款的合力

国内常用的"商业贷款＋中资因素"的模式相较于 JICA、欧洲复兴银行等机构"优惠贷款＋本国因素"的模式缺乏竞争力，可考虑将政府援助、低息、无息贷款等资源进行整合，发挥政府、金融机构和企业合力，在项目开发时算大账，支持中资企业投标活动。如 JICA 贷款支持的开罗地铁四号线建设项目（利率 0.2%，期限 40 年，宽限期 10 年），要求项目从前期咨询、科研、设计到设备均由日方提供。通过"算大账"，日方综合收益很可能比单纯商业贷款收益高。

2. 关注 PPP 模式下的电力项目建设

2010 年埃及政府通过相关公私合营模式法规，进一步放宽基础设施领域的限制引进私营资本。中国企业需借助埃及 PPP 模式的推行，通过加强金融同业合作，逐步拓展项目合作渠道。通过构建新的商业运作模式，引进中资企业电力设备，降低电力项目建设总投资，取代欧美等发达国家对埃及实施的"低息贷款捆绑高价电力设备"的商业模式，促进埃及本国电力行业的良性可持续发展。这也是埃及电力行业自身发展的一条重要路径。

3. 借助商业代理公司力量，引进中国电力设备进入埃及市场

埃及部分电力商业代理公司对中国电力行业的发展所取得的成就有一定程度的了解，代理公司希望中国的电力设备供应商到埃及参与设备招投标和工程承包。引进中国低成本、高质量的电力设备取代从欧美进口的高成本电力设备是一种切实有效的合作模式。政府可与埃及有关电力部门和国内大型设备供应企业保持密切联系，积极支持中国企业参加埃及电力项目招投标，逐步打开埃及电力市场。

4. 关注新能源市场

埃及拥有丰富的可再生能源资源。苏伊士湾具有丰富的风能资源，可与英国的大西洋沿岸风口相媲美，预计达 3.5 吉瓦的风电装机能力；埃及每平方米年度太阳辐射量达到 2.6 太瓦时，年均日照时间达到 4000 小时，

太阳能资源丰富。尽管目前埃及热能发电成本远远低于新能源发电成本。但是随着新能源发电成本的逐步降低，新能源发电必将会成为埃及电力市场的重要组成部分。考虑到国内光伏产业产能过剩，风电设备制造商竞争激烈，政府可以介绍国内光伏发电、风能发电企业到埃及投资建厂或者投资建设相关新能源项目。

5. 支持中资企业参与相关招标活动

可以通过规划咨询、工程承包贷款、买方信贷等多种方式和手段支持中资企业在埃及参与电力项目投标工作。发挥国家开发银行开罗代表处驻地优势，加强与当地电力部门沟通，为中资企业参与招投标提供帮助，寻求合作机会。

6. 关注电价补贴变化对电力市场的影响

需要时刻关注埃及政府与 IMF 谈判最新进展，分析埃及石油、天然气、电价补贴变化对政府财政赤字及整个宏观经济影响的分析。做好动态监控，掌握相关项目的最新进展。

附　表

附表 6 - 1　　埃及发电站的运营情况表（2011—2012 财年）

公司	电站	总发电能力（GWh）	净发电能力（GWh）	净发电能力/总发电能力（%）	燃料消耗（gm/kWh）	高峰负荷（MW）	负荷系数（%）	容量系数（%）	效率（%）	平均系数（%）
Cairo	Shoubra Ei - Kheima	5473.3	5168.4	94.4	243.147	1220	51	48	36.5	71
	Cairo West	682.5	625.0	91.6	344.514	195	40	22	26.2	53
	Cairo West Ext.	7180.6	6803.7	94.8	214.689	1320	62	60	40.9	81
	Tebbin	4275.6	4010.052	93.8	198.251	730	67	70	44.3	84
	Wadi Hof	127.321	126.202	99.1	383.618	76	19	14	22.8	96
	Cairo South 1	2681.192	2630.833	98.1	231.063	416	73	68	37.8	89
	Cairo South II	718.936	709.213	98.6	261.261	142	58	50	33.5	66
	Cairo North	10431.598	10207.184	97.8	160.743	1553	76	79	54.5	94
	6October[1]	628.42	625.338	99.5	235.62	—	—	—	—	—

续表

公司	电站	总发电能力(GWh)	净发电能力(GWh)	净发电能力/总发电能力(%)	燃料消耗(gm/kWh)	高峰负荷(MW)	负荷系数(%)	容量系数(%)	效率(%)	平均系数(%)
East Detta	Ataka	4259.74	3974.7	93.3	255.73	770	63	54	34.3	82
	Abu Sultan	3673.79	33399.47	92.5	260.04	595	70	70	33.7	89
	Arish	366.56	338.7	92.4	257.9	66	63	63	34	78
	Oyoun Mousa	5187.9	5012.7	96.6	214.4	640	92	92	40.9	94
	Shabab	105.92	104.82	99	364.456	86	14	12	24.2	99
	New Gas Shadab[1]	6013.05	5978.02	99.4	275.183	1063	64	68	31.9	95
	Port Said	61.9	61.6	99.3	366.382	38	19	10	24	65
	New Gas Damitta[1]	2989.67	2963	9.1	256.3	536	63	68	34.2	98
	Dmietta	7522.3	7352.8	97.7	193.1	1135	75	71	45.5	81
	Sharm Ei – Shikh	42.61	40.5	95	40.1	—	—	—	—	—
	EI – Huraghda	43.85	42.49	96.9	439.5	—	—	—	—	—
Middb Detta	Talkha steam (210)	2197.022	2039.72	92.8	243.7	420	60	60	36	75
	Talkha	1698.2	1670.4	98.4	236.8	246	79	67	37	88
	Talkha (750)	3462.24	3393.926	98	165.872	768	51	53	92.9	67
	Nubaria (1, 2, 3)	11169.304	10994.823	98.4	163.931	2023	63	57	53.5	73
	Mahmoudia	2051.852	2031.78	99	235.2	600	39	74	37.3	91
	EI – Atf	5651.7	5549.4	98.2	160.825	823	78	86	54.5	95
Wost Dalta	Kafr EI – Dawar	2115.6	1957.70	92.5	276.5	410	59	55	31.7	66
	Damanhou Ext.	538.20	522.53	97.1	251.70	249	25	20	34.8	31
	Damanhour steam	1050.15	982.67	93.6	293.01	165	72	61	29.9	89
	bu Kir	5178.94	4871.3	94.2	247	855	69	65	35.5	88
	Sioi Krir 1, 2	4004.087	3848.41	96.1	211.678	657	69	71	41.5	94
	Matrouh	366.014	339.909	92.9	289.631	59	71	69	30.7	91
	EI – Seiuf gas	213.47	209.141	98	390.442	144	17	12	22.9	95
	Karmouz	6.2	6.029	97.2	407.607	18	4	3	21.3	98
	Damanhour	1049.2	1035.261	98.7	215.282	152	79	76	40.8	93
	Sidi Krir (C.C)	5461.026	5315.944	97.3	158.913	791	79	83	55.5	95
Uppar Egypt	Walidia	3166	3043.85	96.1	234.63	550	68	58	27.3	81
	Assiut	406.04	371.48	91.5	305.76	66	70	51	28.6	75
	Kuriemat steam	7601.7	7397.7	97.3	211.820	1270	67	69	41.1	83

续表

公司	电站	总发电能力（GWh）	净发电能力（GWh）	净发电能力/总发电能力（%）	燃料消耗（gm/kWh）	高峰负荷（MW）	负荷系数（%）	容量系数（%）	效率（%）	平均系数（%）
Uppar Egypt	Kuriemat 1 （C. C）	5072. 17	4986. 38	98. 3	156	793	73	77	56. 2	94
	Kuriemat 2 （C. C）[1]	4434. 92	4348. 29	98	173. 8	787	64	67	50. 5	89
Hydra Piants	High Dam	8919. 87	8849. 50	99. 2	—	2300	44	48	86. 8	93
	Aswan Dam I	1498. 07	1465. 33	97. 8	—	270	63	53	83. 6	95
	Aswan Dam II	1567	1553. 76	99. 2	—	270	66	66	89. 5	92
	Esna	498. 9	42. 347	98. 7	—	84	68	66	85. 8	97
	Naga Hamadi	450. 576	443. 878	98. 5	—	70	73	80	82. 7	96
	Total – Hydro	12934. 81	12804. 82	99	—	2848	52	52	86. 5	93
	Total – Thennal	129361	125086	96. 7	209. 4	21301	69	64	41. 9	—
	Total – Wind	1525	1495	98	—	505	34	32	—	—
Total	Kuriemat Solar/ Thermal	479	463	96. 7	—	—	—	—	—	—
	Purchased from IPPs	29	29	—	—	—	—	—	—	—
	Private Sector BOOT	12855	12084. 8	94	205. 7	—	—	70	—	—
	lsolated Plants	222. 9	218	97. 8	—	—	—	—	—	—
	Grand Total	157406	152180	96. 7	—	25705	—	—	—	—

附表 6 – 2　　埃及电站装机容量表（2012 年 6 月 30 日）

公司	电站	机组容量	装机容量（MW）	燃料类型	开工日期
Calc	Shoutra EI – Kheima （St）	4 ×315	1260	N. G – H. F. O	1984—1985—1988
	Shoutra EI – Kheima （G）	1 ×35	35	N. G – L. F. O	1986
	Cairo West[(1)] （St）	2 ×87. 5	175	N. G – H. F. O	1966—1979
	Cairo West Ext （St）	2 ×330 + 2 ×350	1360	N. G – H. F. O	1995—2001
	Cairo South I （CC）	3 ×110 + 2 ×60	450	N. G – H. F. O	1957—1965—1989
	Cairo South II （CC）	1 ×110 + 1 ×55	165	N. G	1995
	Cairo North （CC）	4 ×250 + 2 ×250	1500	N. G – L. F. O	2005—2006
Calc	EI – Tebeen （St）	2 ×350	700	N. G – H. F. O	2010
	Wadi Hof （G）	3 ×33. 3	100	N. G – L. F. O	1985
	6 October （G）	3 ×150	450	N. G – L. F. O	2012

续表

公司	电站	机组容量	装机容量 （MW）	燃料类型	开工日期
East Delta	Damietta（CC）	6×132+3×138	1200	N. G – L. F. O	1989—1993
	Ataka（St）	2×150+2×300	900	N. G – H. F. O	1985—1986—1987
	Abu Sultan（St）	4×150	600	N. G – H. F. O	1983—1984—1986
	Shabab（G）	3×33. 5	100	N. G – L. F. O	1982
	New Gas Shbab（G）	8×125	1000	N. G – L. F. O	2011
	New Gas Damietta（G）	4×125	500	N. G – L. F. O	2011
	Port Said（G）	2×23. 98+1×24. 6	73	N. G – L. F. O	1977—1984
	Arish（St）	2×33	66	N. G – H. F. O	2000
	Oyoun Mousa（St）	2×320	640	N. G – H. F. O	2000
	Sharm EI – Sheikh（G）	2×23. 7+4×24. 27 +4×5. 8+2×5	178	LF. O	—
	Hurghada（G）	3×23. 5+3×24. 3	143	LF. O	—
	Zafarana（Wind）（W）	105×0. 6+117× 0. 66+478×0. 85	546. 5	Wind	2007—2008— 2009—2010
	Suez Gulf（BooT） PortSaid（St）	2×341. 25	682. 5	N. G – H. F. O	2002
	East（BooT）（St）	2×341. 25	682. 5	N. G – H. F. O	2003
West Dalta	Talkha（CC）	8×24. 72+2×45. 94	290	N. G – L. F. O	1979—1980—1989
	Talkha 210（St）	2×210	420	N. G – H. F. O	1993—1994
	Talkha 750（CC）	2×250+1×250	750	N. G – L. F. O	2006
	Nubaria 1. 2（CC）	4×250+2×250	1500	N. G – L. F. O	2005—2006
	Nubaria 3（CC）	2×250+1×250	750	N. G – L. F. O	2009
	Mahmoudia（CC）	8×25+2×58. 7	316	N. G – L. F. O	1983—1995—2009
	El – Atf（CC）	2×250+1×250	750	N. G – L. F. O	2010
Weat Dela	Dafir El – dawar（St）	4×110	440	N. G – H. F. O	1980—1984—1986
	Damanhour Ext（St）	1×300	300	N. G – H. F. O	1991
	Damanhour（Old）（St）	3×65	195	N. G – H. F. O	1968—1969
	Damanhour（CC）	4×24. 62+1+58	156. 5	N. G – L. F. O	1985—1995
	El – Seiuf（G）	6×33. 3	200	N. G – L. F. O	1981—1982 1983—1984
	Karmouz（G）	1×11. 37+1×11. 68	23. 1	L. F. O	1980
	Abu Kir（St）	4×150+1×311	911	N. G – H. F. O	1983—1984—1991

续表

公司	电站	机组容量	装机容量 (MW)	燃料类型	开工日期
Weat Dela	Abu Kir (G)	1×24.27	24.3	N. G – L. F. O	1983
	Sidi Krir 1.2 (St)	2×320	640	N. G – H. F. O	1999—2000
	Sidi Krir (CC)	2×250 + 1×250	750	N. G – H. F. O	2010
	Matrouh (St)	2×30	60	N. G – H. F. O	1990
	Sid Krir 3.4 (BOOT) (St)	3×341.25	682.5	N. G – H. F. O	2001
Upper Egypt	Walidia (St)	2×312	624	H. F. O	1992—1997
	Kuriemat 1 (St)	2×627	1254	N. G – H. F. O	1998—1999
	Kuriemat 2 (CC)	2×250 + 1×250	750	N. G – H. F. O	2009
	Kuriemat 3 (CC)	2×250 + 1×250	750	N. G – H. F. O	2009
	Assiut (St)	3×30	90	H. F. O	1966—1967
	Kurienat Solar/ Thernal (S/G)	1×70 + 1×50 + 1×20	140	Solar/N. G	2011
Hydor Plants	High Dam	12×175	2100	Hydro	1967
	Aswan Dam I	7×40	280	Hydro	1960
	Aswan Dam II	4×67.5	270	Hydro	1985—1986
	Esna	6×14.28	86	Hydro	1993
	New Nage Hamadi	4×16	64	Hydro	2008

附表6-3　　埃及中低压电力网络情况（2012年6月30日）

类别 \ 公司		北开罗	南开罗	亚历山大	运河	北三角洲	南三角洲	百合亚	中部埃及	上埃及	合计
No. of Switchboards		366	336	207	1211	176	106	255	115	101	2783
Percentage (%)		13.2	12.1	7.4			3.8	9.2	4.1	3.6	100
Length of MV Network (km)	Lines	515	2950	577	14225	9811	7556	12700	16147	10449	74930
	Cables	14616	17966	10406	16674	5482	3285	4030	5221	5751	83432
	Total	15131	20917	10983	30899	15293	10842	16730	21368	16200	158362
Length of MV Network (km)	Lines	2944	4497	2979	29716	22070	17678	15000	33344	29340	157568
	Cables	29617	30564	5766	13785	2745	796	2540	1929	1528	89269
	Total	32561	35061	8745	43501	24815	18474	17540	35273	30868	246837

续表

类别 公司	北开罗	南开罗	亚历 山大	运河	北三 角洲	南三 角洲	百合亚	中部 埃及	上埃及	合计
Total Length of MV&LV Lines&Cables（Km）	47692	55977	19728	74400	40108	29315	34270	56641	47068	405199
Percentage（%）	12	14	5	18	10	7	8	14	12	100
Distnbution Transformers	15484	18487	7293	27833	15513	14659	18400	20848	19010	157527
Distnbution Transformers（MVA）	11963	11550	4395	10835	4443	3913	3954	4615	4290	59958
Percentage（%）	10	12	5	18	10	9	12	13	12	100
Number of LV Pillars and Panels	37406	53385	7293	38587	17274	14746	21550	12806	20273	223320
Percentage（%）	17	24	3	17	8	7	10	6	9	100

（伊淑彪执笔）

第七章　波兰电力市场研究

波兰是中东欧地区最早开始经济转型和进行电力市场化改革并取得显著成效的国家之一。对波兰电力市场进行研究，探究波兰电力改革的经验与教训对于世界其他国家成功制定电力行业改革方案具有重要的参考价值。波兰电力改革历经了漫长的过程，在1997年颁布的《能源法》基础上，政府先后推出了电力部门市场化、私有化和电力来源多样化的众多举措，为波兰电力市场的发展注入了活力。然而，电力部门仍然存在竞争不足、设施老化等诸多问题。本报告从不同层面广泛而深入地探讨了波兰电力市场改革历程、电力发展特别是电网建设现状及存在的问题、电价机制以及未来电力发展规划与投资风险等一系列话题。

一　波兰国家概况与宏观经济形势

（一）国家概况

1. 地理、气候、人口与行政区域

波兰是波兰共和国（Rzeczpospolita Polska）的简称，位于欧洲中部，国土面积为312685平方公里，约占欧洲面积的3%，是欧洲第九大国，规模中等，比英国和意大利略大。该国西接德国，南邻捷克和斯洛伐克，东部与乌克兰和白俄罗斯相连，东北部和立陶宛及俄罗斯接壤，北濒波罗的海。陆地平均海拔173米，海岸线长528公里。地势南高北低，中部下凹；全境绝大部分为略有起伏的低平原，平原约占国土面积的54%，南部为低丘陵，主要山脉有喀尔巴阡山脉和苏台德山脉。最大的河流维斯瓦河贯穿南北，被称为波兰的母亲河，全长1047公里。北部有9000多个湖泊，最大的湖泊是希尼亚尔德维湖。森林覆盖率约为27%。波兰的首都华沙，位于国内中部平原上，坐落在维斯瓦河中游西岸，面积为450平方公里，是全国第一大城市，工业、贸易和最大的科学文化中心及最大的交通运输枢纽。

波兰的自然资源丰富，煤、硫黄、铜、银的产量及出口量居世界前列，已探明铜储量 15 亿吨，目前电解铜年产量 53 万吨；波兰硬煤储量估计达 459 亿吨，可供开采 154 年；褐煤储量 139 亿吨，可供开采 35 年。其他资源还有锌、铅、琥珀、天然气、盐等。波兰天然气储量估计为 1180 亿立方米，国内天然气产量占需求量的 37% 左右。波兰境内亦有丰富的页岩气资源，据波兰地质研究所 2012 年研究报告显示，波兰的页岩气资源储量大致为 3460 亿至 7680 亿立方米；依据波兰当前年均 145 亿立方米的用气量来推算，波兰的页岩气仍可以满足该国 35 年至 65 年的需求。

波兰的气候属于由海洋性向大陆性过渡的温带阔叶林气候；自北而南，自西而东，海洋性逐渐减弱，大陆性增强。春秋两季雨水充沛，气候宜人；冬天寒冷，多云且多降雨；夏天凉爽，潮湿且多雷阵雨。

图 7-1　波兰国家地理位置与国家区划

截至 2012 年 3 月，波兰全国人口数量为 3850.1 万人，比上一次即 2002 年全国人口普查时的人口总数增长了 0.71%。波兰城市人口数量为 2316.9 万人，占全国人口总数的 60.2%。其官方语言为波兰语。总人口中波兰族约占 98%，主要少数民族依次为德意志、乌克兰、白俄罗斯、立陶宛、斯洛伐克和犹太等民族。信仰天主教的民众占 95%，东正教、基督教新教和其他教派占 5%。

行政区划上，自 1999 年 1 月起，波兰全国设省、县、乡三级自治机构，目前共设 16 个省，314 个县和 65 个县级市，2478 个乡。

2. 政治制度

1989 年以来，伴随着美苏两极格局的结束，波兰率先进行了政治体制改革，成功地从苏联模式的一党执政议行合一转向多党竞争和议会民主制。现今，波兰政治制度的特点为议会民主、多党制和三权分立。

1997 年 4 月，波兰国民大会通过新宪法，该法于 1997 年 10 月生效。新宪法确立了三权分立的政治制度，还有以市场经济为主的经济体制。宪法规定：立法权属于众议院和参议院，司法权由法院和法庭行使，总统和政府拥有执法权；国家经济体制的基础为经济自由化、私有制等原则；波武装力量在国家政治事务中保持中立。根据新宪法，在议会或政府提交的法案遭总统否决的情况下，议会仍可以通过五分之三的多数票否决总统的决定。

国家最高立法机构是国民大会，由众议院和参议院组成，各有议席460 个和 100 个，均由直接选举产生，任期 4 年。总统和政府掌管执法权，总统由全国直选产生，任期 5 年；总理由总统提名，议会任命；各部部长由总理提名，议会任命。法院和法庭行使司法权，最高法院是国家最高审判机关，法官由总统任命。最高检察局隶属国会。①

波兰主要政党中，公民纲领党和农民党为执政党。公民纲领党主要纲领为：发展教育和经济、与贪污腐败做斗争、使国家非政治化及对农村进行结构改造。农民党主张国家扶持农业，国家提供免费教育和医疗，放缓私有化速度，反对单一税制，支持欧洲一体化。法律与公正党和民主左派联盟党是波兰的在野党，其他主要政党还有：波兰社会民主党、民主党、自卫党、波兰家庭联盟党等。

3. 经济制度

1944—1989 年为波兰人民共和国时期，政府全盘接受了苏联模式的社会主义，制定了把发展重工业放在首位，按"重—轻—农"的顺序进行工业化的经济发展战略，结果使国民经济比例严重失调，重工业片面发展，农业长期落后，物价飞涨，货币贬值，人民生活水平下降。1990 年开始，波兰进行了政治和经济的同步转轨，由计划经济向市场经济转型，

① 商务部：《波兰基本国情介绍》，http://pl. mofcom. gov. cn/aarticle/ddgk/zwjingji/200505/20050500088719. html。

成为中东欧第一个建立起市场经济制度的国家。

为了快速建立市场经济体制，波兰推行了激进的改革，其所涉及范围之广、速度之快历史上罕见。1990 年 1 月 1 日，波兰放开了 90% 的商品和劳务的价格，促进了资源的合理配置和经济结构的调整，为企业经营创造了良好的微观经济环境。"敏感"领域（如煤矿、钢铁、铁路、能源等）也进行了重组与私有化。在推动国有企业私有化的同时，鼓励新生私营经济的发展，私营经济在国民经济中的地位迅速提升。据波兰经济部数据，2004 年私营经济占国内生产总值的比例已经达到了 80% 以上。与此同时，政府取消了外贸垄断，实行贸易的自由化和对外开放。1994 年 10 月，波兰通过经济特区法，并于 1995 年开始创办经济特区，旨在调整产业结构、增加就业，加速落后地区的经济发展。特区实行优惠的税收和土地租赁政策以及相对简化的土地购买政策。目前共有经济特区 14 个，占地总面积 6316.72 公顷，隶属于 10 个省，主要分布于北部的波罗的海沿岸省份和南部、西南部与德国、捷克、斯洛伐克接壤的边境省份。[①] 宪法规定，债务对国内生产总值的比例不得超过 60%，税务政策受到严格控制，政府开支也十分谨慎，不得举债支出。企业税率为 19%，个人所得税的最高税率为 32%，在欧盟国家属于最低之列。[②] 通过银行的合并和资本结构的改变，银行集中度处于欧盟平均水平，形成了健全而稳定的银行体系，实行了存款保障制度。

4. 对外政策

波兰作为地处欧洲大陆地缘政治中心的一个中等规模国家，在历史上是斯拉夫人与德意志人长期种族斗争的中心，也是东正教和天主教反复争夺的地带。转轨以前，波兰对外经贸合作绝大部分与苏联及东欧等国家进行。转轨以后，波兰与发达国家的经贸合作迅速发展，波兰奉行以亲美融欧为引擎，以睦邻周边和全方位外交为两个车轮的外交政策。

波兰于 1999 年 3 月 12 日加入北约，2004 年 5 月 1 日加入欧盟，力主欧盟、北约继续扩大。为强化与美战略伙伴关系，与美签署关于在波兰建立反导基地的协议。其充分利用"魏玛三角"合作机制，深化波、法、德三国合作。波兰政府奉行亲欧政策，经济上倚靠欧盟，力求波兰在欧盟发挥

---

① 《波兰经济特区及政策调整》，中国商品网，2004 年 2 月 12 日。

② 《美股评论：波兰才是真正的经济传奇》，新浪财经，2014 年 8 月 16 日。

更大作用。同时，重视维谢格拉德集团（波兰、捷克、匈牙利、斯洛伐克）的区域合作，全面发展同波罗的海三国（立陶宛、拉脱维亚、爱沙尼亚）的关系，注意加强与中国、印度、日本等亚洲国家的合作。中波经贸关系也有了长足的进展，目前，波兰是中国在中东欧地区的第一大贸易伙伴。

2011 年，波兰政府延续理性务实的外交线路，注重现实利益和战略平衡，积极构建全方位外交格局，同 182 个国家保持外交关系。2012 年 3 月 29 日，波兰外交部在其门户网站上公布了波兰在 2012—2016 年期间外交政策的优先目标。其中称，德国是波兰在欧洲的最重要伙伴，美国是波兰在欧洲以外的最重要伙伴，而乌克兰则是波兰在北约集团之外的最重要战略伙伴。[①]

（二）宏观经济状况

1. 转型以来经济快速增长

转轨以来波兰经济快速增长，其国内生产总值年增长幅度平均约为 4%，在大部分年份都远高于世界平均水平，如图 7 - 2 所示。波兰 1990 年的 GDP 约为 590 亿美元（按照官方汇率的实际价格），到 2005 年约增长了 5 倍超过了 3000 亿美元，2008 年则超过了 5000 亿美元增长了接近 10 倍。在全球金融危机背景下，2009 年也实现了 1.7% 的经济增长，成为欧盟 27 国中唯一经济正增长的国家，国内生产总值居欧盟第六位。

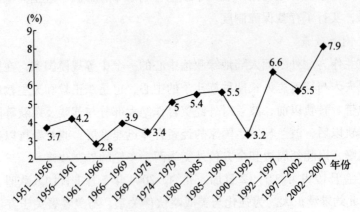

图 7 - 2　波兰国内生产总值的年均增长率情况

资料来源：世界银行。

———

① 李增伟：《波兰公布未来 5 年外交政策优先目标》，人民网（国际新闻），2012 年 3 月 29 日。

转轨以来，波兰经济经历了以下几个发展阶段。在转轨初期
（1989—1992 年）物价大幅度放开，经济混乱，出现了恶性通货膨胀。
1992—2003 年进入快速发展时期，经济从 1992 年开始回升，1995 年便恢
复到 1989 年的水平，并以较高的增速持续增长到 2000 年；其中，1994—
1997 年是波兰经济增长最快的时期，年均增长率高达 6.2%，1998—2000
年平均增长 4.3%；之后，经济在 2001 年和 2002 年进入了震荡，增长率
降至略超过 1%，并于 2002 年下半年起开始复苏，2003 年恢复到 3.9% 的
增长率。从 2004 年加入欧盟以来，波兰进入了繁荣发展的新阶段。入盟
前的 2003 年波兰经济增长 3.9%，是欧盟的 3.0 倍，2007 年波兰经济增
长 6.6%，是欧盟的 2.3 倍。2000 年波兰经济总量为 7443.8 亿兹罗提，
占欧洲经济总量的 1.9%，2006 年波兰经济总量增加到 9833.0 亿兹罗提，
占欧洲经济总量的 2.1%，比重上升了 0.2 个百分点；2000 年波兰入盟前
人均 GDP 为 19458 兹罗提/人，为欧盟人均 GDP 的 47.0%，入盟后的
2007 年人均 GDP 提高到 30638 兹罗提/人，为欧盟人均 GDP 的 55.0%，4
年提高了 8 个百分点。[①] 2008 年在世界金融危机的影响下，波兰政府采取
了有效的宏观调控刺激政策，经济增长速度为 5.0%，仍然远高于欧盟
1.4% 的预计增长率。2011 年，波兰国内生产总值 5138 亿美元，增长
4.3%，人均 GDP 为 13446 美元，增长 9.5%。在总量增长的同时，产业
结构得到明显优化，具体可见下文分析。

2. 产业结构

尽管波兰是传统的农业国家，但是为了使波兰的经济结构接近欧盟等
发达国家，波兰政府积极调整经济结构，并且已经取得了显著成效，逐步
形成了以服务业为主的经济结构，并进一步成为先进的"三、二、一"
产业结构类型，服务业产值升至 60% 以上，已达到了全球发达国家的平
均水平，与欧盟产业结构越来越接近（见表 7-1）。

波兰传统的工业部门有煤炭、纺织、化工、机械和钢铁部门。经济转
型以来，波兰工业生产现代化水平不断提高，产品质量不断改善，新兴产
业崭露头角。如今波兰的工业部门扩大到包含汽车制造、家用电器、食品
生产、纺织品、陶器、家具等部门。波兰服务业近年来保持平稳发展态
势，尤其是新兴服务业取得了长足进步。大型超市在商业领域扮演了越来

---

① 刘勇：《波兰区域经济发展的经验与启示》，《中国发展观察》2009 年第 6 期。

越重要的角色；电信市场全面开放；银行业私有化已基本完成，外资在银行资本中占绝对优势。

经过多年的经济发展，波兰已经建立了门类齐全的产业系统，其中，农业、旅游、采矿业和矿山机械工业、冶金工业、化学工业、食品加工工业以及木材及木制品工业是关系国计民生的支柱产业。在波兰经济中，除上述支柱产业外，银行业、电信业、医药工业、汽车工业以及电力工业也是重点产业。

表 7 - 1   波兰三次产业增加值结构与欧盟的比较   单位：%

行业	波兰				欧盟 27 国	
	1995	2003	2007	2010	2007	2010
农业、渔业和林业	8.0	4.4	4.2	3.5	1.9	1.7
工业与建筑	35.2	29.6	31.3	31.6	26.4	24.7
服务业	56.8	66.0	64.5	64.9	71.7	73.6

资料来源：根据 Eurostat 数据整理所得。

3. 近期宏观经济形势

据 OECD 数据，自 2007 年以来，波兰一直是经合组织（OECD）中真实国内生产总值增长最快的国家之一（见表 7 - 2）。从 2005 年起，波兰的年均 GDP 资本比率赶上了欧盟 15 国，达到 20 世纪前半段的两倍以上。波兰强势的经济增长归功于欧盟注入的资金（主要用于更新交通基础设施），国内宏观经济政策的刺激，汇率贬值和对金融体系谨慎有效的管制。2011 年，受私人消费和公共投资拉动，特别是建筑部门，GDP 增长率达到了 4.8%，大大超过经合组织估计的预期。然而，受国内需求不足的影响，加之由于政府公共投资下降，2012 年和 2013 年的经济增长疲软，GDP 增长率分别下降到 1.8% 和 1.7%，但在欧盟中的排名依然稳居前四位。2013 年波兰国内生产总值为 5259 亿美元，人均国民收入 22790 美元；通货膨胀率为 0.8%，较 2012 年下降了 2 个百分点；经常账户赤字占 GDP 的比重从上年的 3.7% 下降到 1.4%。政府总赤字占 GDP 的比重在 2010 年的 7.6% 到达顶峰后，已经开始逐渐下降。国债 GDP 比率（马约定义）从 2007 年的 45% 上涨到 2011 年的 55.3%，已达到 55% 的风险分水岭，能否在不影响经济增长的前提下实现财政改革是波兰所面临的一大挑战。

表7-2   波兰宏观经济近期趋势与展望（上年度变化百分量）   单位:%

指标内容	2010	2011	2012	2013	2014[1]	2015[1]	2016[1]
GDP（当前价格）	3.7	4.8	1.8	1.7	3.3	3.0	3.5
私人最终消费	2.7	2.9	0.9	1.0	2.3	2.9	3.3
政府最终消费	3.3	-2.3	0.2	2.1	1.5	2.5	2.5
固定资本形成总额	-0.4	9.3	-1.5	0.9	9.4	5.1	6.0
国内总消费	4.2	3.8	-0.4	0.2	3.5	3.3	3.7
经济总产出缺口	0.1	1.8	0.6	-0.5	-0.1	-0.2	0.2
消费者价格	2.6	4.8	3.2	0.8	0.7	0.4	1.3
失业率	9.5	9.4	9.3	9.4	9.2	9.1	9.1
经常项目[2]	-5.0	-4.9	-3.7	-1.4	-0.9	-1.4	-1.5
政府净借贷总额[2]	-7.6	-4.9	-3.7	-4.0	-3.3	-2.9	-2.6
国债[2]	54.1	55.3	54.9	56.1	49.4	50.9	51.7

注：1表示的是预测值；2表示的是该指标占 GDP 百分比。

资料来源：OECD, Economic Outlook No 96 database and OECD updates。

OECD 对波兰2014年的经济调查报告认为波兰经济风险较为缓和，经常账户赤字缩小，通货膨胀率和失业率下降。伴随欧元区整体前景有所好转，最大的风险已经消除，外部需求回暖，波兰经济回弹的可能性较大。然而，仍然存在一些不容忽视的风险，例如财政赤字问题。另外，波兰银行系统持有大量的外国资金，可能遭受来自外国投资渠道的冲击。因此，除非能够采取全面的改革以解决经济潜在的不平衡和结构性的缺陷，波兰能否实现持续的高增长将是一个问题。

二   波兰电力市场改革与发展

（一）波兰能源、电力政策及管理体系

1. 能源政策

波兰能源市场的调控分为三个层面：一是1997年颁布的《能源法》

（Energy Act），该法经多次修订，目前最新依据是 2011 年的修订稿，该法为能源部门的改革和发展提供了法律依据，具备最高的效力，涵盖了能源领域管制的基本原则以及制度上的根本保障。二是在《能源法》的基础上，由波兰部长会议、总理和经济部长颁布的波兰政府政策指令。据波兰《能源法》，政府有义务每四年发布一次引导能源政策的文件。三是波兰能源管理办公室（ERO/ URE）颁布的规章制度。此外，波兰能源政策在很大程度上受制于欧盟的指令和要求。尤其是，波兰必须按照欧盟的要求开放天然气和电力市场。长期以来波兰对于俄罗斯能源进口极强的依赖也是影响波兰能源政策的因素之一。

在《能源法》的基础上，波兰部长会议曾于 2000 年制定出一份波兰 2020 年"能源政策纲要"，提出波兰能源政策所依据的原则包括三个方面：一是能源安全，即长期满足社会对能源的需求和使能源行业符合环保要求，并认为这是经济长期稳定增长的先决条件；二是提高国内能源企业及其产品和服务的竞争力；三是保护自然资源和环境，实现可持续发展。该纲要还明确了优先的顺序和措施：能源安全，降低能源成本和提高能源利用效率，以及加强能源企业的自主管理。以纲要为蓝本，波兰政府于 2005 年 1 月 4 日通过了"至 2025 年国家能源长期政策"，主要内容是保障国家能源安全，获得符合环保要求和合理价格的能源，使波兰符合欧盟有关瓦斯泄漏和使用可再生能源的要求，提高能源使用效率，以及实现能源市场完全自由化。[①]

当前能源政策的关键文件是 2009 年波兰政府通过的"2030 年之前波兰能源政策"。该文件的主要目的是遵循可持续发展的原则提升国家的能源安全，优先关注能源安全、经济竞争力、核电，提高环保和提高能源利用效率。它规定了波兰能源政策的主要方向是：

（1）提高能源利用效率；

（2）提高燃料和能源供应的安全性；

（3）通过引进核能发电结构多元化；

（4）开发利用可再生能源，包括生物燃料；

（5）开发具有竞争力的燃料和能源市场；

---

① 中华人民共和国商务部：《波兰政府通过至 2025 年国家能源长期政策》，http：//www. mofcom. gov. cn/aarticle/i/jyjl/m/200501/20050100334540. html。

（6）减少电力行业对环境的影响。

在"2030 年之前波兰能源政策"中，波兰政府为国内能源发展制定了目标，其中包括长期的能源发展战略、可再生能源方面的需求预测以及可再生能源发电的前景分析。根据这份公文，波兰计划到 2020 年，使可再生能源在总能源中的比例达到 15%，到 2030 年达到 20%。[1] 同时计划实现，到 2020 年，生物燃料的使用占燃料市场 10% 的份额，并增加第二代生物燃料的使用。

2. 电力政策

波兰电力行业面临严峻的环境挑战，这主要是由于广泛使用煤炭引起的温室气体和污染物排放。要解决气候变化问题并达到欧盟的要求，政府电力政策的主要目标是发展核电、增加可再生能源的份额，以减少对煤炭的依赖。2011 年，波兰国会通过了针对核电安全及技术规范和关于批准核电建设的两部法案。波兰政府希望通过核电摆脱该国对高污染煤电的依赖。2014 年 1 月，波兰经济部提交了一份长达 150 页的详细核电建设计划。按照计划，波兰将于 2016 年进行核电厂选址，并于 2020 年建成两座装机容量为 300 万千瓦的核反应堆，核电站的建设将由波兰能源集团（PGE）负责，预计投资 300 亿美元。此外，波兰还计划到 2030 年再建两座核电站。政府预计，到 2030 年核能发电将提供近 16% 的份额，而硬煤和褐煤的比重将从 2009 年的 90% 下降到 57%。

波兰现行的绿色证书计划自 2005 年出台一直推动投资。公共部门必须购买的每个可交易绿色证书，2012 年 10 月平均每兆瓦时 0.249 兹罗提（0.772 美元）。同时，波兰带头开发碳捕集和封存等新技术。波兰也试图通过新的上网电价补贴和绿色证书计划加大对大型太阳能电站的支持，以满足欧盟 2020 可再生能源目标。[2]

电力政策其他目标包括：

（1）加强电力供应的安全性；

（2）减轻电力行业对环境的影响；

（3）开发竞争性电力市场。

政府计划通过以下方式提高电力供应的安全性：

① 波兰经济部：《2030 年之前波兰能源政策》，http：//www. mg. gov. pl/files/upload/8134/Polityka%20energetyczna%20ost_ en. pdf。

② 波兰投资局驻华办事处 blog，http：//blog. sina. com. cn/s/blog_ 863652b901012q3n. html。

(1) 建设新的发电产能；

(2) 建设和更新输电及配电电网；

(3) 发展跨境互联；

(4) 提高效率；

(5) 电网智能化。

3. 电力管理体系及其职能

(1) 电力管理机构设置及其职能。在波兰的国家管理体制中有四个主体在电力及能源管理中发挥关键作用：[1]

财政部 (The Ministry of Treasury) 承担所有权职能，负责私有化政策。

经济部 (The Ministry of Economy) 负责能源政策，包括能源效率政策。经济部下属能源部门负责制定电能及热能工程部门有关能源政策和监管制度，协调能源政策的执行和国家电力和热工系统的安全运行，每两年对电力供应安全发布一次报告。

能源管制局 (ERO/URE) 是根据《能源法》设置的，《能源法》规定能源管制局职能包括制定电力、天然气、供热等能源部门的法规，指导企业进入竞争性市场，并消除企业进入市场的障碍。其主要权限包括：发给和撤销有关发电、输电和配电交易的企业许可证；确认电价；监管电力交易中的供电质量和服务水平；对司法权限的争议进行裁决等。[2] 局长由总理任命，任期 5 年。能源管制局的内部结构和组织由经济部决定。同时经济部依赖能源管制局的建议，制定适用于电力价格的详细条款以及电力交易结算的详细规则。

能源管制局致力于与欧盟接轨，实现能源管制的一致性，加快适当的结构和系统转换，创造竞争性的欧洲能源市场。各电力企业进入竞争性市场必须得到 URE 的许可 (有效期为 10—50 年)，取得许可的条件是满足 URE 对于项目资金和技术等方面的要求。外国企业也可以申请许可并得到批准。取得许可证的企业必须每年缴付许可费，其数额根据年售电量或营业收入的比例确定。

---

[1] Radzka B. Liberalisation, privatisation and regulation in the Polish electricity sector. PIQUE, 2006.

[2] "波兰共和国"，国家电力信息网 (世界电力)，http://www.sp.com.cn/sjdl/ggdlgygk/europe/200504/t20050411_ 12102. htm.

　　输电系统运营商（TSO - PSE Operator S. A.）在电力体系中扮演着特殊的角色，其通过电网代码的管理与分配赋予市场参与者相应的义务和访问其服务的权限，现在关于均衡和拥塞管理的部分网格代码由 URE 分析。据能源管制局的说法，输电系统运营商最重要的职责是确保电力市场无障碍的有序运行。

　　（2）波兰电力部门构架。波兰电力的持续和稳定供应取决于众多国家电力体系的主体，这些主体分属于不同的部门和管理体系（见图 7 - 3）。构成国家电力供应的体系由三个子体系组成，即发电、输电和配送电。发电子系统包括系统发电厂、工业发电厂、工业供热厂、水电发电厂、风力发电厂、生物质能和沼气发电厂。发出的电能经由多级电网传送：750 千伏、400 千伏和 220 千伏输电网线和能源站。输电网络由波兰输电公司（TSO -PSE Operator S. A.）独家运营。最终，目标客户从配电网获得电能（110 千伏及中低压）。

　　电力生产部门由系统电站和热电联产电厂组成。截至 2009 年波兰境内有超过 100 家持有许可证的发电公司，约有 310 家公司向终端用户供电。2011 年，获得电力交易执照的企业约有 340 家，其中约有 170 家为配售一体化的供电商。公用事业企业出售的电力份额仍然是最大的，提供普通服务协议（买卖和配送一体化协议），他们为家庭用户的默认供应商。

　　波兰输电公司（TSO - PSE Operator S. A.）是波兰唯一的输电企业，由政府财政部独资，直接由 URE 管理，拥有 220kV 以上的高压输电系统；负责电网的开发与经营、国际电力交换、中央—地方电力调度和抽水蓄能电站的经营管理。波兰输电系统与西欧电网互联，进行电力交换，主要交易国为德国、捷克、奥地利、乌克兰。

　　截至 2011 年，在配送上，共有 84 家配电经营公司：6 家是从先前垂直一体化配电企业依法拆分出来的大型配电系统运营商（DSO），和 78 家所谓的产业运营商（为不到 10 万客户提供服务）。按照 2006 年通过的“电力部门项目”规划，这 6 家配电系统运营商将会最终合并为 4 家。大部分配电系统运营企业在集团内经营，即垂直一体化能源公司。这些配电经营企业中有 83 家由国家财政部控制——间接通过国家财政部国有控股公司或母公司执行；日常经营活动已经从这些公司中分离并转移到新公司。[①]

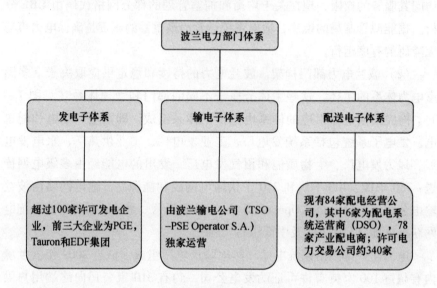

图 7-3　波兰电力部门组织结构图

资料来源：根据 2012 年 URE 局长报告整理所得。

（二）波兰电力市场化改革历程、成效与问题

1. 电力改革历程

1990 年以前，波兰在计划经济管理体制下，过分依赖煤炭，形成了能源消耗型经济结构，并带来了严重的环境污染问题，出于经济政治考虑电价也低于成本。从 1990 年起，波兰撤销了相当于电力部性质的原电力褐煤委员会，由经济部主管能源行业，开始进行电力改革。首先从电力企业重组入手，将电力行业按发电、输电和配电三个部分进行重组和民营化。

1996 年，波兰制定了"到 2010 年波兰能源政策原则"，提出电力等能源行业的改革目标。企业私有化由波兰国有资产部负责，几乎所有电力企业都在以股份公司为方向进行结构改革。1998 年 6 月，波兰经济部发布了发电市场的"重组计划"，把独立的发电厂集中到 7 家持股公司里；

---

① 能源监管协会 ERRA，www.erranet.org/AboutUs/Members/Profiles/Poland。

到 2002 年底，发电公司、热电公司、配电公司和输电公司基本完全实现了私有化，但投资者在电力市场中拥有的份额不超过 15%。重组计划要求发电公司以保持市场竞争力、偿还投资为基准设定电价。到 2005 年，所有未被私有化的配电公司被合并到五个集团，进而转化为五个独立控股集团。2005 年之前的私有化仅限于横向合并生产商和经销商，然后重组、私有化；私有化进程在电力生产和配送部门分别进行。2005 年之后则开始允许纵向合并，形成了波兰能源集团（PGE）等集发电配电于一体的能源巨头。

1997 年，波兰《能源法》的制定启动了电力供应行业的市场改革。接着建立了电力监管机构，即能源管制局（URE）。经济部发文批准了第一阶段的开放，要求到 2002 年末全部放开电力市场，建立符合欧盟要求的电力体制。根据波兰《能源法》，自 1999 年起，输配电企业开始实行新的价目表，电价格逐步放开，允许价格差异，促进竞争。《能源法》规定用户可以选择供电企业，称为第三者取得权（TPA），从 1998 年 9 月起逐渐开放，到 2006 年普通家庭实现自由选择电力供应商。

1999 年 12 月，波兰政府经济委员会批准了波兰电力市场的架构，设立"能源交易公司"（GE），从 2000 年 6 月起开始进行交易。2001 年 9 月 1 日，平衡市场（Balancing Market）开始运行，使用在日前以小时为时段的平衡机制。波兰电力市场规划的架构、交易和平衡规则使它成为欧洲最先进的电力市场之一。

随着波兰加入欧盟，对波兰电力改革提出了新的要求，比如严格控制和减少碳排放量，迫使波兰加快电力改革的进程，大力发展可再生能源发电，实现电力市场的自由竞争。波兰政府推出了一系列的政策法案，扶持风能、光伏、核发电产业。

2. 电力市场结构状况（现状）

波兰政府的电力市场架构包括了两个主要层次的电力交易：批发和零售。批发市场包括：发电商、电力交易商、电力交易所和由输电系统运行机构（TSO）运营的平衡市场。电力交易所为批发市场的交易提供便利。目前的批发市场主要由发电公司和配电公司与 PSE 之间的短、中、长期合同构成。配电公司原来只能向 PSE 购电，现已将从市场购电的比例提高到 35%。零售市场由固定价格（tariff）用户（T）和 TPA 用户及其配电系统运行机构、电力交易商和发电商直接供电的 TPA 用户组成。波兰电力市场的主要架构如图 7 - 4 所示。

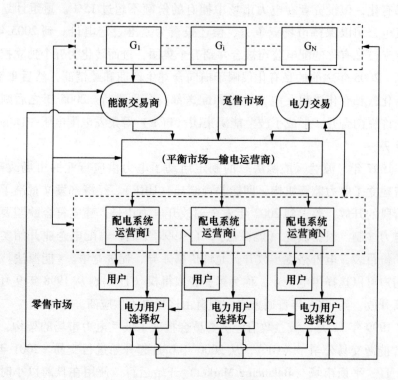

图 7 - 4 波兰电力市场架构

资料来源：Mielczarski W. , The electricity market in Poland - recent advances . Power Economics, 2004, p. 2。

  波兰发电部门和批发市场都相对集中。发电市场的领导企业是波兰能源集团（PGE），其 90% 的电力都是通过双边合约销售。供电市场则由陶龙集团（Tauron）主导。国家财政部所有的波兰输电公司（PSE）独家运营电网。波兰电力零售市场有一千六百万终端用户，85% 是家庭用户。向家庭用户的售电量约占电力销售总量的 24%。零售市场的参与者除了终端用户还有配电企业和供电企业（电力交易公司）。大部分的配电运营企业虽然法律上独立，但属于同时拥有发电和供电分支机构的集团公司。每个集团的下属供电机构主要售电给接入该集团配电网的顾客。据惠誉国际评级机构透露，波兰现有的三大能源集团：波兰能源集团（PGE）、陶龙能源公司（Tauron）和厄尼公司（ENEA），他们占有波兰 60% 的发电市场、70%的电力销售与配电市场。这三家企业都在华沙证券交易所上市①。这些企业都是垂直整合了发电、配电和供电机构的一体化集团。

3. 电力交易模式

波兰政府批准的市场方案主张电力交易有三种主要形式：①双边合约交易，占全部电量的80%—85%；②电力交易所交易，占全部电量的10%—15%；③平衡市场交易，约占全部电量的5%。波兰电力市场的市场架构允许不同的电力交易形式。例如，一个发电商能以双边合约的形式出售他的产品给电能交易商、配电公司或者直接售给TPA用户。他也能够在电力交易所的日前市场里售出电能，剩余的电能还可以参加平衡市场竞价。类似地，电能买家，如TPA用户，能够直接向发电商、电力交易商或者其他配电公司购买电力。TPA用户也可以参与电力交易所交易和平衡市场。然而，昂贵的参与成本使他们近期不大可能加入这些市场。

随着市场透明度和效率的提高，电力市场的流动性得到了加强。2011年，在电力交易所的交易量大幅上升，发电企业在电力交易所完成的销售量达到58.7%，电力交易所成为一个主要的电力交易平台。双边合同的份额大幅下滑，双边合同占批发交易总量不到40%，而2010年这一份额为89.8%。余下的电力销售主要通过零售合同实现，只有少量销售发生在平衡市场。②

电力交易所内部最大的市场是商品衍生品市场，该市场实行电力定期远期交割。另外两个交易所内部的市场在2011年下半年开始运行，分别是日间市场（the Intra - Day Market）和电力拍卖市场。市场成员能够参加电力交易所提供的多种形式的期货合同。类似的合同可以在互联网的两个电能交易站点上找到。电能交付前一日（Day N-1），市场成员可向电力交易所管理的日前市场报价。这些报价必须在8点前提交，电力交易所在9点前宣布本次报价结果，到10点前的一小时用来向平衡市场提交报价。TSO在获得合约内容和平衡报价后，启动平衡调节过程。首先，验证合约内容和提交的报价的一致性。然后，TSO根据平衡报价和约束信息，

---

① 李慧：《波兰加快能源企业私有化进程》，《中国能源报》2010年7月12日。
② 波兰能源管制局：《2012年年报》，www. ure. gov. pl/download/2/378/National_ Report_ 2012. pdf？。

计算发电机组的机组组合与调度，计算次日（Day N）每小时的发电计划。[①]

4. 电力改革存在的问题

波兰电力改革已经进行了二十多年，然而相关法律和规章制度建设滞后，透明度低，使得电力改革进度缓慢。波兰电力改革的过程缺乏连续性，电力市场改革尚不完善。电力改革之初，虽然《能源法》指出了电力部门的改革方向，并成立了 URE，然而《能源法》关于特许经营的规定限制了监管机制的效力，将其职能限制在了许可证上。此外，电力交易缺乏活力，发电企业和单一输电运营商间的长期合同主导了市场。1999年电力交易所和平衡市场的引入无疑对于电力市场化有积极的推动作用，然而其发展却缺乏持续推动力，电力交易所长期交易率低下，处在边缘的地位并未发挥主导作用；2009 年电力生产企业在波兰电力交易所完成的交易大约只占总量的 0.2%，2010 年也才达到 4.2%。

在电力改革的第二阶段，配电体系和输电体系依法分离，长期合约也被终止，一定程度上促进了竞争。然而，电力行业过于集中，垄断程度高。发电和配电部门横向与纵向合并浪潮造就了少数大型一体化的集团控制了市场。集团内部交易不仅降低了市场竞争，对集团外部企业采取价格歧视，还引起政府对于发电企业亏损补贴失真，造成批发市场价格扭曲、电价过高。电力消费税高于欧盟最低税率的五到十倍，其复杂的订立环节也让波兰消费者负担了更高的电价。波兰三大电力生产商运营超过国家一半的电力产能并每年提供全国三分之二的电力；大量双边合约的存在限制了电力批发市场的流动性。波兰能源集团（PGE）在电力生产部门占有最大的市场份额，陶龙集团（Tauron）则控制着终端市场。由于成本问题，尽管从 2007 年 7 月开始所用用户都可以享受 TPA，然而消费者依然受困于当前供应商，只有少量的转换交易发生，电力用户选择权（TPA）只发挥了极其有限的作用。政府对可再生能源发电的补贴措施也未能起到预期的作用，不当的补贴使得可再生能源的生产者能够在不增加产量的情况下增加利润，而消费者和其他的厂商却遭受损害。此外，波兰的跨境互联尚未完成，使之不能融入欧洲的统一电力市场，也就限制了新的市场参与者

---

① Mielczarski W., The electricity market in Poland – recent advances. Power Economics, February 2004, pp. 15 – 18.

的进入，从而不利于波兰电力供应安全和竞争。

（三）电力定价机制与电价水平

1. 电价政策

依据《能源法》，能源公司可依据自身经营活动范围确定价格。价格的计算必须符合以下原则：一是能弥补能源生产、输送、配送经营活动的合理成本；二是能弥补输电、配电系统经营商由于行使其职责而发生的合理成本；三是保护消费者利益，防止不合理地增加价格和费用。除煤炭和社会保障领域外，一般没有补助金制度。

经济部门根据能源管制局的反馈，以条例的形式，详细规定电价及其计算方式。条例制定的依据包括：国家能源法，弥补电力公司的合理运营成本及其发展成本，保护消费者不被征收不合理的价格和费用，促进电力供应和电力使用效率的提高，平等对待消费者，消除交叉补贴，保证价格和费用的透明。

获得许可经营的电力公司自己设定电价，并由能源管制局批准和规定其执行期限。电力公司自行向能源管制局上报其初始电价或经能源管制局要求上报电价，能源管制局审核后批准，若其不符合原则和规定则进行驳回。

2. 电价形成机制

自 1999 年 1 月起终端用户电价由电力公司自己设定并由能源管制局批准。波兰输电公司（PSE）把从不同发电厂购电时的多种价格汇集成"批发价格表"作为向各配电公司售电时的电价。2007 年，当电力市场完全开放后，配电公司可直接向发电公司购电，该"批发价格表"作为过渡手段完成了其使命。

波兰电价部分由市场力量决定，然而市场竞争并不完全，能源管制局控制了大部分消费者所要支付的电价。企业用户的电价分为 8 个档次，取决于电压的高低和用量的大小。家庭用户的电价分为 2 个档次，取决于他们是否对于昼夜供电进行选择。所有电价都包含 22% 的增值税和 0.02 兹罗提/兆瓦时的使用税。可再生能源发电不征收使用税。

从 2011 年开始，除了 G 组用户（主要是小规模家庭用户和农民），其余终端用户电价由市场决定。G 组用户的供电商仍需每年向能源管制局报批电价。2011 年，关于配电营运商的电价仍然取决于加权平均资本成本。能源管制局策划将 2012 年作为新的四年能源管制规划的首年。新规的前提是要制定出新的营运成本效率及网络成本损失评估模型。2012—2015 年，每个配电运营商的合理的经营成本水平和电网损失量会被分别确定。

对于大型工业或商业用户，供应商通常分别为其进行报价。价格和其他合约条款均可商议，取决于供电量和方式以及顾客各自的情况。近期，波兰能源管制局引进了网络比价工具（CENKI）并要求电力供应商至少在生效前提前两天向客户提供报价。该工具将支持顾客比较每个供应商的报价，为准备行使 TPA 的顾客提供便利。同时，该项服务被能源管制局用来监控用户电价，促进电力报价透明化，明确价格的各种组成部分（比如合约保险费或其他潜在利益的费用）。

3. 电价水平比较及相关问题

1990—1998 年间，波兰曾几次大幅度调整电价，各企业及家庭用户电价都呈上升趋势，2001 年之后电价增长相对稳定。波兰各组家庭用户的电价从 2000 年到 2007 年都增长了 50% 左右（见图 7 - 5）。波兰家庭用户电价虽然低于欧盟平均水平，但正逐渐趋近欧盟水平，目前波兰的电价水平大致与法国相当。波兰在 1989 年的家庭用户电价水平仅 0.6 美分/兆瓦时，为 2008 年电力价格的二十分之一。波兰在 1989 年的企业用户电价水平仅 1.6 美分/兆瓦时，是 2008 年电力价格的五分之一。波兰企业用户平均电价成本低于家庭用户，企业用户的电价虽然没有家庭用户增长显著，也呈现出相同趋势。

2011 年，发电公司和电力交易公司的平均售电价格分别维持在接近各自 2010 年的水平上。竞争市场上的平均电价为 198.90 兹罗提/兆瓦时。发电公司在 2011 年销售电力的平均价格达到 199.11 兹罗提/兆瓦时。电力交易公司出售电力的平均价格为 227.42 兹罗提/兆瓦时。这两组电价比 2010 年平均上涨 4.3%，与同期居民消费价格指数所反映的一致。同期未行使 TPA 权利的消费者用电价格上涨了 4.68%，其中 G 组用户上涨最快 6.49%，B 组（商业用户）用户上涨最慢 1.49%，行使 TPA 权利的消费者用电价格取决于双边合约。据路透社报道，波兰能源公司 PGE 预计电力价格在 2020 年欧盟的主要气候政策过期前将继续保持在目前的水平。

能源管制局分析电价上涨可能原因有：为可再生能源、热电联产发电融资，保证输电公司的发展，保障电厂新增和更新发电设备。

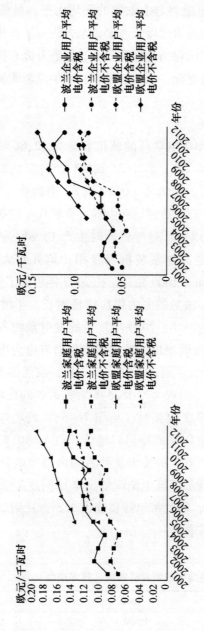

图 7-5　波兰和欧盟企业与家庭用户平均电价比较

数据来源：NRG 204，NRG 205。

（四）波兰电力工业发展现状及问题

波兰当前的人均电力消费量低于欧盟水平，然而国际能源机构预计在2030 年，波兰的家庭用电量将赶上欧盟的平均水平。虽然近年来对电力的投资不断加大，但较之需求的增长速度，电力供应增长相对缓慢。波兰电网老化现象严重，为了确保当地能源安全，急需升级和扩大电网，以高新加热装置设备替换现有老化、低效的设备，减少总能源消耗，提高可再生能源份额。

1. 电力供应缓慢增长

2007 年，系统电厂和热电联厂的装机容量为 32.6GW。2009 年，波兰电力总装机容量为 35.6 GW，其中 31.6 GW 产自煤炭发电，其余容量分别来自水电（2.3 GW），天然气（0.9 GW），生物质（0.1 GW）和风电（0.7 GW）（见表 7 - 3）。波兰是在世界上少数几个广泛使用热电联产（CHP）的国家之一。燃煤电厂每年约同时生产 10 GW 左右的电力和热能。2011 年，波兰国家电力体系装机容量相比前几年大幅提升，达到 37.4 GW，比 2010 年增加了 1600 兆瓦，比 2007 年增加了约 5000 兆瓦。

2000—2009 年期间，波兰的电力供应缓慢增长，年增长率约 1.6%，只相当于电力需求增速的一半。2010 年波兰的发电量约占中东欧地区的6.1%。波兰电力进口额逐渐增加，虽然仍然保持着电力净出口，但进口量从 2000 年到 2009 年增长了接近 3 倍。2011 年，波兰国内电力总供给量为 170328 吉瓦时，其中，国内生产 163548 吉瓦时，同比增长 3.7%，进口 6780 兆瓦时，出口 12022 吉瓦时（见图 7 - 6）。跨境电力交易净量为5242 吉瓦时，保持了一直以来的净出口地位，最大的出口国是捷克共和国和斯洛伐克。热电联产电厂的发电量约占国内总发电量的 16.6%。近年来，火煤发电有所降低，可再生能源的发电比例逐年增加（大部分是风能）。波兰经济部预测，波兰每年需要建设 1.5 吉瓦到 2 吉瓦的装机容量才能满足日益增长的需求。

表 7 - 3　　　　　　波兰发电机组装机容量（技术类型）　　　　单位：MW

年份	2008	2009
硬煤	22380.1	22493.9
褐煤	9053.0	9013.0
天然气	934.8	958.2

续表

年份	2008	2009
水电	2338.8	2341.9
生物质	88.9	104.0
风电	544.2	720.4
总装机容量	35346.0	35637.8

资料来源：根据 Eurostat 及 IEA，Poland Review 2011，p.62 数据整理所得。

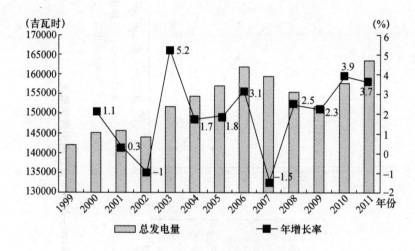

图 7-6 波兰年度发电总量与年增长率

2. 电力需求快速扩张

从 1990 年开始，随着波兰经济增长，电力需求快速增长。2000—2009 年间，电力需求年增长率约为 1.5%，同期服务部门年增长速度最快，年增长率为 3.1%（见图 7-7）。一方面，随着人均收入的增加，消费者能负担更多的电器，家庭电力需求因而增长。另一方面，波兰消费者能负担更为节能的商品，从而部分遏制能源消费增长。2000—2009 年，家庭用电需求以平均每年 3% 的速度增长，占电力总需求近 25%。由于经济结构从重工业向服务业的转变，如今服务部门需求占波兰总电力需求的三分之一以上。工业用电需求在 2000—2008 年间以每年 1.1% 的速度稳步上升。电力已在很大程度上取代煤和石油，因此，在工业能源需求中的份额从 2000 年的 16% 增长到 2009 年的 18%。2008 年的人均电力需求约为 3733 千瓦时，大大低于经合组织欧洲国家平均水平的 6287 千瓦时。

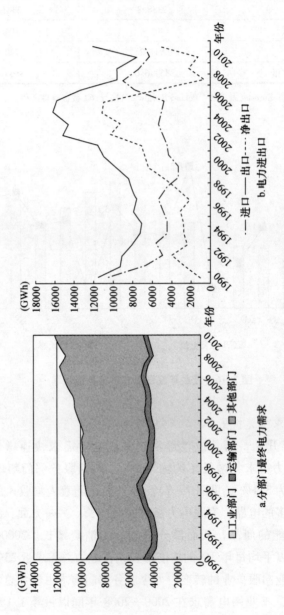

a.分部门最终电力需求

□工业部门 ▨运输部门 □其他部门

b.电力进出口

——进口 ——出口 ----净出口

图 7-7　1990—2010 年波兰电力需求概况

2011 年，平均电力需求达 17457 兆瓦，相比 2010 年增加了 1.5%。然而，最大电力需求量为 247801 兆瓦，与 2010 年相比减少了 2.6% 以上。据国际能源机构估计，其能源需求在 2008—2030 年间将增长 20%。在需求增长缓慢的情况下，这意味着电力出口能力的萎缩。国际能源组织认为波兰工业部门（包括能源部门）的电力需求不久将占到波兰电力需求总量的三分之二，仅有 15% 的需求来自居民用电（IEA, 2011）。

3. 高碳排放负担

波兰电力部门发展面临的另一重大问题便是高碳排放负担。2009 年，波兰电厂装机总容量为 35762 兆瓦，91.4% 的电能来自燃煤火电厂，是欧盟成员国中最高的，并且一直都是欧盟气候变化政策的反对者之一。据 IEA 数据显示，波兰 2010 年的碳排放量为 306.36 百万公吨，单位 GDP 碳排放强度为 0.8，达到峰值之后开始缓慢下降，2012 年的碳排放量为 293.77 百万公吨，单位 GDP 碳排放强度为 0.72。波兰是一个相对于欧盟平均水平来说拥有较快的经济增长速度但较低单位资本产出的国家，经济的飞速增长必然伴随大量的能源需求。由于长期以来能源消费结构对煤炭的高度依赖，波兰是欧盟碳排放最高的国家之一，而在短期又缺乏应用大幅改变其能源结构的技术的可能。欧盟 2020 年的减排要求将对波兰造成巨大的挑战，外界担心波兰恐怕无法实现欧盟关于降低能源部门对于环境负面影响的条约。

为实现节能减排，波兰需要对现有电力设施进行升级改造，同时调整电力供应结构。对电厂和热电联产电厂的现代化，建立新的烟气脱硫和除尘设施，使用生物质和化石燃料混合焚烧技术等，以实现粉尘和二氧化硫等污染物的减排。采用清洁煤炭技术，以低排放载体取代现有载体的一次能源载体的结构改变等新的技术解决方案是必要的。2013 年，世界银行给波兰提供了 7.5 亿欧元的贷款，用于减少总能源消耗、提高可再生能源份额。世行表示，为了让波兰完成 2020 年减排 20% 以上，可再生能源份额提高 15% 的目标，在提供相关指导的同时，批准贷款帮助波兰。尽管波兰在制定排放目标的问题上一直未向欧盟妥协，但其仍然在为削减二氧化碳努力着。波兰的燃气发电和可再生能源发电逐年增加，目前没有核电，该国正在考虑 2023 年在北部建设波兰首座核电站。波兰认为，假如新能源效率不够，或者新煤电技术不能减少污染，就需要核电站。

4. 新能源发电比重加大

波兰可再生能源发展迅速。2012 年，波兰煤炭发电量占比下降到了 88%，天然气发电量占 3%，可再生能源中风电场、水电厂、生物质发电占比分别为 2%、2% 和 3%（见图 7 - 8）。

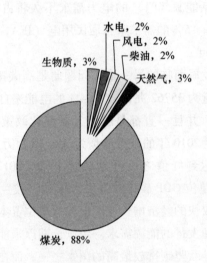

图 7 - 8   2012 年波兰发电来源构成情况

资料来源：Enerdata，2012 年波兰能源报告。

据能源管制局数据，波兰来自可再生能源的电量占总电力消费量的比例从 1990 年的 1.47% 增长到了 1998 年的 2.1%，2008 年增长到 4.2%，2011 年几乎又增长了一倍达到 7.9%。与 2009 年相比，2010 年年底可再生能源发电增加了 19% 的装机容量，水电厂产出增加了近 23%，而风电场增加了 74%。生物质能和沼气火力发电站的产出水平也有增长。从发电能力的动态变化上可以看出可再生能源发电正在普遍化。其结果是，以可再生能源为主的发电量占总发电量的比例从 2009 年的 5.8%，增加到 2011 年的 7.9%（见表 7 - 4）。可再生能源发电的增加与政策机制不可分割，支持波兰可再生能源发展的主要机制包括配额义务和可交易的绿色证书制度。1997 年公布的波兰《能源法》，要求电力分销商以固定价格购买预定的可再生能源配额。2005 年起，波兰实行了绿色证书制度，允许可再生能源发电商在波兰电力交易所交易绿色证书获取收益。另外，波兰还给予可再生能源发电免收使用税的优惠。波兰为达到欧盟对其 2020 年可再生能源发电的比例达到 15.5% 的要求，正在不断努力。

波兰 2011 年可再生能源发电量相比 2005 年增长了两倍多，可再生能源发电的快速增长主要归功于风能发电（见表 7-4）。据波兰能源管制局数据，截至 2012 年 9 月，波兰共有 663 座风电场，总装机容量为 2341 兆瓦。从 2009 年开始，风能在波兰可再生能源中的地位不断加强，风能发电在可再生能源发电中排到了首位，2010 年风电产出占比从 2009 年的 13% 增长至 15% 以上，2012 年风能在可再生能源发电总量中占比 57.6%。另一种在波兰能源部门中有着越来越重要作用的可再生能源是生物能。波兰的投资者倾向于把更多的资源投放到生物质为基础的项目（无论是生物质燃烧或与煤混烧），以产生电能和热能。波兰主要的能源集团（例如 Tauron，DGF，SUEZ，Dalkia）和当地的热电厂都热衷于生物质发电厂的投资。波兰能源部门预测生物能特别是沼气的消费量将会增长。根据波兰经济部预测，沼气占可再生能源总产出比例将在未来 20 年，从 4% 增加到 17%，热能将从目前的 1% 将提高到 11%。能源管制局的数据也印证了该预测，数据显示生物质电厂在 2011 年第一季度从 42.86 兆瓦增加至 399.05 兆瓦，即增加了 12% 以上的发电量。另外，波兰政府正在积极筹备核电建设和运营，预计在 2020 年波兰首座核电站将投入使用。

表 7-4 　　　　2005—2011 年波兰可再生能源发电概况　　　　单位：吉瓦时

类型	2005	2006	2007	2008	2009	2010	2011
水电	2176	2030	2253	2153	2376	2922	2316
生物质	1345	1818	2343	3313	4888	5879	6601
沼气	105	117	162	221	295	363	431
风电场	135	257	472	806	1045	1823	3125
可再生能源	3761	4222	5230	6493	8604	10987	12473
可再生能源发电占比（%）	2.6	2.8	3.4	4.2	5.8	7.0	7.9

资料来源：根据 URE 数据整理。

5. 电力生产效率和输送耗损仍待改善

热电联产的广泛使用在一定程度上提高了波兰的电力生产效率。在过去二十年内对电厂设备的更新和锅炉改造，已经大大改善了电厂的效率和环保性能。波兰燃煤电厂的平均年龄是 30 年（容量加权的基础上），表明更换最老旧的设备，可以进一步提高效率。然而，如果这意味着以大型单产电的电厂替代小型热电联产电厂，那么整体的能源效率可能下降。

2007 年，波兰的燃煤电厂，包括热电联产电厂的平均效率为 41%，这一数字明显高于经合组织国家达到的 37% 的平均效率。目前，波兰已将电力输送网损从 10% 降至 8%，虽然这个数据仍高于整个经合组织 6% 的网损率。无论在绝对数值和占总发电量的份额，发电厂的电力消耗都减少了。然而，这一比例仍然非常高，在 15% 左右，是经合组织的平均水平的两倍。配电亏损率近几年略有下降，但仍然占据总发电量的约 10%。能源行业本身是一个用电大户，最大的消耗是在电力生产企业（45%）和煤矿（25%）。

（五）电网建设现状与问题

1. 电网建设历程与发展现状

1990 年，波兰输电公司 PSE 成立，它是波兰高压电网的所有者，负责电网运营和电力输送。电力配送部门最初由 33 家配电公司组成，使用 110 千伏、15 千伏和 0.4 千伏的线路向消费者配电。配电公司拥有波兰电力部门约 40% 的资产。

波兰位于西欧供电系统（UCTE）、东欧供电系统（独联体 I 波罗的海国家）和北欧供电系统（Nordel）三大电力系统的交汇处，几乎和所有邻国联网。波兰配电系统与乌克兰和白俄罗斯有很强的互联能力。波兰供电系统与欧盟国家（德国、捷克、斯洛伐克和瑞典）的最大联接能力是 2000—3000MW。波兰计划扩建和改造与德国、捷克、斯洛伐克和乌克兰的互联能力，拓展南北和东西互联，以提高波兰能源安全，扩大电力出口。正在建设中的项目还包括利用欧盟资金建设连接波兰和立陶宛的供电系统，以及波兰与加里宁格勒的供电线路。

波兰为提高电力行业竞争力并达到欧盟环保标准，近年来加大对电网建设的投入，主要是对现有电网进行现代化改造和建设通信系统。电厂的技术改造包括增加发电量、降低能耗、改造锅炉以适应不同燃料、建设污水处理厂、采用脱硫除尘和减少氧化氮散发等。波兰电力工业企业正在推行 ISO9000 标准和 ISO1440 环保标准。

根据《能源法》，波兰设立一个输电系统运营商。截至 2011 年底，PSE 受能源管制局授权仍然独家经营波兰电网。输电系统运营商 PSE，负责维护和发展的传输基础设施和跨境互连，以及为电网的运行安全。2011

年，PSE 按照计划完成了建成 123.7 公里的 400 千伏线路，190.2 公里的光纤线路，275 兆伏安（MVA）的变压器，用低压变电站取代电容式电压互感器，将莫里等变电站的蓄电池组进行现代化。PSE 承担的在建项目包括名为"建设的波兰—立陶宛以及必要的加固与波兰加强电网电源连接"等项目。在 2011 年，PSE 公司接入 2301.6 兆瓦新的电力来源上网，包括三家风电厂和生物发电厂等可再生能源发电上网。为实现投资任务，PSE 全年共产生金额为 6.529 亿兹罗提的投资支出。

2009 年，波兰电网总长约 75 万公里，其中 1.3 万公里为输电网，70.5 万公里为中低压配电网。目前，波兰的电网由 45700 公里的高压线路，300500 公里中压线路和 423900 公里低压线路组成。输电和配电基础设施老化，急需现代化。配电网在农村地区老化特别严重，有比较高的配电损失。整体输电和配电损失约 9%，这高出欧洲经合组织的平均水平约三分之一以上。配送能力缺乏主要集中在北部，构建新的输电和配电线受到了限制。这阻碍了引进新的电力来源，特别是可再生能源的发展。在波兰北部，基于可再生能源的装置接入电网的应用申请远远超过了可用容量。如果不能解决这个问题，将打击用于低碳发电的投资，使政府的可再生能源方面的目标进展缓慢。

2. 区域性电网与电力输送

波兰电力输送是基于由 PSE 公司在波兰所有和经营的输电网。作为输电系统运营商 PSE 公司拥有的高压输电网组成为：242 条总长度为 13396 公里的线路，包括一条 114 公里长的 1750 千伏线路；总长度为 5340 公里的 74400 千伏线路；总长度 7942 公里的 167220 千伏线路；总长度 34 公里的 14110 千伏线路；100 座特高压站以及总长度为 254 公里的 450 千伏直流连接波兰和瑞典的地下线路。220 千伏以下线路属于配电网络（所谓的"110 千伏协调电网"的一部分由 PSE 调配，其余由各配电公司调配）。

2011 年，电力配送由 84 家配电经营公司承担：6 家是从先前配电企业合法拆分出来的配电系统运营商（DSO），和 78 家所谓的工业运营商（为不到 10 万客户提供服务）。大部分分离的配电系统运营企业在集团内经营，即垂直一体化能源公司。这些配电系统运营企业中有 83 家由国家财政部控制——间接通过国家财政部国有控股公司或母公司执行；日常经营活动已经从这些公司中分离出并转移到新公司。

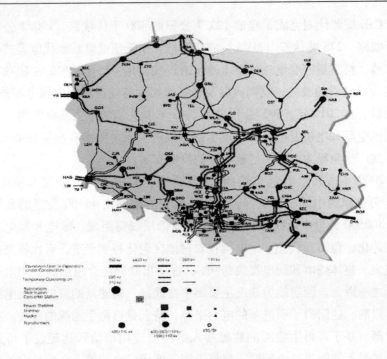

图7-9 波兰输电网络

资料来源：波兰输电公司 PSE。

这些配电企业和两家外国公司（Vattenfall 和 RWE）在 6 个不同的地理区域拥有波兰的配电系统运营分支，如图 7-10 所示。大部分配电系统运营商都从属于同时经营发电、供电业务的一体化集团，因此虽然在法律形式上独立，但实际独立性不高，供电分支的大部分电量售给了连入该集团配电网络的用户。据能源管制局称，配电运营体系取得了重大进步，如确保平等地对待所有系统用户和无歧视地提供其配电网络给第三方使用。每个 DSO 区域的边界之外的竞争正在稳步增长，尽管由于潜在的竞争对手非常相似的报价竞争并不激烈。

3. 电网建设存在的问题

波兰电力部门的主要挑战是投资新的电力生产和输送能力。波兰配电网络基础设施的平均年限是 27—35 年，而输电网络基础设施的年份更老。相当大比例的输电线路超过 30 年以上，其中包括 80% 的 220 千伏电线，23% 的 400 千伏电线和 38% 的变压器。仅有 1% 的 200 千伏电线，21% 的 400 千伏电线和 28% 的变压器年限不足 20 年。目前，输电网络的正常运营

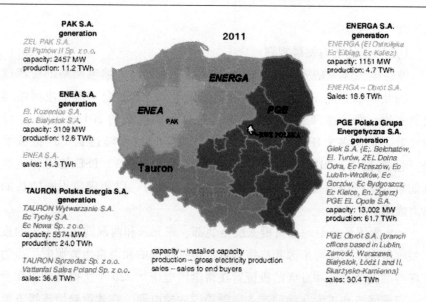

图 7 - 10　波兰主要大型能源集团区域配电网络图

资料来源：波兰能源管制局。

主要靠定期维修构成传输网络的设施，仅仅排除被认为是容易发生故障的设备或组件，其作用显然是有限的。在下述事故中就充分体现出了电网运营保障机制的缺陷。

2006 年 6 月 26 日，波兰东北部电网故障，造成东北部片区持续了几个小时的大停电。波兰东北部没有大型的发电厂，因此依靠其他地区输送电力，输电线路长，距西南地区主发电厂的输电线路距离约 1000 公里。这次大规模停电并非由于设备故障或是灾害天气，而是电网控制系统远距离输送的缺陷引起的。[①]

波兰电网急需大量投资以更换老旧的基础设施，并扩大输电能力，以保障波兰电力供应安全。然而，由于电力部门的市场化程度、私有化程度较低，造成波兰长期以来电网投资不足，电网建设缓慢。电网建设不仅需要大量的资金投入，还遇到国家法律规定所产生的法律上的障碍，比如获取第三方所有的土地用于建网。由于缺乏促进电网扩张的法律法规，未能使能源供应的充分性和连续性得到很好的保障。尽管事实上欧盟 2006 年已经提出了关于保障能源供应安全和基础建设的提案，但相关变化尚未被

---

① "Shaping the Flow", TDWorld. com, http：//tdworld. com/smart - grid/shaping - flow.

引入波兰国家法律。

（六）波兰电力发展规划

波兰电力体系的安全主要依赖于基础设施建设。输电网络的资产过旧，因此有必要优先拟定这一领域的投资计划。PSE 公司是输电网络建设的主体，按照能源管制局的要求，PSE 集团提交的 2012—2025 年计划涵盖了 270 多个任务。2012—2025 年投资计划金额达到 229 亿兹罗提（包括 2012—2016 年底投资计划的 82 亿兹罗提）。PSE 集团和波兰其他电力生产部门投资，共同提供新的电力来源，以便满足不断增长的电力需求。

PSE 集团最重要的投资覆盖波兰北部、东北部和西部地区，主要的投资领域集中在新电力来源和连接领域，包括传统的和可再生能源电厂。为实现电网安全运行和升级的投资旨在将电网电压从 220 千伏提高到 400 千伏，完善网络和扩大在大型产业集群周围的输电网。在建设跨境连接方面的目标是增加跨境连接的传输能力，发展波兰国内电网和波兰南部和西部边境的欧盟同步电网体系的互联。为满足 2010—2025 年电力需求，PSE 集团制定了投资计划（见表 7 - 5）。

在波兰能源政策的指导下，波兰的能源公司在各自的经营策略框架下提出了具体电力生产投资运作计划。这些能源公司计划在 2011—2025 年之间大力改善传输和配送电网的质量，使输电能力达到 17000 兆瓦以上；增加新的电力来源，预计约能提供 25000 兆瓦的新增发电能力（见图 7 - 11）。波兰三大能源集团（波兰能源集团 PGE，陶龙 TAU-RON，厄尼公司 ENEA）计划在未来 15 年实现包括核电建设在内的近 80% 的新产能目标。

表 7 - 5　　　　波兰输电公司 PSE 的电网跨境互联投资计划

Construction of a 400/220/110 kV Oltarzew substation

Installation of TR 400/220 kV 500 MVA in Oltarzew substation

Installation of TR 400/220 kV 500 MVA in Oltarzew substation

Installation of TR 400/220 kV 330 MVA in Oltarzew substation

Construction of a 400 kV switchboard at the 200/110 kV Ostroleak substation

续表

Construction of a 400/220/110 kV Oltarzew substation
Installation of TR 400/220 kV 500 MAV in Ostroleka substation
Installation of TR 400/110 kV 450 MAV in Ostroleka substation
Construction of 2 – track 400 kV Elk – Lomza line
Construction of 400kV switchboard at the 220/110kV Elk substation
Installation of TR 400/110kV 330 MVA in Elk substation
Construction of a 400kV Siedlce Ujrzanow – Milosna line
Construction of a 400/110kV Siedlce Ujrzanow substation – phase I
Construction of a 400kV switchboard at the 400/100kV Narew substation
Construction of a 400kV Plock – Olsztyn Matki line
Re – commissioning of the 750 kV Rzeszów – Khmelnitsky（Ukraine）interconnector
Construction of a 400kV Lomža substation
Construction of a 2 – track 400kV Kozienice – Siedlce Ujrzanów line
Construction of a 400kV or 400/100kV Stanislawów substation
Construction of a 1 – track 400kV Kozienice – Sindlce Ujrzanow line
Construction of the line between Elk and the border of Poland
Installation of phase shifters on the Krajnik – Vierraden line
Installation of phase shifters on the Mikulowa – Hagenwerder line
Construction of the line between Plewiska and the border of Poland towards Eisenhuettenstadt – preparatoy works

资料来源：波兰输电公司 PSE。

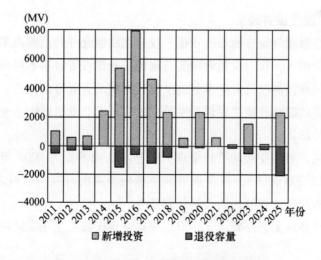

图 7 – 11 2011—2025 年计划装机容量

资料来源：波兰能源管制局，2012 年局长报告。

三　波兰电力市场投资和风险预评

从短期来看，波兰面临的主要挑战是实现能源的多元化，这要求波兰不能仅仅依靠进口俄罗斯的石油和天然气。波兰约 90% 的电力来自燃煤发电厂，波兰正在积极地开发清洁电能的利用，以遏制欧盟新排放交易体系下能源涨价的问题。波兰目前拥有约 37000 兆瓦的年发电能力，因为经济的爆发式增长，每年有 1000 兆瓦的机组需要翻新。这将是一场持久的改革，为开发电能的商家带来了巨大的市场。

波兰政府支持使用可再生能源的企业，从事这一行业的生产商可以凭借销售原产地证书享受优惠。另外，按照法律购买可再生能源的能源供应商可以获得可再生能源项目支持。绿色能源生产商可以优先使用传输电网。利用可再生能源发电的电厂可以享受免税政策，小型电站（< 5 MW）的电网可减免 50% 的税款，免除执照费和厂商缴纳的许可证年费。① 投资清洁能源的企业可通过欧盟基金、波兰国家环保行业基金获取支持。据外媒报道，波兰正计划制定新能源投资补贴计划，以促进更多太阳能和海上风电的投资。该法案还包括了使可再生能源项目更容易和电网相连。

（一）波兰投资政策

波兰在吸收外资方面态度积极，政府在欧盟允许的范围内采取不同措施鼓励外资进入，仅对少数领域实行限制。外国投资者基本可自由在波进行投资，而欧盟的投资者则享有波兰投资者或法人同等的待遇。波兰对外国直接投资的鼓励政策主要包括 4 种：政府资助、欧盟结构基金、经济特区及现金补助。

在波兰，对商业活动进行管理的最基本法律条令为 2004 年 6 月 2 日颁布的《经济自由法》。该法调节波兰境内商业的开展、运行以及关闭，同时也负责调节此领域内的公共管理任务。

作为欧盟国家的外籍人士，可以根据适用于波兰企业家之同样的条例

---

① "可再生能源"，波兰信息与外国投资局，http：//www. paiz. gov. pl/index/？id = b0eb9a9 5e8b085e4025eae2f0d76a6a6。

在波兰开展、经营企业。根据欧盟条约第 44 条规定，欧盟国家境内的投资者均有权根据最适宜其商业的模式选择开展其商业活动的形式。波兰法律提供了多种多样的商业活动开展形式，投资者可选择个人独资开展商业活动、民事合伙以及其他形式（不具有法人资格）。欧盟国家境外的外籍人士仅有权以下形式在波兰开展和进行商业活动，国际协议另有规定的除外：有限合伙，股份有限公司，有限责任公司，股份责任制公司。外籍人士亦有权享有加入此种合作关系或公司以及购买其股份。另外，海外投资者还须出示波兰在境外有效的波兰代表所颁发之许可证，通过出示该许可证，依据互惠政策相关的原则，允许波兰企业家与在波兰境内拥有永久居留权或注册办事处之海外投资者进行贸易往来。①

在支持外国直接投资的机制设计中，一个主要的角色是经济特区。波兰 16 个省共设有 14 个经济特区，在经济特区投资可享受的主要优惠政策为减免所得税，还可享受地方政府提供的房产税优惠。此外，投资者还可享受到以较优惠的价格购买土地、无偿协助办理投资项目手续等服务。

对外国直接投资形成支持的另一有效机制是国家层面和欧盟层面的现金补助。对于新投资、新工厂创建的现金补助最高可达投资成本的 50%（对中小型企业的补助为 70%），其获得补贴的多少，也取决于投资所在的区域。根据波兰信息和外国投资局提供的信息，波兰政府鼓励外商投资的重点领域包括基础设施、能创造新就业机会的工业投资以及新兴行业等。对海外投资者应执行国际协议中关于互惠政策的有关规定。

（二）波兰吸收 FDI 情况

2001—2003 年，由于大规模私有化浪潮渐弱，波兰吸收外国直接投资下降，而 2004 年加入欧盟成为波兰吸收外资的新动力，其中 50% 以上为其入盟后所吸收，近年来波兰吸收 FDI 的趋势如图 7 - 12 所示。根据波兰央行数据，2011 年波兰吸收外国直接投资 103.4 亿欧元，较 2010 年增长 36.44 亿欧元，增幅约 54.4%。目前，波兰是中东欧地区吸收外国直接投资最多的国家。外资企业在波兰经济中发挥越来越重要的作用。据波兰中央统计局数据显示，截至 2010 年底，波兰共有外资企业 23078 家，雇员超过 151 万人。

---

① 波兰信息与外国投资局，http：//www.paiz.gov.pl/。

图 7 - 12 2001 年以来波兰 FDI 流入情况

资料来源：波兰国家银行。

(三) 中波经贸关系与电力市场投资前景

1. 中波经贸关系

中波经贸合作起步较早，波兰是中国在中东欧地区最重要的经贸合作伙伴之一，中波两国贸易大致经历了三个发展阶段。[①] 1950—1989 年波兰经济转轨之前，为政府间协定贸易阶段，两国采取记账贸易方式，贸易合同由双方中央贸易公司签署和执行。中波轮船公司是两国最早的合资企业，成立于 1951 年 6 月，是新中国第一家合资企业。两国贸易发展顺利，双边贸易额从 1950 年的 565 万美元增长到 1986 年的 9.57 亿美元，创两国记账贸易时期最高水平。

1990—2003 年，为中波经贸合作转型和发展阶段。中波贸易方式改为现汇贸易后，贸易额曾一度下降，1991 年贸易额下降到 1.44 亿美元。自 1992 年起，双边贸易不断恢复和发展，2000 年双边贸易额为 9.6 亿美元；2001 年贸易额首次突破 10 亿美元，达到 12.43 亿美元；2002 年中波贸易额达 13.83 亿美元；2003 年中波贸易额为 19.79 亿美元。

2004 年以来，为中波友好合作伙伴关系框架下的新的发展阶段。近年来，两国高层互访不断，经贸领域往来频繁，双边关系发展总体上平稳顺利，贸易额持续快速增长，相互投资趋向活跃，合作领域不断拓宽。

———————————

① 商务部：《国别投资指南——波兰 2012》。

2006 年 4 月 20 日，中波经济合作联委会第 12 次会议在波举行。

根据中国海关统计，2011 年双边贸易额为 129.9 亿美元，较 2004 年增长了 5.6 倍；其中，2011 年中国对波兰出口 109.4 亿美元，同比增长 15.9%；中国自波兰进口 2.0 亿美元，同比增长 20.7%。据 2011 年中国商务部统计，2011 年中国对波兰非金融类直接投资额 4866 万美元；截至 2011 年末，中国对波兰非金融类直接投资额累计达 2.01 亿美元。波兰是中国在中东欧地区最大的贸易伙伴，欧盟中第九大贸易伙伴。据波方统计，2011 年中国是波兰第五大贸易伙伴和在亚洲地区最大贸易伙伴，是波兰第三大进口来源地，波兰自中国进口额占其进口总额的 8.8%。

中国主要向波兰出口机电产品、纺织品及原料、贱金属制品等，自波兰主要进口贱金属及制品、机电产品、化工产品、运输设备等。在中波双边贸易中，贸易不平衡问题较突出。贸易不平衡既反映了两国对贸易商品需求存在结构性差异，也反映了跨国公司在全球的要素转移。

目前，双方企业正在探讨的投资合作项目逐渐增多，如通信设施、工程机械、采矿设备、电厂建设、火车货车车厢等，经贸合作方式出现了多样化趋势。

2. 波兰电力市场的合作机遇

波兰电力基础设施建设需要持续的投资，波兰经济的快速增长为电力部门的发展创造了大量的投资机会。加之，波兰电力部门现有电厂和设施的老化，电力部门面临强烈的投资需求。欧盟关于降低粉尘，氮氧化物和二氧化碳减排要求的条约亦敦促波兰电力部门的现代化。一旦排放标准开始实行，为达到排放要求，可能势必会造成许多电力企业（主要是依靠燃煤而制造高碳排放的企业）的退出。

现有电厂设备的平均使用年限充分说明电力部门急需进行大量的投资。约 40% 的电力设施使用超过 40 年，其中 15% 超过 50 年，应立即进行更换。另外，有数据显示超过 70% 的电力设施已超过 30 年。仅在未来几年就必须进行必要的投资以更换数千兆瓦单位的产能。在未来 15 年内更新电力部门（发电和输电）所需资金总量估计是 1500 亿—2000 亿兹罗提。电厂所有者仅凭自有资金无法支持如此大规模的投资，所以必须从外部找到融资来源。投资者可特别留意如扩建和更新中高电压传输网络，现有电厂的更新和替换等投资机会。

电力部门的投资机会主要还是在市场部门。除了上述生产能力投资，参与波兰电力部门的一种方式是通过参与私有化进程。电力部门私有化是波兰政府列出的私有化计划中的一部分。在波兰政府公布的 2012—2013 年私有化计划中涉及能源部门的有 13 家公司。私有计划中的公司包括波兰财政部独资的公司的私有化和该部门其他公司的股份转让。参与股份出售的公司包括厄尼公司 ENEA、波兰能源集团 PGE 等数家波兰著名能源企业。私有化可能会通过华沙股票交易所进行。能源部门的企业合并也在激烈上演，因而产生了许多以兼并和接管形式完成的交易。在 2011 年发生的最有影响力的交易之一便是 Vattenfall 公司出售其在波兰几乎所有股份的获利交易。其股份被波兰配电集团陶龙 Tauron 和波兰热能集团 PGNiG 收购。另一项引人注目的交易是，SPEC 被华沙市售出并由达尔凯 Dalkia 接管。此外，核电厂建设，可再生能源特别是风能也是很好的投资领域。天然气提取包括页岩气，还有跟新建燃气发电厂相关领域也将会有投资机会。

据波兰中央统计局的数据，2011 年波兰电力、天然气、水蒸气和热水领域有 451 家生产供应企业超过 10% 的股权被外国持有。据波兰国家银行估计，2011 年波兰此类投资的总收入是 6.788 亿美元。法国、德国及瑞士公司在波兰能源领域投资最为活跃。一些中国大型公司（中国电工设备总公司、上海电气集团股份公司）计划投资 150 亿兹罗提，以建设新的（煤电）火电站。中国电工设备总公司计划在 Kozienice 和 Jaworzno 建立电站，而上海电气集团则将目光投向了 Ostroleka。

（四）波兰电力市场投资风险预评

1. 政治风险

当前，波兰政治平稳，政府政权稳定，选举遵照宪法有序地进行；与邻国关系和睦，境内无恐怖组织活动，短期内发生战争和政权更替的可能性低，特别是加入欧盟将更加有利于其中长期的政治环境稳定。但与发达国家不同，波兰目前仍然处于从计划经济向市场经济转轨的阶段，政府对于国家发展、经济增长、外汇交易以及资源配置等各方面的干预仍然较高，特别是当面临失业率和财政赤字的攀升，政府可能采取对外国投资者不利的措施，因而存在一定的政治风险。虽然波兰政府正在积极改革，放宽管制，但对于许多外国投资者来说政府干预仍然过于严格。在 2010 年的世界银行的商业报告中，波兰由于商业管制过严、税收繁杂以及政府批准效率缓慢，仅排到了第 70 位。

2. 政策风险

在过去的 20 多年中,波兰政府执行了稳健的经济政策。波兰政府谨慎的经济政策帮助波兰避免了中东欧国家普遍出现的财政赤字大幅累计现象。长达十多年的反通胀政策也使得波兰货币和汇率相对稳定,为波兰在世界市场融资提供了良好的信誉保障。波兰金融市场相对稳定,能够以较低的利率为企业提供融资。波兰正致力于加入欧元区,一旦成功也将有利于波兰市场的进一步开放,创造更加公平有序的投资环境。然而,波兰社会保障制度过度慷慨,过早的退休体制、对农业的大量补贴和丰厚的残疾补助势必阻碍经济竞争和增加政府赤字负担。波兰货币在中东欧地区的流动性增强,而金融体系处于政府严格的管制下尚不完善,一旦中东欧地区出现金融问题比如近年来的金融危机风波,将极大地冲击波兰的金融稳定性。另外,政府对于国内市场有过度保护之嫌,波兰法律限制了政府选定的战略部门的外国所有权比例,并限制外资的房地产购买特别是农业用地上。

3. 商业风险

波兰拥有年轻受教育良好且低成本的劳动力市场,靠近欧洲主要市场的区位,其欧盟成员的身份,在欧洲相对较低的能源依赖,以及长期增长的预期吸引了大量的外资。近年来波兰政府积极引进外资,不断推行市场化改革,减少外商投资障碍,除了少数领域,外国企业通常能够不受限制地进入波兰市场。在安永公司的《欧洲吸引力调查 2010 年报告》中,波兰的就业机会排名也因此提高到欧洲第五位,FDI 项目投资的吸引力排列第八。但波兰的公司法制体系尚不成熟,也就给在波兰境内经营的外资带来了一定的不确定性,其在经合组织中排名倒数,投资环境不如和其相当的捷克、匈牙利等国。政府提出的私有化计划进展缓慢且有反复。国内电力生产和一次能源对于煤炭的过度依赖,造成了很高的废气排放和二氧化碳浓度。波兰电力配送和供应的合并,造成很强的市场势力,而更换电力供应商的速度缓慢且通常仅针对大用户。欧洲劳动力市场流动性的增强,可能造成波兰境内优质劳动力的流失和工资的抬高。

主要参考文献

[1] 刘勇:《波兰区域经济发展的经验与启示 》,《中国发展观》2009 年第 6 期。

[2] Mielczarski W. , The electricity market in Poland – recent advances . Power Economics, 2004, 2: 2.

[3] OECD, Economimc Serveys: Poland. 2014.

[4] Paska J. , Sałek M, Surma T. Current status and perspectives of renewable energy sources in Poland. Renewable and Sustainable Energy Reviews, 2009, 13 (1): 142 – 154.

[5] Radzka B. , Liberalisation, privatisation and regulation in the Polish electricity sector . PIQUE, 2006.

[6] Slupik S. , Barriers to Developing Competition in the Polish Electricity and Gas Market. International Business Research, 2012, 5 (8): 160.

[7] URE, National Report: The President of the Energy Regulatory Officein Poland . 2014.

[8] Williams J. H. , Ghanadan R. Electricity reform in developing and transition countries: A reappraisal. Energy, 2006, 31 (6): 815 – 844.

（李玉婷执笔）